心中的丰乐河

罗平 著

中国友谊出版公司

图书在版编目（CIP）数据

心中的丰乐河 / 罗平著 . -- 北京 : 中国友谊出版公司 , 2025.4. -- ISBN 978-7-5057-6098-1

Ⅰ . K296.35

中国国家版本馆 CIP 数据核字第 2025AS8650 号

书名	心中的丰乐河
作者	罗平
出版	中国友谊出版公司
发行	中国友谊出版公司
经销	新华书店
印刷	三河市天润建兴印务有限公司
规格	710 毫米 ×1000 毫米　16 开
	14.625 印张　200 千字
版次	2025 年 4 月第 1 版
印次	2025 年 4 月第 1 次印刷
书号	ISBN 978-7-5057-6098-1
定价	99.00 元
地址	北京市朝阳区西坝河南里 17 号楼
邮编	100028
电话	（010）64678009

序 言

古镇之星永闪烁

王运贵

罗平先生撰写的《心中的丰乐河》在结稿之后第一时间发给我,并嘱托写几句话,我欣然答应。

我将长达15万字的书稿从头到尾通读了一遍,有些篇章和情节还反复看了几遍。字里行间流露出作者魂牵梦绕的家乡情怀。看得出,罗平先生是用心、用情写出了他"心中的丰乐河"。

罗平先生是地道的丰乐人,从出生到1978年,在这片土地上生活了20多年。罗平先生从襄阳市林业局领导岗位退休之后,就开始筹划写故乡的丰乐河。他通过自己的耳闻目睹、先辈的讲述记忆及查阅相关史料,将丰乐河的悠久历史、厚重文化、沿革变迁、沧海桑田、风土人情、名优特产、人物故事等方方面面娓娓道来,让千年古镇风貌栩栩如生地呈现在我们面前。值得丰乐人乃至关心关注丰乐的朋友一读。

我比罗平稍大几岁，也是地道的丰乐河人，比罗平早几年离开家乡。过去我们互不认识，是《心中的丰乐河》把我们拉到一起，发现彼此之间有很多共同语言，于是成了很好的朋友。罗平笔下的丰乐河使我感到特别亲切，把我又带回到孩提时代。我也曾萌发"写点家乡回忆"的想法，却不知如何下笔。读了《心中的丰乐河》后，觉得家乡丰乐河的确是个物华天宝、地灵人杰的好地方，经过梳理，我将丰乐河的美好印象概括为以下四点：

古朴优美。丰乐河的历史可追溯到东晋隋唐，五代后周，到明代已是很繁华的古镇驿站。嘉靖皇帝曾三次路经丰乐河并住宿于此。明嘉靖年间湖广巡抚顾璘（明显陵工程总指挥），视察丰乐河后留下赞美诗篇："丰乐河边杨柳疏，半黄浑似早春初，晴风不著行人面，欲问桃花开也无。"早春丰乐河的美丽景色，引起湖广巡抚的浓厚兴趣。孩提时代的那种"河水清悠悠，鱼儿欢畅游，田野稻麦香，两岸垂杨柳"的迷人景色，至今还常常在我脑海中浮现。

富饶殷实。明朝成化年间，时值深秋，兵部尚书王越途经丰乐河，看到当地百姓正在庆丰收，集会饮酒，猜灯谜看社戏，触景生情，当即赋诗一首："郢北鄢南土脉肥，人家老不识年饥，蹇驴驮醉斜阳外，知是秋成赛社归。"把丰乐人民欢庆丰收的喜悦场景描绘得惟妙惟肖。20世纪80年代，有一次我在省里开会，同枣阳的一位县领导住一个房间，在相互交谈中得知我是钟祥丰乐人，他大发感慨："丰乐是个好繁华的地方，小时候随同父辈，在阴历年前还专门跑百十里去那里购买年货啊！"

民风淳朴。丰乐河自古以来民风淳朴，丰乐人素有"地道、厚道、孝道"之美誉。良好的社会风气，和谐的人际关系世代相传。新中国成立后，丰乐河定名为丰乐区，辖七个管理区（含现在的长寿镇）。在钟祥全市经济社会发展中具有举足轻重的作用。因而历届县委、市委也把丰乐河作为重镇对待，主要领导都前往这里蹲点。这样既推动了这里经济社会发展，也密切了党群、干群关系，留下了许多动人的故事。20世纪70年代初县里主要领导住在丰乐一个老队长家里。老队长的老伴儿每天天不亮起床，先把自己水缸里的水舀一碗喝下，等半小时后没事才开始烧早餐！这是多么淳朴而高尚的品质，多么深厚而亲密的鱼水关系啊！

人寿年丰。钟祥是中国和世界长寿之乡，丰乐是长寿之乡的核心区域。一直以来丰乐河都是百岁老人集聚的地方。第七次全国人口普查，丰乐80岁以上人口占60岁以上人口的比例为16%，符合全国长寿乡镇认定标准。百岁老人占总人口的比例为2.7/万，高出长寿之乡认定标准一倍多。以上两项指标在全市人口占比中名列前茅。一方水土养育一方人，丰乐土壤中富硒地面积占总面积比例达到80%以上。丰乐盛产的稻米、小麦、花生、油菜籽、果蔬等农副土特产品含硒量是一般地区的3～5倍。这应该是丰乐人长寿的重要密码。在历史的长河中，丰乐河创立了一批独具特色的传统养生美食品牌。陀螺包、葱煎包享誉市内外。

20世纪60年代初，钟祥县县委书记在丰乐蹲点，发现丰乐一位厨师做葱煎包、陀螺包的手艺出众，先后将这个师傅调到钟祥县委食堂和荆州地委食堂，带出一批丰乐美食徒弟。前不久，湖北省委书记王蒙徽来钟祥检查工作，平时不大爱吃面食的书记一下子品尝了几个陀螺包，并对其赞不绝口，当即嘱咐随行人员将陀螺包师傅请到省委机关食堂传授技艺，让陀螺包走向荆楚大地，成为丰乐河的一张闪亮名片。

如今，数代丰乐人梦寐以求的汉江大桥建成通车，这必将为丰乐河乡村振兴、强镇富民插上腾飞的金翅膀，促进丰乐河经济社会发展步入快车道，丰乐河的明天会更加美好！

千年古镇丰乐河，宛如一首经典歌。
文化积淀底蕴厚，地灵人杰故事多。
淳朴睿智丰乐人，紧跟时代善开拓。
精心耕耘福寿地，古镇之星永闪烁。

2024年立夏作

注：王运贵，钟祥市丰乐镇人，曾任中共钟祥市市委常委、市委办公室主任、宣传部部长。退休后先后任钟祥市长寿研究会会长、湖北长寿文化研究所所长。现任钟祥市长寿研究会荣誉会长。

目 录

引子 / 001

一、古镇之古 / 003
二、汉江远离 / 007
三、城镇布局 / 009
  （一）城墙城河 / 009
  （二）城内街道 / 010
  （三）城外街道 / 013
  （四）四口堰塘 / 015

四、特色老街 / 016
  （一）熙熙攘攘的黄龙街 / 016
  （二）热气腾腾的三匠街 / 018
  （三）各显神通的彭龙街 / 021
  （四）书声琅琅的南街 / 024

五、寻觅古迹　　　　　　　　　　/ 029
（一）古民居　　　　　　　　　　/ 029
（二）老当铺　　　　　　　　　　/ 030
（三）福音堂　　　　　　　　　　/ 031
（四）城隍庙　　　　　　　　　　/ 032
（五）石牌坊　　　　　　　　　　/ 032
（六）师姑庵　　　　　　　　　　/ 033
（七）葬王岗　　　　　　　　　　/ 034
（八）观儿山　　　　　　　　　　/ 035
（九）小河堤　　　　　　　　　　/ 036

六、小河悠悠　　　　　　　　　　/ 037
（一）生活依赖着小河　　　　　　/ 038
（二）快乐伴随着小河　　　　　　/ 040
（三）涨水有苦也有乐　　　　　　/ 043

七、物产杂谈　　　　　　　　　　/ 046
（一）粮油作物　　　　　　　　　/ 047
（二）缤纷菜园　　　　　　　　　/ 054
（三）乡土树木　　　　　　　　　/ 061
（四）锅下解愁　　　　　　　　　/ 068

（五）畜禽养殖　　　　　　　　／ 074

　　（六）南湖开发　　　　　　　　／ 084

八、民风民俗　　　　　　　　　　／ 094

　　（一）过年　　　　　　　　　　／ 094

　　（二）节日　　　　　　　　　　／ 108

　　（三）婚俗　　　　　　　　　　／ 112

　　（四）月子　　　　　　　　　　／ 117

　　（五）庆生　　　　　　　　　　／ 119

　　（六）白事　　　　　　　　　　／ 120

　　（七）出借　　　　　　　　　　／ 123

　　（八）娱乐　　　　　　　　　　／ 125

九、美食佳肴　　　　　　　　　　／ 136

　　（一）得螺包子　　　　　　　　／ 136

　　（二）蟠龙菜　　　　　　　　　／ 138

　　（三）蒸笼格子　　　　　　　　／ 141

　　（四）糙娃肉　　　　　　　　　／ 142

　　（五）阴米子　　　　　　　　　／ 143

　　（六）糍粑　　　　　　　　　　／ 144

　　（七）米茶　　　　　　　　　　／ 145

十、凡人琐事　　　　　　／ 149
　　（一）过路巷子　　　　／ 149
　　（二）老太君　　　　　／ 153
　　（三）两个老婆　　　　／ 158
　　（四）小贱货　　　　　／ 175
　　（五）三个先生　　　　／ 209

后　记　　　　　　　　　／ 222

引 子

  丰乐河是条小河，丰乐河也是座古镇。古人凭水而聚，凭水而居，依水建镇，镇依河名，于是历史上就有了丰乐河镇。新中国成立后，丰乐河镇简化为丰乐镇，即湖北省钟祥市丰乐镇。

  2022年，因新冠疫情在襄阳家中，我翻阅清乾隆时期的《襄阳府志》，从中见到多处记录了与宜城市相邻的丰乐河。原来丰乐河的历史那么悠久，居然在东晋时期就是县治所在地。我早就知道，丰乐河不是个寻常的地方，曾经有一个皇帝几次来过这里，并且在这里住宿。但我以前可从来没有听说过丰乐河有1000多年那么久远的历史。我有了把这一发现与老乡，与朋友共享的冲动。也许有人早已知道了这一点，会笑我孤陋寡闻，但我不管不顾了。当我着手整理这段文字的时候，隐藏在心中的丰乐河往事——常常在睡梦中放映的丰乐河故事，便从大脑中争先恐后地涌现出来。

  我出生在丰乐河，到1978年春天离开。在这里生长、生活、劳动了20多年。四季流淌的清清小河，小时候走过的青石板街道，站在银幕后面看电影的快乐，春节时街坊邻里你来我往的拜年队伍，天没亮便摸黑去小学上早自习的情景，青年时期修水库、修三线铁路的青春岁月，还有在泥水里挖藕，翻山越岭砍柴的艰辛劳累等，有太多关于丰乐河的亲力亲为和耳闻目睹。另外，当年的老人向我们讲述丰乐河的兴衰过往，讲述日本飞机的狂轰滥炸、土匪的洗劫和绑票，讲逃日本难、逃土匪难等，他们经历的生离死别，他们遭受的苦难煎熬，不应该被后人忘记，许多触动心弦的信息不应该被世人遗忘。如果不把挥之不去的那些人和事记录下来，如果不把心心念念的那份牵挂和思绪抒发出来，我感觉心神难定，寝食难安。于是，我试图用文字代替口传，留下逝去的沧桑岁月，用电脑代替大脑，记忆曾经的苦乐年华。这似乎是心血来潮，其实在多年以前，我便有把家乡的过往记录下来的想法，只是没有找到适当的方式。我下定了决心，于是，便有了这篇《心中的丰乐河》。

本文的记述以1965年以前的事为主，《物产杂谈》和《凡人琐事》的部分内容涉及20世纪70年代。仅有关历史沿革的内容依据了官方资料，其余均来自"心中"的记忆和乡友的提示和启迪。文中所言之丰乐，并未涵盖行政区划全镇的范围，仅仅是镇街及邻近所熟知之一隅。五里不同音，十里不同俗，所叙之情之景，所述之事之物，难免有坐井观天，以偏概全之嫌。《凡人琐事》一章，并非纪实，也非妄言，为避免是非，姓名多为虚拟，事件偶有嫁接，实为虚实结合。通篇文章多为信马由缰、随心走笔，诚望读者去伪存真、去粗取精、指出谬误，如此则善莫大焉！

坦率地讲，故乡并不完美，过往也不都是鲜花，五味杂陈才是社会的真实。因此，心中的丰乐河有美好，有留恋，也有酸苦和无奈。本文像个杂货铺，西瓜芝麻兼而有之，虽东西不少，然精品乏陈。唯愿读者能感到其中有一点可以欣赏，可以品味，可以思考，可以作为引玉之砖，我便欣欣然了。

一

古镇之古

丰乐河是条小河,古人凭水而居,依水而聚,聚多成集,继而为镇。镇依河名,于是历史上便有了丰乐河镇,也就是现今的湖北省钟祥市丰乐镇。

丰乐河这条小河的名字是怎样来的呢?

有一个古老的传说。说的是远古时期,有一只美丽的凤凰自北向南沿着小河飞来,在杨柳青青、河水清清、地平土沃的小河东岸边,振翅盘旋后落了下来。歇息片刻后,凤凰腾空而起,向西飞过小河,飞过汉江,转过头拐了个弯飞走了。凤凰是神鸟,凤凰栖落的地方必是吉祥之地,必是风水宝地。于是,这条小河就叫凤落河,这就是小河最早的名称。而凤凰在汉江西岸转头拐弯的地方叫转头湾,也就是现今的转斗湾(属钟祥市胡集镇管辖),当地及周边的年长者现在仍称该地为转头湾。

凤落河这个名字在史料上未见记载,而丰乐河这个名字则在过去多个朝代有文字记录。凤落河怎么变成丰乐河的呢？据《明一统志》记载："灌田甚广，岁赖以丰，故名。"这句话的意思很明确，这条小河灌溉田地很多，田地依赖它年年丰收，年年丰收自然使人们幸福快乐，所以叫丰乐河。凤落河很容易让人联想到三国时期庞统遭遇的落凤坡，还是丰乐河这个名字好。

《明一统志》还记载："丰乐驿，在钟祥县北六十里，达襄阳府宜城界"，"嘉靖八年正月初七，因礼部侍郎严嵩奏请增设安陆府丰乐驿。驿站有船四只，水夫四十人，支应库子两人，马驴三十匹头，马驴夫三十人"。把丰乐驿的具体地理位置，丰乐驿站的设立时间及人员、资产等概况介绍得都很清楚明了。

然而，丰乐河镇是何时建立的？丰乐河镇是从明朝建立驿站开始的吗？

非也！它的历史实际要往前拉长许多许多。并且，丰乐河镇还曾经是古时候县治所在地。这些在乾隆《襄阳府志》（[清]陈锷，湖北人民出版社，2009.1。）一书中有多处记载。

在该书卷之二《沿革》对宜城的记述中有"安帝五年，立武宁郡以处沮漳降蛮，置乐乡、长林二县"（38页），还有"乐乡《隋书》属竟陵郡，西魏于此置鄀州。隋开皇时，州废。唐武德四年，复以乐乡及襄州之率道、上洪置鄀州……五代后周省乐乡入宜城。考乐乡旧治今为丰乐河镇。明时已隶于钟祥，是今县南境有乐乡故地矣"（39页）。这段话说明，当年乐乡县的治所（相当于县政府机关）就在钟祥的丰乐河镇。并且"西魏于此置鄀州"，这个"于此"说明设置的鄀州治所在丰乐河。这一点在《资治通鉴》也有记载。由于鄀州在历史上置而废，废而置，治所也有变化，如南朝梁置，治所在云泽县（今湖北江陵县东南），所以丰乐河曾为鄀州治，后人几乎无人提及。

在《襄阳府志》卷之四《山川》中，对宜城的记述有"汉水自襄阳县至小河口，南入宜城境……又东南为交了滩，滩右为破河脑……又经鄀县故城南古鄀子之国，南至丰乐河镇，镇为故乐乡县治，今已隶钟祥县"（58页）。这里说的小河口即现今的宜城市小河镇，破河脑即现今的宜城市璞河社区。

在《襄阳府志》卷之五《古迹》中，对宜城的记述有"丰乐乡县，晋安帝时，以沮漳降蛮置，……其地在宜城南境，今为丰乐河镇，隶安陆府钟祥县。在县南实九十里。则宜城南境，固多旧乐乡地矣"（92页）。

清朝乾隆年间的陈锷撰写《襄阳府志》，自然是依据了大量前朝前代官方资料编纂的结果，又是当时中央政府组织编纂并认定的志书，它不同于野史和小说。因此，对上述有关丰乐河的论述应该毋庸置疑。

晋安帝司马德宗（公元382年—419年），是东晋的第十位皇帝，公元396年—419年在位23年。安帝五年，即公元400年，距2023年有1623年。也就是说丰乐河镇最早作为丰乐乡县或乐乡县的治所已有1623年了。朱厚熜于正德十六年（1521年）4月继位，次年改年号为嘉靖。晋安帝五年在丰乐河镇置乐乡县，比嘉靖八年即1529年设丰乐驿的时间，早了1129年。可见丰乐古镇之古，远非明代之古，而是1600多年之古。

丰乐河镇是古时的一个驿站，在《襄阳府志》中亦有记载。据该书卷之十四《兵卫·驿铺附》中记述，"宜城县鄢城水马驿，原在城内，明知县郝廷玺迁南关外，本朝仍迁城内。北至襄阳县汉江驿，东南至安陆府治钟祥县丰乐驿九十里，西南至荆门州丽阳驿九十里"（195页）。显然，这里说的距宜城县城内的鄢城水马驿东南九十里的钟祥县丰乐驿，就在丰乐河镇。

当然，丰乐河镇的繁华时期是在明代，这是沾了嘉靖皇帝和他父亲兴献王的光。

明弘治、正德年间，兴献王朱祐杬在丰乐河镇建庄收租，店房358间半，后增至485间，这都是有文献记载的。嘉靖皇帝进京登基，就是经丰乐河走向北京的。嘉靖十八年，嘉靖皇帝回钟祥又先后两次在此驻跸，丰乐河镇也因嘉靖皇帝三次驻跸，而一跃成为明代钟祥四大名镇之首。

二 汉江远离

当地人称汉江为大河或者襄河，丰乐河则称作小河。

小河发源于大洪山娥皇洞（属随州市），由东北向西南经宜城板凳岗（讴乐）进入钟祥境内，最后在丰乐河镇辖区内的丰山嘴汇入汉江。丰乐河镇的街道紧傍小河东岸的大堤，小河的西岸距离汉江3公里，小河与大河之间是广袤的沙滩和密集的村庄。这是我们现今看到的大河、小河和丰乐河街道的情形。

历史上，丰乐河镇的街道是紧靠汉江东岸的，小河是在当年镇子南侧汇入的汉江，也就是说大河与小河是在镇子的边上交汇。正因如此，才能出现丰乐河镇汉江码头的兴旺景象。那时候，码头边的木船，大大小小一只挨着一只排列，桅杆林立，装货卸货，好不热闹。河中舟楫如梭、来来往往。从这里坐船，上可到襄阳、樊城，进入陕西，下可到钟祥、汉口，进入长江。在以船舶作为主要交通工具的漫长历史年代，丰乐河镇的交通优势显而易见。直到今天，丰乐还有一句口头禅，称"小孩子夜晚尿床为下汉口"。这说明当年从丰乐河镇到汉口是非常便利的事情。嘉靖皇帝往来于钟祥和京城，为什么会几次驻跸丰乐河镇？很显然，汉江码头紧挨着丰乐河镇的街道，交通便利是其十分重要的因素。嘉靖皇帝当年进京继位当皇帝经过了哪些地方，没有人考证。但可以推测，他是从钟祥坐船，沿汉江上行到丰乐河，在丰乐河短暂停留后，继续坐船沿汉江上行到樊城，在樊城转乘车辆向北走向京城的，因为这是一条捷径。嘉靖皇帝由京城回钟祥应该也是走的这条路。交通发达、客商云集、生意兴隆，丰乐河镇的繁华兴旺景象自然而然就形成了。

沧海桑田，世事多变。汉江因河道改变，河洪不断西移。西岸的沙滩日渐消失，变成汉江河道。而在东岸，泥沙不断地淤积，沙滩不断扩大。渐渐的，汉江离开了丰乐河镇，也离开了小河。小河只能从汉江东岸形成的沙滩旁，奋力地向前冲击，直到8公里以外的丰山脚下，才摆脱了沙滩的围堵，撑上汉江，才重新汇入汉江。汉江与丰乐河镇渐行渐远，丰乐河的汉江码头荒废了，汉江的船只再也进不了丰乐河，丰乐河镇逐渐蜕变成交通闭塞的僻乡，只能遥望西岸的转斗湾亲近汉江，建起了码头，慢慢兴旺起来。

汉江西去，给东岸增添了大片土地。广袤的沙洲上，土地一片又一片被开垦出来，村庄一个又一个建立起来。农业逐步替代了商贸业和运输业。

城镇布局

（一）
城墙城河

　　丰乐河镇是依河堤而建的，整个镇子就像半个椭圆形，而河堤就是这个椭圆的横径。

　　城墙和护城河由北、东、南三面而建，西面紧连河堤，河堤就是西城墙，小河就是西护城河。城墙建于何时，不得而知。城墙是夯土建造，部分城墙外侧包有城砖。据说城墙是20世纪20年代开始毁坏的，在抗日战争时，由于日本飞机多次轰炸，城墙便彻底毁掉了。20世纪60年代，街上有些家庭厨房、茅厕的墙体上还看得到巨大的城砖。20世纪70年代初，东门口南侧200多米长的城墙基上，还有数户居民开垦种了蔬菜。这些菜地比里侧地平面高出一米多。而在东门口北侧，丰乐供销合作社建有东西相对的两栋平房，这是百货仓库，而东边的一栋房子就建在老城墙基边上。

有城必有城门，从过去的老人到现在的年轻人，通常都用东门、西门、南门、北门或者东门口、东门外、西门口、南门外、北门外等来指明丰乐街道的方位，由此也可以推测城门就是四个。但是，城门是什么样子？有多高有多宽？有没有城门楼子？这些就是个谜了。

护城河应该不宽，因为老人们都称其为城河沟。东门口有一座跨城河沟的砖砌拱桥。这座桥20世纪60年代初还在，有七八米长，三四米宽。由于桥下常年淤积，桥底距桥顶不足一米，小孩子们常在桥洞里钻进钻出藏猫猫。而桥两侧最深处可达两米多。城河沟里平时只残留很浅的污水，有的地方甚至干涸着。但到了夏天，特别是遇到下大雨，里面的水装得满满的，宽达五六米，深不见底。

（二）
城内街道

丰乐镇过去有七条街道，具有古镇特色的是城内的四条街道，分别叫黄龙街、三匠街、彭龙街和南街。新中国成立后，黄龙街改称建设街，三匠街改称解放街，彭龙街改称胜利街，南街则命名为和平街。后来，北门外形成了两条街，再后来东门外又有了一条街道。

黄龙街是东西走向，位于镇子的中心。街道垂直于河堤，且直通西门，出西门登上20多级条石台阶，便登上了河堤。20世纪60年代以前，过小河的木桥就建在这里。20世纪70年代初，木桥拆了才在靠近北街的地方新建了木桥。据说西门河堤下，就是原来的汉江码头。20

世纪60年代初,在西门河堤下的小河里,曾经挖出一个大石桩,石桩上有圆圆的,比虎口还粗的,光溜溜的孔洞。老人们讲,那是码头边拴船缆绳的大石桩。

在黄龙街中间的北侧有一豁口,向北延伸的一条街叫三匠街。豁口的地方叫马号口,那里曾经是交易马匹的地方。三匠街还在其北端向东拐了个弯,有一段50多米长的街道。拐弯处向西通往河堤,两侧的房子是20世纪60年代后建的,形成了一个巷道。三匠街拐弯的东端是出街的大路。

与三匠街东端相接,向北延伸的是彭龙街。彭龙街的北头抵近北门,北门的西侧靠河堤。彭龙街东侧街后是一条大路,可通往东门口。

南街在黄龙街的南边,南北走向,大体与河堤并行。街道北头西侧的几户人家就在堤脚下。街道往南延伸,住户与堤脚逐渐离开,由相距几米到相距十几米,最南头的房子距堤脚有近30米远。这是因为南街是直的,而河堤沿小河向西偏离。

四条街道的两侧都是由长条青石一块接一块铺就的,街中间则是用石块砸进去铺成的。到20世纪60年代初,街两侧的条石,当地称街沿,基本保持良好,而街心已经破碎不堪,后来就用碎砖块填充改造,这在当年是很高的硬化水平了。下雨的时候,人们在街上行走,穿的一种雨鞋叫靸子,是用木板做鞋底,底下有四个特制的凸出的大铁钉,铁钉凸出部分有拇指宽,两厘米长,是触地的脚,鞋面则是用皮线缝制在木板底上的皮革,鞋面蒙住鞋底前三分之二。靸子每年都要用桐油涂一遍,鞋底和上面的皮革都要认真涂刷,所以靸子的鞋面是硬邦邦的,不怕湿水。下雨天,人们无须换鞋,直接穿着布鞋伸进靸子,在街上行走,不会打湿布鞋,布鞋也不会沾上泥巴。在寒冷的冬天,遇到雨雪天,穿着厚厚的棉靴,直接伸进靸子出门,双脚一点也不会感到寒冷。但是穿靸子是不能在泥巴路和有积雪的地方行走的，那样会陷进去，让你寸步难行。

四条街中最长的是南街，有600多米，其次是黄龙街和三匠街，约400米，最短的是彭龙街，有200多米。四条街都不宽，但都能通行牛车马车。黄龙街宽一些，来往的马车牛车可以勉强错让。赶集的时候，牛车马车和大牲口都不进街道，都是在城外或街后停留。

黄龙街除了马号口连接三匠街以外，整条街没有巷子。彭龙街也没有巷子，都是一家连着一家，相邻的两户都是共用一扇墙。三匠街向北距马号口近百米的地方有一个巷子，东侧巷子仅一米多宽，通黄龙街和三匠街的街后，西侧巷子有两米多宽通河堤。巷子名叫大明巷，不知名由何来。前面讲了，三匠街拐弯的地方向西通河堤有一个巷子，巷子有两米多宽，因巷子边上有做豆腐的，人们便称巷子为豆腐巷。南街距南端100多米的东侧有一个巷子，因靠近教堂，所以叫福音巷。

以前临街房子大多为三层和两层的木楼。由于抗战时期，丰乐河没有人去当那个汉奸维持会会长，所以镇上的维持会自始至终没有成立起来。为此，日本人特别仇恨丰乐河，日本飞机对丰乐河轰炸特别厉害，好多房子都被毁坏了。后来临街房子多数成了一层，少数还保留为两层，三层楼的已经寥寥无几。

丰乐河虽历经朝代更替，饱受战火摧残，一度伤痕累累，但经过整修，一直到20世纪60年代初，四条街道都还保留着古色古香。青砖黑瓦，飞檐龙脊，兽头昂立，楼上的窗户涂栗色漆，雕花镂空，遗留着古风古韵。临街房子有两进一院的，有三进两院的，每一户都尽量往后、往里延伸。前店后寝，有一间门面的，有两间门面的，有三间门面的。门面有多宽，店堂就有多宽。街面上房屋整齐排列，房脊则高低错落，里面的天井是半明半暗。门面墙是木铺板拼接的，紫红色的木铺板依序编着号,早上一块一块地卸下来,开始做生意,傍晚则一块一块地排上去。杉木极耐腐朽,被认为是上等木料,所以街上的房子不论是房梁、房柱,还是檩子、椽子,包括楼板、铺板都是襄河里的船运下来的杉木做的。粗大的木柱,立在方形、圆形、六角形的石礅上,顶着房梁。阁楼是厚厚的木板铺成的。房子里没有固定的楼梯,上下阁楼都是用活动木梯靠在上楼的入口处爬上爬下,不用了则将木梯收在房子角落处。这样的阁楼和梯子,很容易让人联想起三国时期"上屋抽梯"的故事。

听老人讲,过去各家房子前面都有两尺多宽的房檐,人们在街上行走,下雨的时候不用打伞,也方便行人在屋檐下躲雨。后来街上多次失火,一家连着一家燃烧,大家就都把房檐去掉了,改为封檐。后来还留有屋檐的房子所剩无几。

(三)
城外街道

另外三条街道在城外。一条叫北街,在彭龙街的北端,是沿河堤两侧建房形成的。街中心是堤面,两边的房子都是一层的平房,砖木结构。由于房后都没有延伸的空间,特别是街西侧的房后便是小河,除少数人家在屋后填土垒基扩面,加盖了小偏房外,大多仅在屋后建个小厨房和便厕。街面是泥土,晴天起灰,下雨路滑。好在堤上排水功能好,雨停了地面很快就干了。这条街是20世纪50年代形成的。

还有一条街是在北街中段的堤下,由西向东兴建的,由于两侧的房子大多是砖墙茅草屋顶,所以称为草街。草街是20世纪60年代初形成的。

再后来，东门口的城河沟被填平，向东延伸，到20世纪70年代中期形成了一条长500多米，宽近10米的马路大街，可以进出汽车。两边的房子都是公家单位的，如法庭、兽医站、大礼堂、卫生院等，最大的房子是街东端北侧供销社的综合门市部，老百姓称之为"六满意"。因为刚营业时，门市部门口张贴有宣传"六满意"的大幅红纸：来时满意，去时满意，买了满意，看了满意，大人满意，小孩满意。人们就把这个综合门市部称为"六满意"，问去哪儿买东西，就会说到"六满意"去买。这条街当时没有名字，人们说起它，就会说"去六满意的路"，或者说"东门外的街"。在"六满意"门前马路斜对面的东端，有一个大围墙，里面有房子，有宽大的场地。供销社酿酒的槽房、酿醋的醋房、晒酱和腌酱萝卜的酱房，还有制作副食品的糕点房等都在这围墙里。场地上则紧密地摆着一排一排的大缸，缸里放着蚕豆酱、黄豆酱以及酱萝卜、酱黄瓜等，一天又一天地接受着太阳的暴晒。遇到下雨，则给每个缸罩上竹编的尖顶大盖子。紫红色的巨大酒缸和深红色的醋缸则摆放在屋里面。走进这个院墙，就像走进了"生活大世界"，酸甜苦辣咸，还有香气、臭气、酒糟气、醋糟气、污水气等各种气味混合在一起，百味杂陈，口鼻莫辨。

出东门在去"六满意"路的两侧，有两个村庄，距城河沟不过100多米远，路北边的村子叫皇家庄子，路南边的村子叫龚家台子。两个村子是一个小队，属联丰大队。这个皇家庄子不知道与嘉靖皇帝及他爹兴献王有没有关系。到了20世纪80年代后期，这两个村子已经改头换面成了街道的一部分。

（四）
四口堰塘

镇子里还有四个较大的堰塘。一个堰塘在彭龙街外的东北角，是不规则的长方形，面积有十几亩，与北边的城河沟连为一体。第二个堰塘在东门口的北侧，即丰乐供销社百货仓库的南侧，面积有20多亩，堰塘原先像一个梯形，东面大西面小，由于后来修路填坑，堰塘面积缩小成了一个不规则的三角形，这个堰塘与东边的城河沟紧紧相连。第三个堰塘在黄龙街中段南侧的街后边，有100多米长，宽的地方有40多米，窄的地方不到30米。最后一个堰塘在南街中段东侧的街后，近乎正方形，边长约六七十米，这个堰塘曾经短暂地做过丰乐小学的游泳池，由于里面的水是死水，还有人经常将水牛驱赶进去打滚卧泥，所以后来小学就放弃了对它的利用。

几个堰塘在镇子里的作用其实是挺大的。第一个作用是排水。过去街上没有下水道，下雨时，街上的积水都是流到堰塘里，再通过其连接的城河沟，将多余的水排出去。它又发挥着蓄水的功能，所以第二个作用是防火，街上失火了，灭火的水源就是堰塘。第三个作用是为居民和赶集的人提供便利。有些人不愿意费力地上下河堤到小河里洗衣服，便就近在堰塘里清洗衣服和鞋子等。赶集拉车、驮货的牛、马、毛驴饮用水都是在这几个堰塘里。当然，街上的老婆婆和媳妇们涮尿罐，洗奶娃子的片子也是在这里。

20世纪50年代以前，在第一个堰塘与第二个堰塘之间，东至城河沟，西至三匠街和彭龙街后面的大路，包括后来的供销社仓库、农机修造厂、棉花采购站等在内的一大片地都是菜地，主要是王福太老人和一个张姓中年人在种植。这两个堰塘也是他们浇灌菜地的水源。

四

特色老街

（一）
熙熙攘攘的黄龙街

无论是过去的黄龙街，还是更名后的建设街，这条街都是丰乐镇最繁华的一条街。20世纪50年代以前，这条街上有布行、盐行、粮行、杂货行、瓷器店、糕点铺，还有药铺、肉铺、饭馆、客栈、货栈等，可以说每一个门面都是做生意的。东门口的空旷地则是柴行，是竹、木、柴、炭的交易场所。公私合营以后，卫生院，诊所，粮管所，食品所（收购牲猪杀猪卖肉的），废品收购站，以及由供销社开设的烟酒副食门市部，卖布匹、文具、日杂的门市部，书店，旅社，照相馆等都在这条街上。丰乐河的集市也主要在这条街上。

每天，天刚麻麻亮，挑担的、提筐的、肩扛背驮的，还有赶车的、拉毛驴的从四面八方陆陆续续涌进街道。各种新鲜蔬菜、时令水果、新打捞的鱼虾等，沿街两边一字排开，从东门到马号口再延伸到解放街，摆得严严实实的。马号口以西是酒馆、面馆以及街头小吃云集的地方。街上卖布的、卖肉的、卖糕点的、卖日用品的等，也把货摊案子支到店外的街边。到八九点钟，晚来的就难以找到摊位了。赶集的、逛街的、看热闹的，人挨人，人挤人，熙熙攘攘，摩肩接踵。尖声叫卖的、高声叫秤的、讨价还价的、争争吵吵的，此起彼伏，不绝于耳。直到太阳偏西，赶集的人才慢慢退去，最后只剩下几个当街的坐地贩，一边悠闲地抽着旱烟，一边坚守着摊位。

为什么丰乐的集市这么红火热闹，且经久不衰？因为方圆四五十里的人都要来这里赶集。这里地处平原，无须翻山越岭，交通便利且货物充足，品种繁多，吃的穿的用的应有尽有。尤其自古以来这里就是白日集，即每天都有集市。而周边几十里的集市不是逢单就是逢双才能赶集，没有白日集。如长寿店子、转斗湾、破河脑、流水沟、杨集和潞安淌等集市都是逢单或逢双。并且，这些集市中有些还是露水集，就早上那么一会儿就散集了。

在过去，赶集不仅仅能买东西、卖东西，同时还能见世面、看热闹、走亲访友，"旅游"、看行情、找门路、谈生意等也都涵盖在其中。因此，到丰乐街上逛街、喝茶、下馆子来消遣的人并不比来做买卖的人少。尤其在农闲季节和年节到来之际，赶集的人就更多了。所以，丰乐河镇古往今来，一直人气旺盛，远近闻名。

（二）
热气腾腾的三匠街

不知道是哪三位匠人在这里置家兴业使其被命名的三匠街。然而，三匠街发展到后来并非以匠人为主，而是成为以做生意为主的街道。这条街上的馆子多，酒馆、面馆、卤菜馆等，隔不了多远就有一家。有店堂宽敞明亮设有雅座的气派餐馆，也有在炉灶旁仅摆几把椅子供顾客坐的简易小饭馆，还有摆在门前的各种各样的小吃摊。另有两三家茶馆的生意兴隆，增添了街上的热闹气氛。

天还没亮，卖大肠汤、猪心肺汤、牛羊杂碎汤的店家便忙活起来了。他们在街头支起炉灶，架着大锅，炉火熊熊燃烧，锅里上下翻滚，锅上蒸气弥漫。还有炸油条的、炸麻花的、鏊酥饼子的、卖豆腐脑的、烤红薯的，整条街上热气腾腾，充斥着扑鼻的香味。特别是在冬季寒冷的早晨，来上一碗大肠汤或者心肺汤、杂碎汤，加上胡椒、撒上葱花，再来一两根油条，连吃带喝，顿时寒气全消，浑身暖烘烘的。

街上的馆子有卖面的、卖粉的、卖包子的，还有炒菜馆、卤菜馆等。面馆里没有当今流行的热干面、牛肉面、炸酱面和拉面，只有阳春面和臊子面。阳春面虽然是素面，但由于是用高汤煮面，精盐葱花姜末调味，汤清味鲜，清香爽口，而且还便宜。臊子面是用肉丝、肉片、猪肝等浇到面上的荤面，自然是另有一番滋味。中午散集后，赶集的人多数要下馆子填肚子。急着赶路的或者囊中羞涩的，要上一碗面或粉，或者买俩包子就打发了。悠闲的，腰包里有三两个钱的，则会点上几个小炒，或要两样卤菜，再打几两烧酒，慢慢品起来。若是遇上三两个好友，兴致就更高了。

街上最有名的两家馆子是马家和牛家。两家都有宽敞的门面，内设雅间。两家都经营炒菜，卖烧酒和黄酒。马家以卖包子为主，牛家则以卖面条和米粉为主。马家的包子有蒸包子、水煎包子，也有形状似小孩抽打的陀螺，当地叫得螺包子。肉包子一咬满口流油，香气四溢；素包子馅足个大，鲜味十足；得螺包子虽然没有馅，却是越嚼越香，越嚼越甜，越嚼越筋拽，远近闻名。

牛家的面也是口碑极好。汤底是用猪筒子骨、脊骨，加八角、桂皮、香叶等材料熬制，或者用3年以上的老母鸡，慢火熬制，熬出油，熬出髓，熬出精华。臊子里面的肉都是精心挑选的，什么下泡肉、槽头肉、筋筋绊绊的肉、皮皮拉拉的肉，还有不新鲜的肉一律不用。粗的、细的、扁的、圆的，一碗碗面条，千丝万缕，精心制作，爽滑劲道，入口柔和，鲜香四溢。两家的服务也极好，笑脸迎进，领首送出，有求必应，谦恭随和。因此天天客来客往，座无虚席，新中国成立前后几十年都是如此。由于两家门店相邻，客人常常是出了牛家进马家，出了马家进牛家，甚至交错了钱，结错了账。为此，丰乐出了一个骂人的歇后语：吃了马家的包子，付了牛家的面钱——混账！20世纪50年代后期，经过工商业改造，马家和牛家的馆子就成了丰乐供销合作社的餐馆。

街上还有一个热闹的场所，就是茶馆。一张桌子，三四个条凳，一桌一桌在屋里间、外间摆好。茶客坐下，一个半大的精致瓷碗便摆上来，抓一撮茶叶放进去，滚烫的开水便冲进碗里。来喝茶的大多是中年人、老年人，有的相互熟识，有的互不相识。大家边喝茶边闲聊，有的嗑着瓜子，有的抽着旱烟。下午往往是茶馆生意最好的时候，每一桌都坐得满满的，甚至在门外增加几个小桌子、小茶几放茶碗，供晚来的茶客享用。门边火炉里的柴"噼啪"作响，炉火熊熊燃烧，一溜摆放在炉子上的大铜壶"咕咕咕"地边唱歌，边冒热气。跑堂的提着水壶，小心翼翼地穿梭在茶桌之间，看见谁碗里茶水少了，便即刻添满。一碗茶一般冲两三次，茶味便淡了，就要换茶叶了。换一次茶叶就增加一次茶钱。有些人并不是来品茶的,而是来凑热闹、打发时间的。这些人要上一碗茶,冲了七八遍开水,也不换茶叶。茶馆老板和伙计都习以为常,见怪不怪,依然笑脸伺奉,不厌其烦。

茶客的话题是全方位的。官方消息、小道消息、逸闻趣事,无边无际。谈生意的、讲笑话的、打听秘闻的,应有尽有。有的人高谈阔论,众人附和;有的人慢声细语,交头接耳;还有的争执不休,互不相让。茶馆里水汽、烟气笼罩,朦朦胧胧,好似云里雾间。叫声、笑声、谈话声充斥其间,好不嘈杂。但大家乐在其中,桌与桌之间各谈各的,各笑各的,似乎谁也没有影响谁。

乡下的瞎子,抱着粗长的竹筒,时常在茶馆里凑热闹,讨点零碎小钱。竹筒上下绷着绸布,瞎子边拍竹筒边唱段子,这叫打兰花筒。段子有荤有素,有古有今,很多时候是即兴编唱。唱到精彩处,茶客兴致高涨,连声喝彩,于是一分两分的硬币纸币便纷纷抛进了瞎子盛钱的碗中。也有外地来说书的,在茶馆摆上架势,讲个三五天。讲的无非是《三国演义》《水浒传》或者《杜十娘怒沉百宝箱》《蒋兴哥重会珍珠衫》之类。说书的摇头晃脑,挤眉弄眼,声情并茂,甚至手舞足蹈。茶客一会儿击掌叫好,一会儿屏气静声,一会儿哈哈大笑。常引来一批又一批听众,将茶馆塞得满满的,连门口都堵得严严实实,内外好不热闹。

夕阳西下,茶客付了茶钱便依依离去。有各自付茶钱的,也有一个人付整桌茶钱的,还有大方的把本桌和邻桌茶钱都付了的。关于付茶钱,丰乐镇上还流传着一个生动的故事。

说的是民国十七年(1928年)冬天,街上遭遇了历史上最严重的一起土匪绑票案。河南方城县张杨团的一帮土匪,趁农闲到外地"收庄稼"。他们在深夜持枪械袭击了整个丰乐街道。土匪挨家挨户抢劫后,将所有在家的青壮年男子,还有五六岁以上的男童全部掳去。土匪让各家拿钱赎人。凡是一个家里有两人以上被掳的，则放一个成年人回去筹钱，并让其捎信给邻居，令邻居速送钱赎"票"。过了期限没有交钱的，绑匪便割下"票"的一块耳朵，让人捎给他家，以性命相威胁。在这次绑票案中，街上一个何姓的中年人，因家里三个男人全被绑票，气愤不已的他，趁土匪围着一锅鸡汤吃饭时，端起这锅沸腾的鸡汤倒到一个土匪头上，结果这个中年汉子被土匪当场打死。绑票案发生半月后的一个傍晚，各家各户还沉浸在悲愤之中，心急火燎地忙着筹钱救人时，"嘚嘚哒哒"从街外走进来一匹枣红色大马，马鞍子上坐着一个六七岁的男孩，男孩身穿一件崭新的大氅，披着大红花，还挎着一小袋洋钱。很快有人认出了这个男孩，他的大名叫罗茂修。惊诧过后，听了男孩的一番叙说，大家才知道原委。原来，在一年前的一天，绑匪的一号头目在三匠街一个茶馆里喝茶，是罗茂修的父亲罗宗环给付了在场所有茶客的茶钱，包括这个外地来的，与大家素不相识的陌生人的茶钱。绑匪头子了解到"票"中有"义士""恩人"的儿子，便悄悄送回了这个孩子，并隆重酬谢。土匪此举是什么意思呢？是想说明"土匪也是讲义气的""土匪也是知恩图报的"的吗？还是想以此来掩饰其罪恶呢？众人议论纷纷。这个故事说得有名有姓，有鼻子有眼，让人不胜嘘唏！

（三）
各显神通的彭龙街

三匠街的手艺人不多，彭龙街却是匠人云集的地方。新中国成立初期，彭龙街上有银匠、铜匠、铁匠、木匠、篾匠、瓦匠、油匠、剃头匠等，后来还有刻章子的、修钟表的、修钢笔的、修锁配钥匙的。可谓八仙过海，各显神通。

　　街上的陈银匠不是为成年人服务的，而是专门为幼儿服务的，可能银匠的手艺有各自分工吧。他不打银项链、银戒指、银簪子之类，而是打造银项圈、银手环、银脚环、银长命锁等器物。这些东西都是吉祥之物，能护佑孩儿平安成长，是常为过周岁的幼儿定制的礼品。铜匠那时候是很吃香的，因为很多家庭用具都是铜制品，如铜盆子、铜壶、铜锅子、铜勺子、铜锅铲、铜箅子、铜的水烟壶和旱烟锅等。铜匠既制作这些物件，也修理这些物件，尤其是补铜锅、铜壶、铜盆子的最多。木匠的种类最多，有盖房子的木匠、做家具的木匠、做棺材的木匠、做桶做盆子的木匠（这种木匠也叫箍匠），还有专门将树木锯成板子的木匠（这种木匠也叫解匠）。当然，三匠街只有做箱子、柜子等家具的木匠。

　　彭龙街的故事很多。赶圈子（给母猪配种）的与劁猪娃兼旋鸡子（阉鸡）的相邻而居。请人做棺材却错请了做家具的木匠。蒋铁匠一拳失误打死了老翁。河南的远房亲戚来一家认亲，晚上女主人安排客人说"你跟我家茅匠一起睡吧"，客人尴尬极了，连忙说"不行，不行"。费了一番周折才弄清楚，原来客人居住的河南称未婚女孩子为"毛将"，而女主人嘴里的"茅匠"是盖茅草房子的匠人。豆腐店的老板在摇豆浆的大盆子里捞出来一大团布疙瘩，上面糊满了豆浆，他扯开长长的布条，用手刷下上面的豆浆，老板的小脚母亲尖叫一声"我的裹脚布终于找到了"……

　　彭龙街上的师傅很多都有高超的技艺。单说最为普通的剃头匠吧，当今称这些人为理发师。可他们不会烫发，也不染发，更不会将头发做成各种花形，所以没有女性来理发。但他们的手艺，在今天来说很多已经是绝活儿了。

一是剃，或者叫刮。剃头发、剃胡子、剃汗毛。一把剃头小刀，明晃晃，亮铮铮，在头上、脸上、脖颈上，左右移动，上下翻飞，让人眼花缭乱。留光头的，顷刻之间头上变得光溜溜的一毛不剩。这还远远没有完。师傅给你认真清洗后，将一大块热乎乎的毛巾裹住整个头，待头皮潮润了，揭开毛巾，剃刀在荡刀布上噌噌几下，便在头上慢慢地、仔细地刮起来，一遍又一遍地刮，直到头皮青筋暴露、脑袋闪闪发亮为止。除了孩童之外，刮胡子、刮脸是必备程序。并不是把脸上的胡子剃光就行了，而是从额头到脸颊，从鼻梁到下巴，从前颈到后脖子，胡子、汗毛都要细细地剃、轻轻地刮。从上到下，从左到右，顺向逆向，反反复复地至少刮三遍。对那些络腮胡，毛发旺盛的顾客要刮五遍。刮到下巴微微泛青，脸颊微微泛红，脖颈一直到后颈窝都刮得光洁细腻。每刮一遍，热毛巾便敷一遍。通常热毛巾并不离开脸，师傅左手慢慢移动毛巾，右手剃刀跟进。一会儿长刮，一会儿短刮，一会儿顿刮，哪怕遇到头脸长疙瘩，有疤痕的，照样得心应手。对于眼皮子、后耳根，耳朵窝里这些窄小的位置，剃刀也决不卯过去。左手撑住，右手刮，该轻则轻，宜重则重，游刃有余。特别是对耳朵里，说是"刮"倒不如说是"旋"。只用刀尖在里面轻轻地旋转，不断地变换角度、转换力度，直到耳郭、耳甲、耳洞里的汗毛全部清理得干干净净为止。剃也好，刮也好，看似是在剃刀上用技，实则是在手腕上用功，体现的是对顾客的用心。刮脸的最后一个程序是剪鼻毛，一把尖剪，伸进鼻孔，咔嚓咔嚓，鼻毛便一根不存。

二是按，即按摩。从肩部向颈部，再到头部，一点一点地向上按，按到头顶。再从头顶向头的四周按，最后按摩面部。什么风池穴、百会穴、太阳穴、印堂穴等都是按压的重点。

三是担，即担腰。往往是对中老年理发者服务。顾客坐在高凳上，师傅站在其身后,先拍打你的后颈和双肩,由轻到重,由缓到急。然后托住你的后腰,让你的身体向后倾倒,他双手将你的腰身担着,上下轻轻地抖动,慢慢加大抖动的幅度和力度,直到听到"咔咔"的响声为止。有时师傅也会手扶你的双肩,一手前推,一手后拉,交替着用力扭动你的上身。或者双手捧着你的头,嘴里叮嘱你放松,放松,突然猛地向左或向右扭动你的脖子。那些闪了腰的、岔了气的、扭了颈的、落了枕的、肩背不舒服的,往往经过这么一拍、一担、一扭的调理,疼痛立马消失,效果立竿见影。

剃一次头,刮一回脸,不仅容光焕发,精神抖擞,而且浑身轻松,周身舒坦,怎一个爽字了得。

(四)
书声琅琅的南街

南街有杀猪卖肉的,有漕房酿酒的,有开药铺的,还有打鱼的,更多的是种菜的。新中国成立初,南街有个姓李的年轻人,是个打鱼的高手,远近闻名。他打鱼一不用网,二不用钩,三不用罩,他用的是一根木棍,是真正的"打"鱼者。当太阳刚刚升起,他手持一米来长虎口粗的结实木棍,沿着家后面的小河,瞅着平静的河水慢慢行走。不定什么时候,突然他扬起木棍朝河水猛地打去,然后赤脚下河,不慌不忙地从水底摸出一只老鳖(甲鱼)。听说他通过看水花就知道老鳖的所在。棍子打下去并非打着了老鳖,而是水体被震动了,老鳖便缩头不动了。他还会在堰塘、湖泊周边寻找乌龟洞,常常一次性从洞中摸出好几只乌龟。正可谓近山知鸟音,近水知鱼性。他捕捉的乌龟、甲鱼在那时候是最不值钱的鱼类,说它们"不养人"。丰乐河周边过去流传一句俗语:菜不养人的是苋和茄,肉不养人的是肝和血,鱼不养人的是虾和鳖。所以姓李的捉鳖摸龟并不靠卖龟鳖给人食用,而是取其壳、甲卖给药铺,那可是滋阴潜阳,益肾健骨,养心补心以及凉血补血的好药材呢!

南街真正值得怀念的,是回荡在整条街的学校铃声和琅琅的读书声。学校是丰乐小学,位于南街中心位置的东侧,这是过去的一个当铺。

1948年,丰乐河全镇解放,当年丰乐小学便建立起来。小学有前门和后门。前门紧临街面,大门有2米多高,1.5米宽,两扇木门有10多厘米厚,上下里外都用铁皮包着,朱漆上色。大门外侧整整齐齐地钉着纵横排列的铜钉,里侧有上中下三道大木栓。进了大门,两侧的房子相对排列,各有10多间,这是学生上课的教室和老师的宿舍。那时候,老师没有单独的办公室,备课和批改作业都在宿舍里。只有校长和教导主任才有共用的办公室。两排房子中间是一个宽约20米,长约50米的大院子,是学生开会、做操和课间活动的场所。院子的东头是一个比院子地面高1米多的高台子。高台子两侧各有3间大房子,东面是一横排封住院子的房子,其中间是后门。后门外本来地势就低,后门处又抬高了1米多,所以进学校后门就必须上台阶。后门的台阶由青条石砌成,有10米宽,30多级。那时进学校后门上台阶,感觉像电影里进王宫一样。由丰乐小学房屋的布局,可以想象当年当铺建筑的庞大、雄伟和不同寻常。

到20世纪60年代初为止,丰乐小学一直是方圆一二十里内唯一的完全小学,即从一年级到六年级全都有的小学。像周边的师姑庵小学、安家湾小学、常家淌小学、三滩小学等,当时都只有初小(1—3年级),而没有高小(4—6年级),丰乐小学从建校开始都是完全小学。

进入20世纪60年代后,因学生激增,老师不断增多,校舍不够用,就把位于南街南头街东边的福音堂里的居民迁出来，作为几个班的教室，从这里到小学后门很近。从这个时候开始，丰乐小学的临街大门便被封死，将原后门扩大，变成了学校大门。不久，在新大门南侧边上又开了一个小门，仅供老师和学校食堂师傅出入。将前门封禁的主要原因，一是便于对福音堂的校区进行统一管理，二是便于控制学生下河洗澡。学生从前门偷偷出去，只需要跨过门前几米宽的街道，再从对面住户家穿过，便可上堤下河了。小学生下河洗澡出过几次事故，安全隐患很大，学校处分过好多学生，甚至开除过屡教不改者，但仍然难以管理，所以将前门封死。如此学生再到小河游泳，就要绕一大圈，显得很不方便了。

那时候，学校管理非常严格，学生要认真遵守《小学生守则》，不打架，不骂人，不说脏话；尊敬老师，团结同学，互相帮助；不迟到，不早退，有事要请假；爱护公共财物，讲究公共卫生，积极参加劳动；孝敬父母，爱护弟弟妹妹，做好力所能及的家务活；好好学习，上课认真听讲，先举手再发言，不交头接耳，不做小动作，按时交作业等规定。简单明了，没有空话、大话、套话，易于操作，易于互相监督。违反学生守则的学生被老师，甚至被教导主任、校长叫到办公室进行批评教育是经常的事。学校每学期既评选表彰三好学生，又敢于在大会上点名批评违反纪律的学生，对严重违纪和屡教不改的学生进行处分从不含糊，每年都有学生受到警告、记过，甚至开除学籍的处分。对考试成绩不及格的学生，作留级处理是很平常的事，连续留两次级、留三次级也不稀罕，绝没有走后门、给面子、手下留情、蒙混过关的情况发生。

老师的敬业精神也让人难以忘怀。20世纪50年代后期，有个叫杨敬秋的老师，是两个孩子的母亲。她是丰乐小学第一个教汉语拼音的老师。随后是年轻女教师崔爱丽教一年级学生学习汉语拼音。她们耐心地、孜孜不倦地像母亲一样对待班上每一个幼年学生。她们的许多学生在进入花甲之年、古稀之年以后，也没有忘记拼音的读写，从而能够享受电脑、手机等现代高科技带来的便利和快乐。很多老师每天半夜三更还在宿舍里批改作业，早自习时又早早地巡视教室。有一位韩老师因严重风湿病，进入夏天了还穿着棉裤在课堂上讲课，从没因病痛缺过课。高年级的老师每天晚上守在教室里，陪着学生上自习，不厌其烦地帮助学生解疑释惑。有一个张老师，年纪较大，小时候上过几年私塾，在丰乐小学以严厉而闻名。晚自习后，他经常将没有完成作业的学生留下来开小灶，直到凌晨转钟。他常常罚站学生，对犯了错还犟嘴的学生擂擂个（用中指弯折着击额头），学生又怕他、又服他。他的语文课教得很好，常常利用范文启发指导学生写好作文，让学生们终身受益。

南街是个风水宝地，是个出人才的洼地。在街南端曾经出了个胡举人，是清朝最后一届的举人。在街北头，仅仅在20世纪末与21世纪初十几年里，就产生了几名地师级军地领导干部，产生了国家二级教授，医学专家等一批精英人物。

丰乐小学是全丰乐区、全公社的文化和教育中心，从事正规的基础教学工作，在南街这个当铺里存在了20年。学校培养和输送了一大批为国家和社会做出积极贡献的杰出人才。有中国人民解放军的中、高级军官，他们在艰苦的边疆，在祖国的蓝天，在广阔的海洋和城乡的军事重地，为保卫祖国立下了不朽的功勋。有高等院校的教授，有全国著名医院里的专家，有科学研究单位的精英，他们在推进国家重点项目建设，在培养高素质人才，在救死扶伤和发展人民健康事业等领域，取得了丰硕的成果。有党和政府的各级领导干部，为改革开放和经济发展、为党的廉政建设，鞠躬尽瘁，奋斗不止。更有一大批领导干部在各条战线为人民、为百姓，不畏艰苦，俯首甘为孺子牛默默奉献着。他们都是在丰乐小学接受的基础教育。尽管他们已年过花甲，有的甚至进入耄耋之年，但都不会忘记自己的母校——丰乐小学，也不会忘记这条走过千遍万遍的南街。

当……当……当……这是上课预备铃声；当，当当，当，当当……这是上课铃声；当当，当，当当，当……这是下课铃声；当当当，当当当……这急促的铃声，则是学生集合的铃声。这清脆的铃声，还有那琅琅的读书声和悠扬的歌声，是久久回荡在南街的美妙旋律，更是那个年代少年心中永远的天籁之音。

五 寻觅古迹

（一）
古民居

对于古民居，在前面的内容中已有过简述。这里说一家何姓的古建筑。它一直到1977年还保留着明清建筑的风格，是弟兄四个分灶吃饭后的三家人（老三和老四随母亲为一家）居住在里面。这幢房子位于建设街偏东头，原本是三间门面，三进两院的三层楼房。抗战时期日本飞机轰炸，将临街的门面房全部炸毁，后面的木阁楼也被炸了，后来维修后，只留下两进一院一层的瓦房。被炸的门面场地，在20世纪60年代初建成了砖木结构的平房，为街道缝纫社。何家居住的就是保留下来的房子。中间的院子实际是个大天井，四周石条围着，天井既是承接房上雨水、用于排水和家庭排污的地方，又是接纳阳光，接受光明和空气交换的所在。天井的前后，各三大间正房，宽10米，深6米，高4米多，隔墙是用薄单砖四面相围砌成的空斗墙，内房的隔断则是用2米多高，近1米宽的雕花木隔扇拼接做屏风。天井的两边各有五间厢房，厢房的进深较浅。天井四四方方宽大整洁，整个房子里光线也很充足。

房子里的杉木柱子上下一般粗，直径不小于30厘米。连接房梁的板材有50厘米宽，15厘米厚，全都是榫卯相接。梁、柱、檩子、椽子以及房瓦，在岁月的熏烤下，都变成了暗黑色。大门、后门及里面每一个有门的地方，都有一个厚厚的，高高的木门槛。缝纫社建房子时，挖出原来的墙脚有一人多深，砖都是三六九的大砖，即三寸厚、六寸宽、九寸长的砖，一丁两卧砌成的。砌墙用的是糯米汁拌石灰。20世纪70年代，很多人怂恿何家弟兄把房子拆了重新盖，都说拆了以后的砖、木料可以盖两套这么大的房子，特别是木料还会有多余的，而且新盖的房子，还没有这么多碍事的柱头和多余的门槛，不要天井走路也顺当。当时谁会想到，那些房子上多余的，无甚用处的龙脊、兽头、飞檐、斗拱和房内的照壁、门槛、天井以及房梁、门窗、屏风上面的雕刻、花纹、饰物等，是人民的智慧和艺术成就，是文化的结晶，是历史的见证呢！

（二）
老当铺

老当铺就是前面介绍的丰乐小学所在地。这个当铺据说是山西人在清朝后期修建的，到新中国成立时已有近百年的历史，所以叫老当铺。负责建当铺的是老板的管家。当铺的墙基深2米多，有多宽呢？据说可以在上面摆麻将桌，四人围坐打麻将。墙基全部用条石垒砌，四周的墙是用大砖一丁两顺砌成。又厚又坚固的房子修好后，东家看了连声说好，但遗憾的是四面各缺一个大铁环。言外之意是修这么奢华，我能抬走吗？当铺的房子虽然都只有一层，但排列有序，高大明亮。院子宽敞，周围封闭严实，前低后高，视线开阔。特别是后面高台子上的房子，远高于周边的房子，居高临下，对周围一览无余，对于当铺的安全意义重大。

当铺确实坚固，新中国成立前盗贼多次打洞挖墙，但从来没有成功过。有几次土匪武装抢劫轻易地攻陷了丰乐城墙，却攻不进当铺。20世纪30年代，国民党在当铺设立了团防局，还在高台子上修了碉堡。红军两次攻打团防局都没有攻下来，直到第三次攻打时，红军利用团防局内部的矛盾，与一位姓吕的副大队长里应外合，才攻下了团防局。

（三）
福音堂

位于南街南头东侧街后面的福音堂，是清朝时期英国人建的基督教堂。新中国成立初，福音堂保留有前、中、后各两间三进的房子，中间走廊相连。房子上下两层，据说还有地下室。尖尖的屋顶，前面一间屋顶上高高地竖着十字架，在整个街上显得尤为另类。新中国成立初，福音堂被政府安排了好几户居民居住。20世纪60年代初，居民迁走了，福音堂成了丰乐小学的一部分。

（四）
城隍庙

　　城隍庙位于建设街偏西头的南侧，三间房紧靠着街面，后面还有两进各三间大殿，每一进房子都由院子隔开，院子边上有厢房。20世纪50年代，后边两进六间房和厢房成了居民的住房。只有临街的房子空荡荡的，光线比较暗，里面有一尊很大的铜像，这是城隍庙里留下的唯一物件。铜像是一个面目慈祥的老人，那可能就是城隍老爷吧。城隍老爷坐在一把太师椅上，有2米多高，脚穿铜鞡子，整个铜像及座椅都是纯黄铜铸成的。城隍爷为什么穿的是鞡子呢？丰乐人下雨穿的鞡子是不是模仿这双鞡子做成的呢？那时候小学生放学经过那里，都要进去围着铜老爷游戏一会儿。好多次小孩们试图合力推倒铜老爷，它都纹丝不动。在"文化大革命"开始后不久的"破四旧"中，铜像被砸碎了，房子变成了居民住房。

（五）
石牌坊

　　在草街东边不远的农田旁，有一座大牌坊，是一块一块又厚又长的青石堆砌的。共三层，大概有十余米长，感觉比襄阳古隆中牌坊高大许多。牌坊上镌刻有很多文字，但都模糊不清。听老人讲，那是一座贞节牌坊。时间太久远了，搞不清楚是谁修建的，是为谁立的。为什么要将牌坊立在街外那么偏僻的地方呢？在古代那里是不是有一个村庄呢？这些都是难解之谜。以前，半大的孩子在牌坊附近挖野菜时，总喜欢在牌坊上爬上爬下。牌坊也是在文化大革命初期被推倒的，散落的石条渐渐被人搬走。牌坊没有留下一丝痕迹。

（六）
师姑庵

　　街道正东约2公里的地方属于红专大队，过去这一范围叫太和寺，应该是有一个很大很有名气的寺庙。但是周边20世纪50年代出生的人，记事后都没见过太和寺，也不知道这座寺庙的原址在哪里。在太和寺，有一个小村庄，地名叫师姑湾。师姑湾有一个师姑庵，据说新中国成立前100多年就有，一直到20世纪70年代中期还存在。20世纪50年代，村里在师姑庵办了小学，名称就叫师姑庵小学。当时，师姑庵前面两大间房子，后边两间小房子，中间是一个院子。师姑庵四周长着高大的树木，整个师姑庵都包裹在层层树木中。师姑庵前面的墙是块石砌成的，门不大，与普通住户大门差不多，只是很厚，特别是推门关门的时候会感觉很重。两间房子中，有一间隔成了两小间，里间外间都做教室，几个班的学生在里面上课。教室虽然有窗子，但窗子小，光线很暗。20世纪60年代初，师姑庵小学停办，房子成了生产队的仓库。村里孩子上学都转到了街上的丰乐小学。

（七）
葬王岗

在太和寺，当年的红专大队第六小队，村庄名字叫葬王岗，这里距街道仅1公里多。传说，东汉时期有一个王爷葬在这里。也有传说这里是东汉一个王爷的祖坟所在地，东汉的王爷姓刘。几十年来，这里没有发现过任何有关的历史遗迹。倒是在葬王岗村东南不到500米的地方刨出了一个古墓。

那是1967年夏天，红专七队在平整土地时，挖出了一个砖砌坟墓。里面有棺有椁，也就是棺材套棺材，棺材里外都有很多木炭。棺材完好，里面的男尸完整，缎子服装还有光泽，只是打开棺材后，霎时间衣服便化为灰烬，尸身顷刻间塌陷下去了。有人发现棺材里还有铭文，棺材里的主人叫罗继祖。那几天，街上每天都有很多人去看热闹，周边也有好多人去观看。散了架的尸骨被抛弃在田里，一个星期后才被街上的罗竹修收拾了尸骨，就地深埋了。棺材的木料被红专七队打造了一辆木轱辘牛车。那时，公社粮油加工厂的职工罗良奎垂泪对自己的子女悄悄地说："这是我们的祖宗。"他说丰乐的罗氏是两三百年前从江西迁徙过来的，罗氏族谱字辈"祖正传家，自身修教，子方怀仁，应昭大代，玉毕锦成"，第一代就是"祖"字辈，只有"祖"和"修"这两个辈分的字是落脚，而且族谱上对罗继祖有记载。只可惜族谱在"破四旧"中被焚烧了。更可惜的是当年政府机构被砸烂，没有文物部门的人去对古墓进行调查。

（八）
观儿山

　　在丰乐镇街道东北边约8公里处，有一座山叫观儿山，紧邻长寿公社青山大队。山不高，相对高度不过200米左右。相传道家祖师爷游历到丰乐河，远远就看到一座高山，突兀耸立，林木森森。山的西边，汉江与小河悠然并行；山的东边，日出茂林光芒四射，真是山清水秀的风水宝地。因此祖师爷选择在这座山顶上建造修行道观。当道观初步建成的时候，祖师爷来了。可是由于祖师爷道行太深，法力巨大，双脚刚一踏上山，这座松软的土山顿时塌陷下去，变成了现在见到的低矮小山。此山便因祖师爷在此建过道观，故名观儿山。后来，祖师爷又在观儿山东南100多里的钟祥撩脚山建造道观，最终选择了位于均州的金顶山建立了武当山道观。正因如此，才有钟祥是祖师爷娘家的说法。过去，钟祥人到武当山朝拜，都是头系黄丝带，身背黄包袱，集体出行还举着黄幡。往往到了均县的草店（已被丹江水库淹没）后，四面八方来朝武当山的人就汇聚起来，越往山上走人越多，特别是三月三和九月九，在窄窄的山路上人挨人。香客见到背黄包袱的人，就知道是祖师爷娘家人来了，便会纷纷让路，让钟祥人先走。

　　观儿山虽然没有成为祖师爷的道场，但它的信徒还是在山上建观修炼。直到20世纪50年代后期山上还有道观的遗迹。

（九）
小河堤

  小河的东岸和西岸都有大堤。由于小河西岸的大堤又是汉江东岸的大堤，涨大水常常让其两面受冲击，故经常将它挖开，让大河与小河贯通，所以小河西岸的大堤是残破的。大堤是古老的，特别是紧邻丰乐街道的这一段，在古代它既是小河的堤，又是汉江东岸的大堤。这条大堤向下延绵几十里，丰乐人称之为遥堤。因为丰乐河镇是傍堤而建的，有堤才有镇，所以堤与镇必然同样悠久。大堤看不到古代的印迹，是因为大堤在历朝历代都要整修。特别是新中国成立后，大堤每逢涨水就要培厚或者加高。大堤展现在人们眼前，永远是新的。殊不知，大堤的根基、内核、魂魄具有千百年的历史，它见证了丰乐河镇的沧桑岁月，怀揣着丰乐河镇历史变迁和社会经历的太多秘密。现代的丰乐河人，可能唯一留下记忆的，就是民国二十四年（1935年），大水漫了大堤，也毁了部分大堤，丰乐河镇变成了一片泽国，淹死的人不计其数。

  大堤应该是丰乐镇保留得最完整的古迹。随着上游修水库和电站，造成小河水源不断枯竭，在以后的岁月里，丰乐大堤会不会消亡呢？

小河悠悠

丰乐河边杨柳疏,
半黄浑似早春初。
晴风不著行人面,
欲问桃花开也无。

这是明代著名诗人顾璘在湖广巡抚任上,来到钟祥丰乐河边,触景生情作的一首诗。顾璘写丰乐河的这首诗,用白描的手法,通过写杨柳的颜色,行人的问答,使丰乐河畔早春的美景生动又鲜明地展现出来。

顾璘,字华玉,号东桥居士,弘治年间的进士,是明代著名的文学家,官至刑部尚书。顾璘慧眼识珠,是培养了明神宗时期内阁首辅张居正的伯乐。嘉靖十六年(1537年),十三岁的张居正在考取秀才之后,来到湖广行省的省城武昌,准备参加这一科的乡试。担任湖广巡抚的顾璘早已听说了江陵神童张居正的许多传闻，但他需要亲自考察一下虚实，于是召见了张居正。顾大人随口出一上联："玉帝行师，雷鼓电旗云作队，雨箭风刀。"张居正当即应答："嫦娥织锦，星经宿纬月为梭，天机地轴。"顾璘大喜，以"小友"称之，并解下所系的金束带赠予小居正。他对同僚们说："此子，将相才也。"顾璘虽然看重张居正，但他更为张居正的未来考虑，担心他"少年得志，难成大器"。在张居正参加乡试取得优异成绩即将被录取的时候，顾璘对负责乡试的冯御史建议"不要录取张居正"，认为张居正像一块璞玉，需要如琢如磨，方能成大器。所以张居正直到三年后才中举。少年张居正经历了顾璘用心良苦制造的这场挫折，在他考上进士，入朝为官，介入官场权力斗争的人生经历中受益匪浅，也成就了一段伯乐与千里马的传奇佳话。

丰乐河的四季都是美好的。春天的小河像个清纯的少女，伴随着岸边青翠的杨柳和缤纷的野花，欢快地唱着动听的歌。夏天的小河像个粗犷的汉子，无拘无束、勇敢豪放、自在潇洒、尽情地激荡。秋天的小河像个成熟的姑娘，秋波荡漾、清澈明亮，涟漪泛起、晶莹剔透，就像串串珍珠挂在她的胸膛。冬天的小河像个饱经风霜的老人，任北风呼啸、雪花飞扬，他沉稳刚毅、坚韧坚强、无惧落寞、拥抱沧桑。

（一）
生活依赖着小河

小河灌溉了两岸大量的土地，也是人们饮用的水源。丰乐街上的人吃、喝、洗、淘一样也离不开小河。尽管北街、南街和东门外都有一口砖砌的深水井，水质都不错。特别是东门外（原丰乐公社机关大门前）的井水清澈甘甜，夏天凉爽沁心，冬天冒着热气。联丰大队的龚家台子和皇家庄子年年都组织身体强壮的青壮年，在初春进行淘井，井水一直干净纯洁。但是，整条街上的人，都只用小河水做饭和烧开水。小河水做饭饭香，煮粥粥黏，烧开水不起垢。而井水"碱性大"，烧水水壶起垢。最主要的是，吃小河水，人水灵气色好，皮肤像珍珠一样白皙细腻，牙齿像糯米一样洁白。早春和秋冬河水清澈，挑河水可以直接做饭和饮用。夏天河水浑浊，需要在水缸里用明矾澄清后再用，大家依然要挑河水吃。那时的小河水绝对是一类水质，几担水存放在水缸里，做饭时舀几瓢倒进锅里，喝水时舀一碗咕咚咕咚就进了肚子，畅快！

挑一担小河水可不是一件轻松的事，要爬上爬下那高高的大堤。遇到下雨下雪上凌，路滑得很。挑着重重的两大桶水，沿着堤坡上人们踩出来的"之"字形泥路，艰难地攀爬，一不留神就会人倒桶飞。但是人们习惯了，世世代代如此。离小河近的挑小河水吃，离小河远的黄龙街东街人，往返一趟一公里多路，但他们依然要舍近求远，舍井求河。吃河水难，挑河水难，街上就有了一种职业：挑卖水。为孤寡老人，为残疾人和其他有困难的人挑水。一担水5分钱、8分钱，后来是1角多钱。无论春夏秋冬，无论晴雨霜雪，挑卖水的都是一双草鞋，一条扁担，两只木桶。春夏水位高，挑水人肩不离扁担，一手扶一只水桶，在水边轻易地就打满一担水，挑起就走。秋冬水位低，打水就费劲了。挑水的人将扁担一端的铁钩子挂住一只木桶，握住扁担的另一端，将木桶向河中心抛去，水桶到达水面后，用巧劲顺势倾斜，打满一桶水用力提上岸，再用同样的方法打满另一桶水。不会用此技巧的人，就只能脱了鞋袜，赤脚下到冰凉的河水中去打水。

在小河里清洗衣服，是小河边一道靓丽的风景线。大姑娘、小媳妇，还有老婆婆，一个个提着一大竹篮用肥皂或碱水洗过的衣服和被单拿到河里清洗。几个人、十几个人在河边一溜排开，先用棒槌将衣物在支好的石礅上或自带的小板凳上，一件一件捶打，然后在河水中逐渐展开，反复摆动清洗。年轻的姑娘常常卷起裤子，赤脚站在深水处，将衣物在水中来回摆动，让水流冲漂。家长里短，说说笑笑，乒乒乓乓的捶衣声、哗哗啦啦的击水声、呼啦呼啦的抖衣声，小河边好不热闹。

最热闹的当属春节前的十几天。天气晴好，家家户户都要抢天晴洗衣洗被。年轻的姑娘、媳妇到小河里清洗衣物，就像上街赶集一样，来来往往，络绎不绝。前面的刚刚洗完离开，后面的立马占住位子。一长溜儿洗衣人一会前倾，一会后仰，水花四溅，衣被起伏，一双双手冻得通红也毫不在乎。这种场景有时会持续到晚上八九点钟，真有"长安一片月，万户捣衣声"之感。

在洗衣服的河段不远的上游，每天还有提着篮子，挑着筐子到小河里淘菜、洗菜的。吃水、洗衣、淘菜都在这小河里，这哪里卫生呢？根本不用担心，小河的水分秒不停地向前流淌，污浊即刻被分解、净化、冲走。小河的水永远是清澈的、干净的。

（二）
快乐伴随着小河

春天，孩子们在河边打水漂。选择一处静水区，手捏一块薄薄的小瓦片，身体倾斜着，奋力地向水面甩出。瓦片在水面上"唰、唰、唰"跳动着漂移，有的能漂出几丈远，引得围观孩子们大喊大叫，兴奋喝彩。比赛甩石子也是孩子们常玩的游戏，看谁臂力大，看谁甩得远。石子落在水里，惊得河水跳起一圈一圈的波纹，大伙看得清清楚楚。赢了的便挺胸昂头，得意洋洋，输了的则要低头服气，点头服输。

春天，小河边的野花最多。堤坡上，堤坡下像绿色毡子一样的青草中，红花、黄花、白花、紫花点缀其中，孩子们在花间奔跑嬉戏，在坡上滚下爬上。太阳光强烈了，他们便爬上树，折下好多柳条，一圈一圈地编，编成一个个绿叶蓬生的帽子戴在头上，既遮太阳，又觉清凉。

夏天的小河最是富有朝气。从农历三月下旬开始，来河里游泳戏水的人便一天比一天多起来，有孩子，也有大人。自然，十几岁、二十多岁的是主力军。水性好的，在几米深的水中直立着身子踩水行走，还有扎汤（mī）子、侧身翻、青蛙蹬。那些仰卧在水中，白肚皮露出水面的，似乎在闭目养神，又时不时蹬一下腿，划一下水。不太会游泳的只在浅水中扑腾扑腾地打蹚蹚，闹腾的动静最大，溅起的水花最多，被笑为"狗儿爬"。那时候，小河上的木桥在西门外，每天都有一批批胆大的孩子，身上一丝不挂，一个一个从桥上纵身而下，像下饺子一样在水中翻滚，一次又一次，乐此不疲。在炎热的伏天，每天下午小河里人头攒动，密密麻麻，像游在水中的一大群鸭子，尽情地嬉戏。

夏天的小河也是冷酷的，溺水淹死人的事件几乎年年发生，多是贪玩戏水的孩子，也有水性好的成年人。有一年涨水，水面比平时宽了几倍，木桥已被淹没，水流也汹涌了许多。一位30岁的年轻男子，仗着自己的水性好，不听别人劝阻，硬是从河西岸游过河，眼看就快游到东岸了，结果腿抽筋，被激流冲走了。所以，一到夏天，学校老师对学生严加管理，大人对孩子也严加管束。通常用手指甲在孩子的胳膊上或腿上、背上一划，露出一道白印的，准是偷偷下河了，一顿责罚便跑不了。

秋天是小河钓鱼的最好时机。"七尺青竿一丈丝",甩出鱼钩,耐心地看着河水中的漂子,发现漂子有动静了,便立即提起钓竿,一条鱼便扑腾扑腾着被提了起来。钓到的有半斤多重的鲫鱼,有一斤多重的鲤鱼和鲶鱼,也有七八条总共也没有一斤的小鱼。更多的人是刷鲹条子,即在细小的鱼钩上套上鱼饵,钩上不系漂子,不停地将鱼钩抛向河中,再飞快地提起钩,刷、刷、刷,钓起的都是长长窄窄的小白鱼条,一条约半两重,这样的鱼叫鲹条子。他们将细细的柳条抹去披针形的柳叶,将钓上来的鲹条子用柳条从它鳃处穿进,从它口里穿出,一串串小鱼儿,就变成了一枝枝银光闪闪的新柳条了。鲹条子沾面糊油炸,酥脆喷香,是下酒佳肴。钓半天鱼,有的能钓三两斤,有的却是空守河岸,只能钓日月,连个虾子也没钓到。

也有人下扳钩。就是在1米多长的竹竿上,系上鱼线和鱼钩,钩上套上红蚯蚓做饵,将鱼竿牢牢地插在水边,鱼钩沉入水下。隔十几米插1个,插8个、10个扳钩,几个小时后,运气好的能钓到五六条长胡子鲶鱼,小的半斤重,大的有一斤多重,鲶鱼炖豆腐也是人间美味。

这些钓鱼的多是业余爱好者,并非依靠钓鱼谋生。"无机两不得,但弄秋水光",他们钓的是闲适,钓的是快乐,钓的是心境。当然,更是为了饱口福,为了改善生活。只有那些划着两头尖尖的小划子,带着几只勾勾嘴的黑鹭鸶,依靠它扎着猛子在小河里叼鱼,且"烈日炎炎浑不怕,斜风细雨不须归"的老翁,才是专门捕鱼的渔民。

隆冬时节,是小河水量最少的时候,河道变窄,有些地方不到两丈宽,水位变低,木桥显得好高好高。那时候的冬天特别冷,小河经常结冰。随着冰层加厚,两岸的人们就可以不经木桥,踏冰往来了。过去不时兴滑冰,但冰上活动还是有的。"打界"就是当地孩子们的热门游戏。半大的孩子分成两拨,每拨4个或5个人,在小河的冰面上,两边各画一条界线。每人手执一根1米来长，虎口粗细的木棍，木棍下端膨大或略弯。从两条界线的中间开始，将一个拳头大小的石头或砖块当作"球"，向对方的界线争相击打。"球"在冰面上被你打过去，被我打过来，哪一边将"球"打过了对方的界线，哪一边就胜利了。"打界"有一个规矩，那就是"打界打界，打腿莫怪"。在混战和奔跑中，滑倒的、撞倒的、棍子打到腿的，时有发生。有的跌坐冰面，有的仰面朝天，有的趴倒在冰上。叫喊声、哄笑声、欢呼声、哎哟声、棍棒撞击声，此起彼伏。被打疼的孩子龇牙咧嘴，眼泪汪汪，有的被摔得鼻青脸肿，但强忍着不哭出声来。怕疼、好哭，以后就没人跟你玩了。

（三）
涨水有苦也有乐

涨水多在炎热的夏天，立秋后涨水叫涨秋水。涨水是大人忧愁小孩喜，大人辛苦小孩乐。上游连续下大雨，小河就会涨水。一般的涨水大家都习以为常了，只有涨大水才引起人们注意。眼见河水一点一点上涨，上午看到河水距桥面还有三五尺高，傍晚河水已接近桥面了，到第二天早晨，木桥被淹没得无影无踪，连桥上的栏杆也看不到了。河堤上，观水的人一堆一堆，一拨又一拨。小孩子们特别兴奋，不停地往前凑，往人堆里钻，听大人讲涨水的新闻，整天在河堤上转悠，不想回家。堤上的人，来来往往、指指点点、叽叽喳喳、谈笑风生，像是在观看一场大戏。只见河里，浊浪翻卷、浪渣沉浮，麦捆子、芝麻捆子、南瓜、冬瓜，甚至整个茅草瓜棚子都在河水中上下翻腾。水性好，胆子大的，瞅准机会，跳进河里捞起一两根木头也是有的。河水继续上涨，汉江与小河连成了一片，浩浩荡荡，一望无际。河滩上的村庄全在水中，杨柳树枝漂浮在水面，高台子上的农家房屋像大海上的片片小舟，随时都有倾覆的危险。

防汛、守堤，成为全镇的头等大事。河堤沿线分段落实责任单位，人们带着门板、凉席、雨布、被子及铁锹、竹筐等生活用品及防汛工具，日夜吃、住守护在大堤上。河堤的薄弱部位开始填土夯实。人们成群结队地将一担一担的土运来，有的从堤脚开始往上填，给大堤加厚，有的在堤腰填土，有的则在堤面上填土加高。有8个人抬着石磙打夯的，有4个人用绳子扯着方形的厚石打硪的，单个人则高举木榔头锤实边缘和死角。"白划子一飞腿一伸呐，嗨哟嗬！不落杨林落柳林呐，嗨哟嗬！落到杨林杨宗保哇，嗨哟嗬！落到柳林穆桂英呐！嗨哟嗬！"打夯的号子声抑扬顿挫，不绝于耳。

有专门人员一刻不停地在河堤两侧仔细巡查，一旦发现渗漏可就是天大的事了，必须紧急处理。老鼠洞、蚂蚁窝、野兔子的巢穴、枯树根等都是重点排除的隐患。除了草袋、麻袋、沙袋、土袋外，大铁锅、棉絮、棉被也是防汛的重要物资。一旦在堤外某处发现渗水，很可能发生管涌，必须迅速在堤内相对位置的水下，由水性好的人下水，找出漏洞，用棉絮或棉被先堵住漏洞。漏洞大的则先用铁锅堵住，否则将出现"堤毁人亡"的后果。老人们总会拿民国二十四年（1935年）的水灾来提醒大家：防汛的事可来不得半点马虎。

新中国成立后最大的一次涨水是1954年，听说连续下了五天五夜大暴雨，水连涨十多天不退。汉江里的船好多都停靠到小河的堤下了，多次出现破堤的危险。镇上的老弱病残，已转移到东边的红山寺、草堰口子、长岗寺山上。最后总算等到水慢慢退了，有大惊无大险。

1964年的水也很大。上游多地连续下大雨，丹江水库放水，大河小河一起涨水，仅仅三四天，大河小河就连为一体了，水连天，天连水，一片汪洋。小河上的木桥被冲毁了，桥板冲走了，桥桩也被冲得无影无踪。人们在堤上已经可以在河水中洗脚。浑黄的河水翻滚着，浪花不时地溅到堤面上，情况相当危急。各单位都组织了突击队，源源不断的土运上堤，在迎水面的堤上一层层地垒土袋子，一刻也不敢停下。人们不断地加高堤面。堤上早已没有了看热闹的孩子，他们早被强制转移了。熬了三天三夜，担惊受怕的三天三夜，水终于不再上涨，又停滞了两天，才慢慢地，一寸一寸地消退，直到退到安全线以下，人们才松了一口气。

小河，是丰乐人的母亲河。尽管她有时会发脾气，会使一点小性子，但她更多时候是美丽、质朴、清纯和温柔的，是慷慨和无私奉献的。丰乐人的心中永远流淌着这条清澈的，奔流不息的，藏着太多美好故事的小河——丰乐河。

七

物产杂谈

丰乐镇在江汉平原的尾端,汉江的东岸,以平原为主,还有丘陵,滩涂和湖泊。四季分明,雨水充沛,光照充足,土地肥沃,适合多种农作物和多种树木生长,也适合多种动物栖息和畜禽养殖。是物产丰富的鱼米之乡。明朝有一位著名人物叫王越,曾写诗赞美丰乐河镇:

丰乐河

王越

鄂北鄀南土脉肥,

人家老不识年饥。

蹇驴驮醉斜阳外,

知是秋成赛社归。

鄢,即鄢城,是现今的宜城市。诗的第一句就点明了丰乐河的地理位置和环境优越、土地肥沃,第二句则说明丰乐河这个地方很少有饥荒年出现。赛社,是一年农事完毕后,陈列酒食祭祀田神,并敲锣打鼓,赛歌赛舞,相互饮酒作乐的活动。诗是一幅画,夕阳下,喝醉了酒的汉子,被不甚强壮的小毛驴驮着,不紧不慢地甚至跛着足行走。一看就知道他们是在秋后参加完赛社活动回家去的。诗的后两句让我们领略到丰乐河人在辛勤劳作,获得丰收后的喜庆、欢乐和吉祥。这首诗生动活泼,意境深远,给人以无尽的遐想。

这首诗的作者王越(1426-1499年),字世昌,直隶大名府浚县人,明宪宗时官至兵部尚书,总制大同及延绥甘宁军务。曾三次出塞,收取河套地区,于红盐池之战、威宁海之战中两次远袭鞑靼,因军功获封威宁伯,成为明代因军功封爵的三位文臣(另两位为王骥、王守仁)之一,世称威宁王。他的文学造诣深厚,被誉为"诗直追盛唐,文章远溯秦汉"。成化十九年(1483年)内阁大学士万安,忌王越功名太盛,以王越"生事夷狄,作诗怨望"上奏皇上,被罢官为民,谪居湖北安陆(即钟祥)闲居六年,至弘治改元,方诏准还浚。直到弘治七年(1494年),69岁的王越才复诏准以左都御史致仕。

《丰乐河》这首诗正是王越在安陆谪居,闲游丰乐河时写下的。

(一)
粮油作物

多种地形地貌,形成了丰乐的河田、滩田、山田和湖田。河田平坦广阔,土质疏松;滩田砂质含量高,松软但保水性差。由于涨水后泥土沉淀，很多滩田形成一层砂一层土，砂、土交替的土壤，或者是泥土在表层的"蒙金土"，这种耕地十分有利于植物生长；山田有坡田和冲田，坡田坡度平缓，少有石砾，集中成片，不像有些山区的"碟子田"，因而适宜牛畜助耕；两山之间的田叫冲田。山田虽然土壤黏性较大，但深厚，保水保肥，适宜多种作物生长；湖田多是沼泽湿地改造形成的，腐殖质含量高，土壤肥沃，但通常排水不良。

除了热带作物，我国大多数农作物在丰乐皆能种植。粮食作物以小麦和水稻为主，经济作物则以棉花为主。

那时候，国家规定粮食部门加工稻谷的出米率必须达到70%。农业户口的人在粮管所购买返销粮也是按70%折算，即100斤原粮指标可购70斤大米。农户石碾碾的米，生产队的打米机加工的米，亦称小机子米，都达不到这一标准，最多出米65%。自然，粮管所的米是糙米，黑一些，粗一些，有时候买回来还要筛出米里面夹杂的谷粒。而小机子米是精米，白一些，细一些。但老百姓都喜欢糙米，因为它"有出息"，而小机子米"没出息"，同样多的米，没有糙米做的饭多。粮管所出售的大米经过了严格的过筛处理，筛出的碎米分为中碎和细碎。中碎有大米的1/6至1/8大，可以煮粥吃，只是会满嘴跑米粒，不过掺进叶子菜煮的粥就好多了。细碎不仅米粒更细小，而且里面有很多碎砂粒、碎石末和糠甲子，煮粥吃不能用牙齿，只能在嘴里啰一下就吞咽进去。中碎和细碎只有单位内部人员，或者有关系开后门的人才可以买到，因为1斤大米指标可以买2斤中碎，或者买3斤细碎。

滩田里种的花生成熟了，一锄头刨下去，用手扯起来轻轻地抖一抖，沙土顷刻落地，白生生的花生便一嘟噜一嘟噜地呈现在眼前，不像黄黏土里生长的花生，收获后还要在太阳下曝晒，还要经过锤打，才能将泥巴与花生分离，费工又费时。

滩田里收红薯亦是如此简单。挖出来的红薯抹去上面的沙土，就可以啃着吃。20世纪60年代以后,红薯被大面积种植。在农村,5斤红薯抵1斤原粮(稻谷、小麦),作为主粮分配。红薯也成为碗中的主食。有人曾作打油诗：

上顿红薯下顿苕,天天三餐离不了。
蒸煮烧炒轮番吃,米面糊糊用它搅。
吃得嘴里吐酸水,肚子气胀放臭炮。
当奉此物为菩萨,救灾渡荒大功劳。

下连阴雨,红薯地里积水,分配到经水泡过的红薯,蒸不熟,煮不烂,还有一股酒味和苦味,真是难以下咽。

由于棉花种植面积大,棉籽榨油成了二十世纪六七十年代用于烹饪的主要食用油。芝麻、花生仅少量种植,成为稀罕物。那黑黑的、浑浊的、有点燎喉咙的,每餐却又舍不得多放一点的棉籽油,是那一代人难忘的记忆。1斤芝麻到榨坊里可换4两香油,如果家里有半瓶香油,在盘中的腌菜上滴几滴,腌菜就会像肉一样吸引筷子。

油菜籽、蚕豆和豌豆生长期较短,都比小麦成熟早,不会影响下一茬秋粮的种植,因此种植面积是夏粮中仅次于小麦的品种。不过这些品种收获后都是要上缴国家的,分配到农户不过几斤。

高粱主要用来酿酒,丰乐人从不用小麦、稻谷等其他粮食酿酒。有几年街上供销社凭票供应的高粱酒,是在大集管理区机关所在地的代家集酿造的。从代家集到丰乐街有15里路。有一天,供销社请了5个青壮年从代家集挑酒,有一个姓伊的小伙子挑着七八十斤酒,眼看就要进街了,没想到在过了小河桥上堤的时候被一个砖头绊了一跤,两个木桶装的酒全部泼到地上了,桶也滚到了堤下。傻了眼的小伙子急中生智,他扶起桶,顺手在小河里打了两桶水重新上路。挑到卖酒的门市部，同其他几个人一样，按照门市部负责人的要求，将"酒"倒进了半人高的大肚子酒缸中。当然，这件事是几年后才被人说出来。曾经有人问小伊，你不怕买酒的喝出了水味，提意见追查到你吗？小伊笑着说"开后门都买不到，谁还敢说酒不好？再说，你问问卖酒门市部的邻居，他们见过营业员打进去的洗脸水倒出来过吗？"

背着高粱找不到槽房，换不到酒，高粱就变成了红色的米饭、面饼和面糊糊。从高粱秆上部两尺多高的位置，剪下高粱穗子，刮下高粱米后就可以扎扫帚，扎锅刷子，这是家家户户都离不了的用具。高粱秆除了当柴火外，还可以编制晒棉花的花帘子。

大麦种植比较少，因其加工的米硬、糙，口感很差，丰乐人常用大麦米炒米茶，将它炒后煮成米茶不会糊汤是其最大的优点。另外大麦较小麦成熟早，可避开"双抢"季节收割。

玉米在那时候没有作为重要的粮食作物对待，生产队没有大面积成片种植，多在田边、地角和自留地零星种植。未成熟的玉米棒子清水煮了吃，或者烧了吃，成熟的玉米则磨成面，搅苞谷糊涂吃，过年时炒苞谷花吃。做完饭后，利用灶膛里的余火，将玉米棒子放进里面炕，炕成焦黄，吃起来香喷喷、酥脆脆的，是当年孩童们的最爱。

绿豆、粟谷（小米）和荞麦耐旱，生长期短，但产量低，只作为其他农作物受灾后不得已而补种的作物。

黄豆是秋季旱作物中种植面积较大的品种，但生产队里一家一年多的可分一二十斤，少的只能分到几斤。没有人用它榨油，多用它生豆芽，磨豆腐。关于黄豆，20世纪70年代初，街上有个生产队里还发生了一件蹊跷事：

那一天，稻场里打了一场黄豆。傍晚时，完成脱粒并扬尽的黄豆，因为第二天要摊晒，没有必要收进仓库，所以在稻场东南侧收拢，堆成一个圆锥体。大家围着这堆黄豆，看着老保管员用干灶灰在圆锥体的上下四周画线条，做记号，有经验的老农估计这些黄豆有1500斤左右。收工的时候，队长安排了两个年轻人守夜，就是守护这一堆黄豆。

天擦黑时，两个年轻人一人肩搭一床被子，手拿一个枕头和一把蒲扇，相约着一起来到了稻场，换下了守候在这里的老保管员。那天的月亮已经快圆了，非常明亮，照得稻场像一个平静的大水塘，那一堆黄豆就像水塘边一个小小的土堆。只有稻场东边处于采摘期，枝繁叶茂，有大半个人高的棉花地里黑乎乎的，像一片黑森林。

守夜棚子已被安放在距黄豆堆六七步远的西侧位置。他俩试图把棚子往黄豆堆移近一点，吭哧吭哧抬起来，艰难地向前移动了两步，感觉太沉就放下了。这里南北通透，没有高大的庄稼挡风，挺好的。

守夜棚子实际是一个1.5米宽，2米长的木床。木床由四根粗柱子支撑，下边床腿有70厘米高，上边有1.2米高，上下的四边都有横杆连接，最上边两头各做了一个三角形的屋架，又加了两根横杆，搭成了一个坡形屋顶，屋顶上盖着茅草，屋檐向木床两侧各伸出20厘米。床衬子没有木板，是高粱秆编的一块花帘子铺在上面。两人将一床被子铺在花帘子上做垫被，另一床被子放在床中间，预备夜里天凉了盖肚子。两人围着黄豆堆转了一圈，确认这是一个完整的圆锥体，月光下连灶灰印记都看得清清楚楚。他们向稻场四周看了看，对东边那片黑森林特别地注视了一下，感觉它有些神秘。两人上了床，一个头朝南，一个头朝北地睡下了。

两人中，小青年18岁，是地主的儿子；大青年22岁，是富农的儿子，守夜对他们来说已习以为常。深秋的夜晚，微风阵阵，天气凉爽，夜里蚊子也很少，手中的蒲扇基本没有用上。干了一天活，睡在床上真舒服。他们侧着身子，眼睛盯着圆锥体，有一搭没一搭地聊着天。不知道什么时候，他俩都睡着了，睡得那么香，那么甜，那么沉。

大青年一觉醒来已是月亮西沉，四周一片黑暗。只有天上几颗星星眨着眼睛，东边天上的启明星已经升起，天快亮了。他下了床，在稻场边撒了一泡尿，便走到黄豆堆边，一圈还没有走完，便惊叫起来。叫声一下子惊醒了小青年，他跳下床，几步蹿到黄豆堆边。黑暗中，圆锥体上的灶灰线看不清楚，但是，圆锥体的东侧有一个大窝，却看得清清楚楚，这分明是被人扒去了黄豆形成的大窝。两人瘫坐在地上，这可是闯了大祸啊！他们向四周张望，黑洞洞的，静悄悄的，整个世界都还在沉睡。大青年叫小青年坐着别动，他爬起来独自朝东边的棉花地走去。他在棉花地边上瞪大眼睛使劲往里面看，又侧着耳朵仔细地听。他察看了一个来回，沮丧地走回了稻场。

天刚亮，听到大青年报告的队长便到了稻场。随后，贫农组长、会计、保管员等也来了。到太阳出来时，稻场黄豆堆边已围了几十人，多是本队的社员，也有邻队看热闹的人。大家七嘴八舌地猜测是谁偷的，怎样偷的。

有人说："肯定是偷了就钻进了棉花地里了。"

有人说："可能是用箩筐挑走的。"

有人反驳："挑着不方便进棉花地，应该是灌进袋子里扛走的。"

有人说："这附近都没有撒几颗，看来是个老手。"

有人说："这扒走的估计有七八十斤吧！"

队长仔细地询问两个年轻人守夜情况，什么时候来稻场的、什么时候睡着的、什么时候醒的、什么时候发现被偷的、夜里有没有离开过、有没有听到什么动静等等。其实队长早就问过这些了，他们也早就回答过了，这是队长要当着众人的面审问他们，他们还能说什么呢？队长怒骂："你们是猪吗？你们睡死了？"两个青年战战兢兢，连连说："我们真是睡死了。"

有人质问："你们为什么不把棚子放到黄豆堆旁挨着睡？"

"我们晚上来，棚子就是放在这儿的。"大青年指着地面说，"我们抬着往黄豆堆前移动到这里，太重了，抬不动。"

"谁安放的棚子？"有人高声问。

"是我叫人抬到这里的，这么近，有动静猪也会醒的。"队长说。

"夜里队长来检查你们守夜了吗？"有人问年轻人。

"我吃撑了吗？我夜里来干什么？"没等年轻人回答，队长抢着答话。

连续几天，有贫下中农积极分子提出到公社报案，请公安来查。有的提出请大队民兵连长带队，将队里各家各户都搜一遍，先搜四类分子家再搜队干部的家，然后搜其他各户。队长倒是很冷静，表态说："我会认真调查的。"吵吵嚷嚷，议论纷纷好几天，被盗事件就慢慢冷却下来了。当时没有人怀疑两个守夜的年轻人监守自盗，这是为什么呢？因为大家都知道这是队里胆子最小、最老实的两个年轻人，借给他们几个胆，他们也不敢做这样的事。但两个年轻人却提心吊胆了1个多月，直到队长吩咐记工员对两人各扣100个工分，他们的心才放下来。

几年后，有人说当年队长的家属在队豆腐店负责，豆腐店都是1斤黄豆换1斤豆皮，或者换3块豆腐，再付2毛钱的加工费，不交豆子是不卖豆腐和豆皮的。可是，黄豆事件发生几个月后，生产队豆腐店不收豆子也卖豆腐豆皮，他们加工用的黄豆是从哪里来的？显然，这是在怀疑当年的队长。但是，怀疑归怀疑，这个事件成了一个永久的谜。

（二）
缤纷菜园

蔬肥菜嫩架悬瓜，豆蔓顽皮上竹芭。四季叶滴翠，缤纷蔬争鲜。

茄子有紫的、有青的，还有白色的，都是上细下膨粗的长形茄子，没有现今市场上圆溜溜的球形茄子。

豇豆子也叫刚豆子，只有一两拃长，没有两尺多长的。舍不得像现在这样青幽幽的、绿玉一般、那么嫩就采摘，要待颜色变成淡绿、豆粒略鼓的时候才采摘，产量可增加一倍。

苋菜叫汉菜，有红叶的，有绿叶的。红叶的叫红汉菜，绿叶的不叫绿汉菜，而叫白汉菜，有点费解。采收苋菜不像北方那样连根拔起，而是只掐嫩茎，让其反复萌发，可以反复采收。不过，到了农历六月苋菜就开始变老，"六月汉（苋），无人看"了。

菠菜即使开始长穗子，还是有人吃，密集生长的菠菜，哪怕茎长叶少，只要茎掐得断，茎叶一起焯水后凉拌、炒食皆可。1972年，在修温峡水库北干渠的工地上，笔者同队里十几个人，借住在张集公社沙河红光大队的老赵家。后方的蔬菜没有送来，自带的腌菜罐子、酱豆瓶子也空了。房东见住在家里的民工吃了几天没有一点菜的白饭，就让炊事员到他菜地里挖菜吃。随后六七天，东家屋后山坡上，一大片密集生长着两尺多高的老菠菜被吃得精光，大家都说老菠菜比嫩菠菜好吃。相信这些人一辈子都不会忘记老菠菜的香甜，更不会忘记好心的老赵一家人。

辣椒，丰乐人也叫赛不椒、笑椒，是农村家家必种，每天必吃的蔬菜。丰乐的辣椒个儿不大，一斤有十几个。那时候没有灯笼椒，没有螺丝椒，没有线形椒，也没有黄辣椒。淡绿色的嫩辣椒长老了就成了深绿色，继而为墨绿色，没有采摘就长成红辣椒。"赶路莫过女在前，赶饭莫过有辣椒"。没有菜，只要有一碗辣椒，就能将最难咽的饭送进胃里。辣椒也是调料，再难吃的菜只要多加辣椒，就能变成美味。辣椒丝炒肉丝，辣椒块炒肉片，是过节宴席上的一道菜，是招待客人的佳肴。平常下饭就是清炒一碗辣椒。还可以将辣椒放在刚闭火的灶膛中，依靠余火和余温烤熟，再切成块加点盐拌匀，香得很，这可能是丰乐最早的烧烤。最简单的是直接将生辣椒切碎，加点盐拌一下，这叫腌辣椒，立马就可以送饭下肚。出外工带的菜通常是炸酱豆子，说是"炸"，实际是炒，将黄豆酱与葱、辣椒混合在一起炒匀，辣椒要占50%以上，酱咸、葱香、椒辣耐吃，香喷喷的，辣乎乎的，吃一个月也不会变馊。

金（音）白菜在襄阳一带称之为叮当菜，不知道其通用名是什么。它与白菜有较大的区别，它叶子宽大、扁平、肥厚、浅绿色。采收时只掰下叶子，然后用脚在菜心处踩两下，将植株踩平，劈头浇上人粪尿，这样再萌发的新叶又大又肥。如果不踩，它就起苔，长在苔上的叶片就小多了。金白菜的叶子焯水后，水是黑色的，要多冲洗两遍。炒菜或掺在即将煮好的米粥中，软、黏，颜色还是会发乌。

莴麻菜在北方没见过，它与莴笋长得几乎一模一样，只不过前者以长叶子为主，茎很小，而后者是以长茎为主，它很可能是莴笋的变种。莴麻菜的叶子经焯水、漂洗后可凉拌和炒了吃，没有苦味。莴笋是吃它的茎，上面的嫩叶也常吃，但有苦味。

笋瓜，不知通用名是什么，在外地很少见，白色、浅黄色和黄色表皮的都有，肉纯白色。用嫩笋瓜切片醋熘，切丝爆炒均可。丰乐人常将笋瓜切厚片拌灶灰后，放在太阳下晒干，筛去灶灰保存。吃的时候用温水泡发、洗净即恢复白色。干笋瓜闷肥肉，味道好极了。

黄瓜是大宗蔬菜。那时候，"五一"以后黄瓜才上市，有"四月八，早黄瓜"的谚语。四月八指的是农历。黄瓜要吃嫩的，即带刺的。嫩黄瓜当水果吃或者凉拌做菜。老黄瓜只能炒了吃，刨去金黄色的皮，挖去瓤，同鳝鱼或者泥鳅一起炖，是标配。

菜瓜，丰乐人叫烧瓜。有青皮的、白皮的、酥脆的、肉肉不脆的，都能长1尺多长，茶碗粗。烧瓜要长老了吃，有"黄瓜吃刺，烧瓜吃楞"之说，烧瓜老了才有楞。无须刨皮，只去籽去瓤，切块撒盐，拌一拌就是凉菜，也可直接当瓜果吃。

瓠子和葫芦采摘或购买时，要尝一下它苦不苦，否则买回苦的费了油盐、费了柴却不能食用。据说瓠子和葫芦的藤子被踩破了，结的果就会苦。通常是掐一点点它的果肉尝它苦不苦，所以经常可见到售卖的瓠子和葫芦身上有被指甲掐的伤口。其实咬一下它尾部的藤把，也可尝出它苦不苦。有一年夏天，丰乐粮油加工厂食堂里的炊事员刘友正，煮了一锅瓠子炖肥肉，结果苦似黄连。厂里职工舍不得丢掉肉，就把肉挑出来，用水涮一涮再吃，结果上吐下泻。这说明苦瓠子（还有苦葫芦）毒性很大。要蓄葫芦做瓢，是在葫芦藤上选定葫芦，任它生长到老，到藤干叶落再割下。将其吊在屋檐下干透了，从中间锯开，就有了两把葫芦瓢，葫芦瓢是家家户户舀水、窊（wā）猪糠的必备工具。

在长藤蔓的蔬菜中，葫芦、丝瓜、扁豆、苦瓜等，因占地占空间大，一般不在菜园里栽种，而是在院落里搭架栽培，任其生长到霜冻叶枯。南瓜也多不在菜园里种植，在房前屋后的空地上，在村边的山坡上，早春时节隔三四米挖松1平方米的土壤，施上底肥，叫打南瓜窝子。清明节前后，在南瓜窝子里栽上两三棵南瓜苗，引导其向不同的方向生长爬行。结的嫩南瓜叫南瓜泡，炒了吃。老南瓜则煮了吃、蒸了吃、煮粥吃、焖饭吃、打糊涂吃，最可口的是垫在米粉蒸肉下蒸了吃。掐下南瓜藤蔓上的嫩尖嫩叶，可炒了当菜吃。因其有绒毛，在洗的时候要揉一揉。南瓜的雄花叫谎花，也可摘了，拖面糊煎了吃。

卷心白，北方叫大白菜，是冬天种得最多的蔬菜。丰乐人常常以能培育出十多斤重、包得很紧的卷心白感到自豪。没有包紧的叫怵筒子。没能卷住的、叶子松散着的，叫塌泥棵。包紧了的大白菜不能在地里越冬，塌泥棵却能在冰天雪地里长到春节以后。塌泥棵生长期长，吸收天地精华更多，粗纤维少、味道甜，下火锅，做蒸菜，即使是清炒都好吃。当然，塌泥棵的单产比包紧了的卷心白低很多。

与塌泥棵同样受青睐的是黑棵子青菜，这种深绿近黑色，叶面上鼓满泡泡的黑青菜，同样是下火锅、做蒸菜或者配豆腐炒的美味蔬菜。这种在丰乐河生长了上百年的黑青菜，在外市被叫作"某州泡泡青菜"，丰乐镇应该为它向国家申请地理标志，称之为"丰乐青菜"。

萝卜，有红萝卜和白萝卜，半头青半头白的叫青桩萝卜。红萝卜没有白萝卜长得大，白萝卜一个能长到三四斤，红萝卜能长到一斤多就是大的了。无论是红萝卜还是白萝卜，炒着都很难吃，又苦又涩。萝卜经切条晒半干后，加入姜丝、红辣椒，用盐腌制后再食用，味道就好多了。切片晒干，来年加入肥肉再烹制，那就是菜中佳品了。萝卜缨也可以作为蔬菜，用开水焯了凉拌或炒了吃。但是，老萝卜缨最好别吃了，难吃。

在日常掺菜的米饭中，萝卜仅次于红薯和南瓜。做饭时，将萝卜切成粗丝，放在锅下面，上面放煮了半熟捞出来的米饭，旋点水后盖上锅盖，这叫焖饭。饭熟了，将萝卜与米饭搅拌均匀，就是萝卜饭。可见萝卜也是救灾的功臣。可是，萝卜也害过人。

西街有个彭G祖，50岁刚出头，戴眼镜，曾经在文化馆工作过。他有两个儿子在东北工作，另两个儿子在乡下当知青。1970年，在"我们也有两只手，不在城里吃闲饭"的形势下，作为城镇居民的老两口，被下放到街外几公里的生产队。他们不会干农活，特别是不会种菜。给他分的自留地里，种的白菜不包心，种的萝卜只长缨。挣的工分少，分的粮食不够吃，连"瓜菜带"的东西也没有。下乡第二年初冬的一个夜黑天，老彭提着一个竹篮子，跨进了屋后不远的公家菜地偷萝卜，高度近视的老彭看不见有人守菜地，才拔了几个萝卜，就被人当场抓住了。第二天，盗窃犯老彭被五花大绑，挂着牌子在全大队游乡，游了一整天。辱没了斯文，脸皮薄的老彭竟然在当天夜里用一根麻绳上了吊，一命呜呼了。可怜老彭忘记了"饿死事小，失节事大"的古训，落了个晚节不保。这实在怪不得萝卜。

胡萝卜，个头不大，有浅黄色和深黄色，胡萝卜丝炒瘦肉是丰乐的名菜。像蒸红薯一样蒸的胡萝卜很甜，小孩子们很爱吃。生的胡萝卜味甜，那时候小孩子们当水果吃。但听过野人嘎嘎（外婆）故事的小孩，对胡萝卜会产生联想，心生恐惧。故事中有野人嘎嘎将嚼得嘎嘣脆响的东西说是胡萝卜，然后扔给大娃吃，被大娃发现是小娃手指头的恐怖情节。

腊菜，形状像雪里蕻，一棵能长2斤多，主要用来腌咸菜。很多家庭每年都会腌几十斤腊菜。一尺多高的大坛子腌几坛子，能吃大半年。1角7分钱1斤的大粒黑粗盐碾碎了使劲放入，腌淡了就会酸。腌得好的腊菜是淡黄色、有光泽、脆脆的。腌菜多了可以晒干保存。将腌菜放在锅上略蒸一下，晒干、晒枯就行了。吃的时候抓两把用开水泡发，多淘两遍去掉部分盐分，用它与辣椒、豆腐，最好与瘦肉一起炒，味道会很好。新鲜的腊菜用开水焯了，用清水再浸泡两天能去除辣味，再炒了吃，因其颜色由绿变黄了，所以叫黄菜。"黄菜没有油，吃得眼泪流"，油少炒的黄菜口感不好。腊菜起了苔，将其剥去筋炒了吃，其味辣，冲鼻子，所以叫冲菜。吃冲菜可以通窍治鼻塞。

还有一种蔬菜是菜园里不种，大田里不长，专长在泥水里，那就是藕，也叫莲菜。镇子东南边的湖里长着无边无际的藕，那是野藕，堰塘里的藕叫家藕。家藕比野藕节间短、粗壮，像小孩子胖胖的胳膊，而野藕是细长的，粗纤维也多，很少炒了吃。家藕中红皮的叫红莲藕，白皮的叫白莲藕。红莲藕煨汤好，软、糯。白莲藕适宜清炒，脆、甜。

"葱蒜韭菜青遮垄，大地春暖绿满畦。"葱有绿葱、分葱和火葱，粗不过食指，葱白长不过6寸，与山东大葱相比要短小一大截。可是这些葱的香味却浓于山东大葱。葱、蒜、韭都是葱科葱属的植物，但它们不能种植在一起，种在一起彼此都长不好。在自留地里一般每种只占三四平方米，但在汉江东岸的滩地上，往往成片种植大蒜。大蒜从幼小开始一直到老，都在为餐食效劳，既是调味品，又是大宗蔬菜。大面积种植大蒜是为了收获蒜薹和蒜瓣，那时候供销社里曾成吨成吨地收蒜瓣，据说可以出口到国外。腌蒜苗、腌蒜薹、腌韭菜，家家必备。不分瓣的独蒜产量很低，但糖渍独蒜是珍品。

开玉口，破皮囊，露红瓤，带翠裳，享清凉，润肝肠，当然是西瓜了。种在滩地上的西瓜最多，个大、瓤红，少有黄瓤的，味沙、甘甜、籽大，那时候没有无籽西瓜。街上有挑着担子，拉着车子卖西瓜的，要买就是一整个，不会剖开卖，能买一个大西瓜的人很少，因此多被贩子买走了。摊贩将瓜切成一小块一小块的三角形，高声叫卖"沙瓤，沙瓤，甜得很"，小孩子5分钱就能买一块西瓜吃，所以不愁卖。

甜瓜，丰乐人叫香瓜，有很多品种。洁白如玉的表皮，比拳头大一圈，圆溜溜的叫白糖罐，甜得很。白中透黄、长椭圆形、个大，能长到三四斤重的叫白香瓜，酥脆较甜，一个瓜一个人吃不完，常常一拳头砸开，两三个人分了吃。浅绿色，有的带条纹，一个一斤多重，长圆形的叫灰香瓜，特点是脆，不是很甜。不同品种瓜的甜度不一样，可是所有香瓜没成熟前都是苦的。瓜园里偷瓜，多是偷香瓜，这可能是很多孩子和年轻人都干过的坏事。因此，瓜熟了，常常在瓜田中间搭一个守瓜棚子，有人日夜看守。

曾经有几个年轻人，商量要对付看瓜最严的周老汉。

在一个漆黑的夜晚，一个人将两个较完整的鸡蛋壳用麻线固定在额头上，蛋壳里各放几个萤火虫，还在头上顶着一个柳条编的撮箕，匍匐着爬进瓜地，以吸引守瓜人的注意力。另两人从另一个方向向瓜田里爬，好见机摘瓜。看瓜的隐约发现有黑影移动，捡起几块硬土疙瘩就砸了过去，只听见"嘭、嘭"的响声，像打在皮鼓上。还有一闪一闪的亮光一会儿上、一会儿下、一会儿左、一会儿右的晃动，守瓜人吓得赶快溜进瓜棚里不出来了。第二天上午，三个偷瓜的年轻人端着一撮箕白香瓜走进了这家瓜地。他们高喊着周老汉，让他看看是他种的瓜好，还是他们撮箕里的瓜好。周老汉一大早就发现瓜在夜里被偷了，现在看到他们端来的瓜，当然认得是自己瓜田里的瓜。他明白了，是自己曾经说过"谁也不可能从我的瓜田里偷走瓜"的大话，让这几个年轻人用了心计，专门冲着他这句话来对付他的。自然，周老汉服气地请他们进瓜棚吃瓜。

其实，多数守瓜人即使抓到了偷几个瓜解馋的人，也不会太为难对方。种瓜、守瓜的人最恨的是偷瓜者手忙脚乱糟蹋了瓜，这些人在瓜田里迈一下脚踏一个瓜，特别是被发现了逃跑时，慌不择路，不管生瓜还是熟瓜，脚到之处皆为碎瓜，那损失就大了。

那时候，丰乐没有种山药的，没有种土豆的，油麦菜、生菜、竹叶菜、木耳菜、上海青、紫甘蓝、四季瓜、佛手瓜等蔬菜，集市上也没有卖的。西红柿到20世纪70年代才开始种植。据说现在已有多种蔬菜被引种栽培，没有种的在市场上也会有销售。大棚蔬菜，反季节蔬菜的出现，让四季的蔬菜同时登场，同时上市，五彩缤纷，琳琅满目。至于什么是时令蔬菜，什么是当季蔬菜，已经没有人说得清了。

（三）

乡土树木

　　树木层层环绕，村庄藏在林木中。远看一片黑森林，炊烟袅袅升起，近观绿荫蔽房舍，喜鹊喳喳喧闹。无树不成村，无林不成庄，丰乐山区河区的每个村庄都是如此。

　　山上有成片的栎林，多为麻栎和栓皮栎。栎木坚硬、质重，难刨难凿难加工，钉子也钉不进，很少有人用栎木制造家具，盖房子也不用它。修水利工程时，民工搭窝棚就地取材倒是常常用它。栎树是烧炭的最好材料，做饭的最好薪柴，耐烧、熬火、火旺、余灰少，当地有"除了郎舅无好亲，除了栎柴无好火"的说法。所以，栎树主要用于薪柴。其实栎木经防腐处理后，是最好的家具用材之一，栎木在丰乐"屈才"了。

　　松树即马尾松，在山上成片生长，但大树很少，很多一二十年的树才一把多粗，可能因为松木是上等木材，是盖房子、做家具的首选，林子里的松树经常被"抽了壮丁"。也可能与松毛虫连年为害，以及过度柯枝造成光合作用所需的绿叶缺乏有关。

　　柏树在山区是常见的树木，大片的林子少，小块状分布和散生的比较多，大都生长得笔直圆满茂盛。柏树在平原的村庄附近也不乏见，并且是胸高直径20厘米以上的大树，这么大的柏树没有50年以上是长不起来的。这些柏树主要是侧柏，木材是红心，香气浓，有人用柏木做家具，但没人用柏木盖房子。在水利工地上，民工视柏树为最好的扁担用材，见到山上有15厘米直径左右的柏树，必定想办法砍了做成扁担。柏木耐腐朽，有"千年柏木万年杉"之说。丰乐不产杉木，有条件的家庭多选用柏木给老人做寿材。遇到喜庆迎送之事，常用柏木枝叶扎彩棚、彩门，上面再点缀各种鲜花。

1959年，为迎接汽车首次进丰乐，在街道正东新修的公路路口，横跨公路扎了好大一个彩门，柏树枝叶翠绿鲜艳，各种鲜花五彩斑斓。公社组织了100多人的欢迎队伍，小学生们穿着节日的盛装，举着彩旗，守候在彩棚周围。镇子周边的，还有十几里外的老百姓自发地来了几百人，挤挤挨挨地站在四周看稀奇。汽车从钟祥县城经长寿店子，顺着新修的公路开过来，从听到汽车鸣笛的声音，到汽车缓缓地驶进彩门和开进镇里，锣鼓喧天，载歌载舞，一片欢腾。人们踮起脚尖争相观看车头上挂着大红绸布簇着大红花的汽车。这两辆长春第一汽车制造厂出产的解放牌货车与柏树枝叶绑扎的彩门，成了当年许多少年美好的回忆。

楸树，是我国的珍贵树种，有"千年的柏树万年杉，不抵楸树一枝丫"的谚语，被称作"百木之王"。在丰乐分布较广，但没有成片的林子，都是零星分布。多为高大的楸树，没有见到幼小的楸树，也没有见到有人栽植楸树。在高家荡，也就是当年的革新大队四小队，就有一棵两人合抱粗的大楸树，树形美观，十分引人注目。在汉江东岸不远的青丰村老庙角，更有一棵树龄110年的大楸树，要三人合抱才能抱住。20世纪70年代，方圆几十里的许多老百姓涌到这棵大楸树下，烧香磕头，说是大树显灵了，可以代白求恩大夫赐药。

楸树树干直，节少，木材纹理通直，花纹美观，质地坚韧，坚固耐用，绝缘性能好，耐水湿，耐腐朽，不易虫蛀，加工容易，特别具有木材密度大，抗弯强度极大，抗冲击，韧性高等优良特性。所以，楸树常常用于枪托、模型、乐器、船舶等高档商品和特殊用品。在丰乐，楸树主要被用于造船，其次是做棺材。

黄连木，丰乐人称黄连头。化香树，丰乐人称换香树、夜合包。梧桐树也称青桐树，还有皂角树等都是山区常见的树木。出街道东门向东约100米的地方，这里早已是街道了，过去有一棵大皂角树，一人合抱那么粗，结的果实弯弯的像小镰刀样的皂荚，被风吹落了常常被人捡回家洗衣服，这棵皂角树是1958年修公路时砍伐的。

榆树在丰乐叫榔树，是平原河区行道树的主要树种之一，也是村庄周围常栽的树木。它生长较快，树干通直，是农村盖房子做檩条、椽子的重要用材。进入20世纪70年代，因为路边的榆树影响了农田边缘庄稼的光照，根系深入到田中侵占了庄稼水肥，以粮为纲，榆树自然被大量砍伐。榆钱在北方很是受到推崇，但在丰乐很少得到注重。大概是因为它形成的时候，也是春雨连绵的季节的缘故。榆树的嫩叶倒是有人采了掺入米中煮粥。大饥荒时期，人们采树皮吃，也多是剥取榆树的内皮。有很多树皮是不能吃的，而榆树皮黏黏的，有一种苦涩，也有一点淡淡的清香。

香椿，丰乐人叫春天树，木材用作檩条。多在开春采其带叶的嫩尖进厨房，用椿芽煎鸡蛋，或洗净晒蔫后腌椿芽。应该学一学北方用椿芽裹面糊炸"小鱼儿"的做法。

桑树，到处可见，但多在田野和村庄里零星分布。在镇子外的张家当铺有一棵直径20多厘米的大桑树，分杈多，树干歪斜。小孩子们常常坐在树杈上采桑葚果吃，吃得满手满嘴黑乎乎的。20世纪70年代曾在汉江滩地上成片栽植桑树，拟发展桑蚕业，几年后，桑树已经成林，长得郁郁葱葱，不知什么原因，却一夜之间被砍伐了，砍得一干二净，种上了粮食。桑树为什么少有树干通直的呢？相传，朱重八小时候饿得要死时，发现了一棵桑树，上面结满了桑葚，是桑葚果救了他的命。朱元璋当上皇帝后，念及当年野果的救命之恩，把楝树误作桑树封了侯，结果楝树长得高大通直，而桑树被气得歪歪扭扭。

被朱元璋封侯的楝树，在房前屋后长得通直无节，生长较快，是很好的用材树种，但"楝"与"念"谐音，丰乐人叫它祷告木，故很少有人种植。

与桑树同为桑科的构树，在丰乐的山区、平原、滩地甚至城镇到处可见，都是野生的，自生自灭，没有人工种植。构树对环境适应性特别强，耐旱、耐瘠薄，生命力顽强，所以能在墙角，在砖缝，在石头缝里，甚至在屋顶的瓦缝里长出树苗。构树是大乔木，可以长成参天大树，其树皮韧性强，是造纸的优良材料。树皮、叶、种子皆可入药，嫩叶可作为猪饲料。构树在丰乐的唯一用途就是当作猪草，采叶喂猪，反复采叶，所以没见到过大树，它只能长成小灌木。构树的叶片较大，有深裂的、有浅裂的、有不裂的，很粗糙，叶背面密布灰色的粗毛，枝叶还有白色的浆液。构树的雄花似杨树的花，长长的穗状，称作柔荑花序，北方人常常采了食用，蒸了吃和焯了凉拌，橘红色的肉质果也可以食用。但丰乐人没有人采食它的花和果，可能与少有大树有关，也可能不知道它能吃。

柳树，丰乐人称杨树，是小河岸边，房前屋后，道路两旁，种得最多的树木。杨树和柳树同为杨柳科植物，在文人的笔下，把柳树说成杨树，或者通称杨柳也是说得过去的。丰乐的柳树多为旱柳和河柳，其枝条直立往上长，不是那种枝条柔软下垂的垂柳。丰乐人种植柳树，是将比虎口还粗的柳树枝，甚至茶杯口粗的柳树棒子从树上砍下来，截成2米左右长，下面削尖用锤子笔直地打进土里50厘米，成活率可达100%。难怪丰乐人爱说"我们这里棒槌插进土里也能发芽"。这种插干造林的方法，丰乐人叫插杨栽子。柳树长得快，五六年能长到十几厘米粗。树头上常常萌生出很多枝条，如果只留下四五根壮枝，一两年能长到茶杯粗，将其砍伐后，树头再萌发，这种"头木作业"的方法每年都能生产出薪柴，故有"家有百棵杨，不需打柴郎"之说。茶杯粗的枝干常常也被制成曲木腿的靠背椅子。

枫杨，丰乐人称它为柳树。其实，它与槭树科的枫树，与杨柳科的杨树和柳树没有一点关系，它与核桃却有亲缘关系，同为胡桃科的植物。枫杨的叶子是羽状复叶，不像柳树是披针形的单叶，它的果实像一个一个长着翅膀的小鸭子垂挂着，是孩子们最喜欢的东西。小孩子常常将成串的绿油油的枫杨果实用被子捂着，期待孵出扁脚扁嘴的小鸭子。丰乐人很喜欢枫杨，房前屋后和道路、堰塘旁边多有栽植，滩地上常成片栽植。它是速生树种，能长成又高又粗的大树，村头的大枫杨树下，是大人孩子经常聚集活动和遮阴纳凉的地方，是汇集快乐和热闹的场所。在没有松杉的情况下，丰乐的河区人常用枫杨盖房子，做家具。

至于杨树，20世纪70年代以前丰乐几乎没有。可能从20世纪80年代开始，从国外引进的杨树才在丰乐大量栽植，这种杨树被当地叫作白杨树，或者叫腺白杨。其实从树木分类上来看，它是黑杨，准确地讲是美洲黑杨、欧洲黑杨或者是欧美杂交黑杨，白杨只在我国北方适宜生长。引进栽培的黑杨，叶片大，光合作用强，所以生长很快，又通直圆满，5到7年便可成材。

木槿在丰乐叫荆条，用铁锹在地上踩一条缝，把木槿的枝条插进去，很快就能生根成活。在菜园和院落周围密密地插一圈木槿枝条，两年就能形成紧密的篱笆。"漫栽木槿成篱笆，得了阴凉又赏花"，木槿紫色的喇叭花点缀在村庄，盛开在田野，为夏秋的大地增色添景。木槿的嫩叶可以食用，与大米一起煮粥，清甜黏稠，是口感最好的一种野菜。

木槿被称作荆条，极易与山上的荆条相混淆。在饥荒的岁月里，曾经有人将山荆条叶误作木槿叶采食，没想到又苦又涩，难以下咽。山上的荆条是马鞭草科，通用的中文名叫牡荆或黄荆，而木槿是锦葵科植物，两者没有亲缘关系。荆楚大地的"荆"字，即来源于"筚路蓝缕，以启山林"中的这种山荆条，其在丰乐的山上随处可见。

小竹园在村子内外，山脚田野是常见的。主要是桂竹和水竹，那时候毛竹还没有被引进丰乐种植。这里生长的桂竹直径能长到5厘米以上，水竹子的直径能长到3厘米以上。在农村，大多数家庭都有人会做篾活，劈根竹子，编个篮子、筲箕、粪筐、花篓等用具很方便。但真正手艺高的篾匠很少。

丰乐小河西北边的李家河，有一个叫李永茂的篾匠，20世纪20年代后期出生，年轻的时候就是篾匠高手，他能将一根竹子劈成6层篾，而一般的篾匠只能劈3、4层篾。篾青、篾黄他皆能利用，竹子的利用率可达90%以上，一般的只能利用70%左右。他编的装针头线脑、尺子、剪子的鞋篮子，细密硬实，样式精美，别看篾细如粉条，却能用40年，篮子用成了油红色还没坏。他能编多种花纹的凉席，可以正反两用，没有一点纤维外露，而且能横竖折叠成小方块。他劈出细如粉丝一样的竹篾，编出各种形状的酒瓶子可以装酒。只可惜这样的绝佳技艺在20世纪六七十年代因为禁止走资本主义道路和割资本主义尾巴，而不能发挥，更没能带徒弟将技艺传承下去。

赤橙黄绿青蓝紫，春色满园关不住。果树的种类不少，繁花似锦，五彩缤纷。然而那时候的果树没有经过品种改良，所以质量不好。

桃，有很多农户在房前屋后种植，多与小麦同时成熟。结的果个头不大，核很大，所以果肉少，味道酸中带甜。

梨，散生在丘陵田野，秋后成熟，果实有拳头大，外观不佳，皮厚核大，味甜，渣多（石细胞多）。

杏子，散生在村庄和田野，分布较广，有大麦杏和小麦杏，果实淡黄色和深黄色都有，味很酸，放软了则酸中带甜，多取杏仁当药材卖。

柿子，河区少，山里散生较多，都是磨盘柿，买回家还需脱涩处理，一般放在米缸里埋六七天即可。

板栗，都是野生的小板栗，应该叫锥栗，爱长虫，果实里面常被象鼻虫蚀食,有"卖板栗的睡不着(夜里要摇几遍),卖核桃的睡不醒"之说。这种栗子生吃味甜,常在八月十五前后上市,中秋节丰乐人爱用板栗炒仔鸡,味道软、糯。

枣,分布较广,丘陵、平原、沙地均有,多零星栽种,个小,鲜食很甜,集市上有卖的。

山楂,丰乐人叫山铃果,没有栽培的,都是野生的,丘陵地带矮小的野山楂树漫山遍野。秋后常有人挑着红彤彤的两大筐来街上卖,5分钱一小碗,一角钱老大一碗,个小,味酸、核大,只有紫红色和黄色的味甜酸味少。大人常将山楂果用线穿成串,结成环挂在孩子脖子上,像红色的佛珠。

拐枣,中文名叫枳椇,鼠李科乔木,是最古老的植物之一。拐枣的食用部分是它紫红色的果序轴,也就是肉质果梗。其长相奇特,曲里拐弯。拐枣具有清热生津、祛风通络、醒酒安神的作用。山中野生的拐枣,经霜打以后糖分含量高,有人提着篮子售卖,很受人欢迎。

八月炸子,中文名木通,木本落叶藤本植物。在山区沟壑野生,果实农历八月成熟,椭圆形略弯,红褐色,长8厘米左右,似肾状,有人叫牛卵子果,籽很多,果肉不多但软甜,小孩子很喜欢吃,较少有卖的。

海棠,当地人称苹果,丘陵地带野生,个小,核大,果肉较硬,不甜,少有人采摘。唯其叶子在秋后呈红黄色,叫三皮罐,有人采收售卖,作茶叶用。为什么叫三皮罐呢?因为泡一罐茶只放三片叶子即可。丰乐河每家都有一把红色的大土茶壶,夏天抓一撮三皮罐茶叶,倒满一壶开水泡上,凉后茶色红润,清香甘甜,既解渴又解暑。其最大的特点是在炎热的夏天,三皮罐泡的茶水放两三天也不馊,没有异味,所以家家都备有三皮罐。

（四）
锅下解愁

丰乐镇有丰富的农作物和很多树木。20世纪50年代中期以前到处是荒山荒地，街道外三四里的地方成片的蓬蒿一人多高，杂灌丛生，因而百姓烧柴问题很容易解决。随着以后大面积开荒造田，平原河区烧柴问题凸显出来。虽然生产队里可以给社员分棉梗、麦秸、豆秸、高梁梗、芝麻秸等烧柴，但这些柴火仅够烧3~5个月，尤其是丰乐街上，无论是生产队还是城镇居民，家家户户都要买柴或者去砍柴才能解决锅下愁的问题。小孩子要捡柴，拿着柴耙子扒秋天的落叶，扒撒落在路边的麦柴、稻草，捡柴时连罢园的南瓜藤子、丝瓜藤子也不放过。

砍柴自然只能到山里去，砍的是野茅柴，都是九月份以后茅柴长老了，水分几乎干了才去砍。树枝子，栎树棵子是有主的，别人是不允许砍的。早先，跑十几里路，进了草堰口子，或者过了观儿山，山上的茅柴一望无际，像成熟的小麦翻卷着金色的波浪，起个早便可砍一担茅柴回来吃午饭。随着山坡地被大面积开垦，能砍柴的地方越来越少，越来越远，到20世纪60年代后期就要到30里以外去砍柴。早上出门，到傍晚才能砍一担柴回家。住在河区的，很多人在八月、九月带上被子和米、咸菜，到几十里外的莲花堰，到汤林，到宜城的落花潭、板凳岗（讴乐）等地，找一户农家住下，起早摸黑砍五到七天的柴，一个壮劳力可以砍2000斤左右的茅柴，打成捆，堆成垛，待秋后再用板车拉回去。

砍柴辛苦，拉柴也是苦不堪言。崎岖的山路，坑坑洼洼，翻山越岭，上坡下坡。拉柴必须两个人，便于装车时一人在车下递柴捆子，一人在车上码柴，路上也有人帮忙。还要有一头毛驴或者黄牛助力。拉柴路上一帆风顺的都是同样的顺顺当当，而遇到麻烦的则会有各种不同的困难。拉着堆得高高茅柴的板车，上坡时，前面的人手扶车把，扬鞭驱驴或牛，肩背车绳，脚往后蹬，身往前倾，拼命地往上拽。上陡坡的时候，脸几乎要贴近地面，与当年长江三峡的纤夫往上游拉纤没有差别。车后一人则拼命地用力往前推车。若板车轮子陷进了泥沼，推车的就要用力地推泥乎乎的车轮子，并及时在车轮下塞石块或者塞稻草。人困畜乏，车子实在无法拉上坡了，只得卸车，将部分柴火一捆一捆地挑上山坡，剩下少量的柴再用车子拉上坡。一个山坡不管是300米，还是500米，来来回回，上上下下，都得一趟一趟搬上去再重新装车。下坡的时候则要小心翼翼，用力控制车子，缓缓地向下移动。尽管已在板车后面的下端，预先垫了废旧轮胎，但下陡坡时，板车后边触地前边的车把还是会向上翘得很高，掌车把的人要用肩膀扛住车把的后端，身子后倾，脚用力往前蹬着地面，一寸一寸地将负重的车子往下移动。后边的人则向后拽着车子，身子后倾，脚往前蹬，用力地增加车子下滑的阻力。载重的车子向下的惯性很大，如果控制不好，很容易发生车翻人伤的危险事故。屋漏躲不过连阴雨，背时总遇倒霉事。拉柴路上若再遇到车轮爆胎，车轴断裂，大雨浇灌，柴倾车歪，驴子和牛不听使唤等这些破事，会感觉几十里的山路像是去西天取经一样，好难好难！

　　遭受过这些艰辛的，不是一个人两个人。可以说那些年，平原河区到山里砍柴拉柴的人大都经历过，只不过程度不同而已。用披星戴月、挥汗如雨、忍饥耐渴、腰酸背痛、精疲力竭、疲惫不堪等语言，都不足以描述那种艰辛，没有经历过的人是很难体会的。

　　20世纪70年代初，丰乐街上有很多人开始上尖山罐砍柴。尖山罐是钟祥长寿公社与宜城市讴乐公社交界的一座高山，山南边属于钟祥，山北边属宜城。曲曲弯弯地爬上尖山罐山顶向下看,山下的堰塘像巴掌大的一面小镜子,山下的牛就是蠕动的一个黑点。尖山罐两边的坡上有成片的森林,生长着高大的松树、栎树、化香、黄檀、山槐等常绿和落叶的乔木,林下还有密密匝匝的各种灌木,葛藤有胳膊粗,缠绕着一棵又一棵的大树。林深树密,光线暗,森林里有很多枯死的树木,大树小树都有,有的倒下了,已腐烂或开始腐烂,有的死而未倒,叫"站干树"。活着的树上则有很多枯枝、死枝,有七八厘米粗的,也有虎口粗、指头粗的。

　　早上天还没亮,砍柴的便三个五个,十个八个人邀约着一起出发,几个小时后到了山下,气喘吁吁地爬上了尖山罐,在林子里找寻那些倒下不久的死树和那些"站干树"。或者就地砍一根两米长虎口粗的棍子,绑一个钩子,高举着钩住树上的死枝,向下用力一拉,死树枝便"咯吱"一声断下来。将这些捡来的柴截成1米多长,用葛藤捆成4小捆或者两大捆,再用带来的钩绳,即用指头粗带钩子的麻绳将重量均等的两部分分别绑紧。有人是将柴捆子立起来挑,就是将绑紧的两大捆柴竖立起来,用千担两端的铁包尖各刺进一头的柴,担起来试一试,感觉平衡了,再将拴在柴上的钩绳与千担牢牢绑在一起。有人则是将柴捆子横着,水平着挑。将柴捆子竖立着挑可以减少林间树木阻挡,却容易被树桩、石头绊住。将柴捆子水平着挑,能减少脚下的麻烦,却很容易被林间树枝挂着、别着。挑着沉重的一担柴,在树林里穿行,在灌丛中寻路,在突兀的乱石间跋涉,每一步都得小心翼翼。尤其是下山,下陡峭的山,两腿战战兢兢,如履薄冰,不敢有丝毫疏忽。

　　几年后,尖山罐南坡到山顶已经很难捡到干柴了,大家只得翻过山顶,到北坡的宜城梅家畈一带砍柴。能捡干柴就捡干柴,捡不到干柴就砍黄荆条和树枝,为此常常被护林员追得狼狈逃窜,被没收砍刀、千担的事时有发生。

到尖山罐砍柴一般都在秋后至早春这一段时间，而其他时间是树木旺盛生长的季节，林内光线太暗，不利于捡柴，不好行走。无论在何时，挑柴返回的路上，饿了吃一搪瓷缸自带的冷米饭，渴了就喝路边水沟里的水。到尖山罐砍一担柴往返七八十里，凌晨4点钟出门，最顺利的下午4点多可以挑一担柴回家。如果没找到柴多的位置，砍柴就要多费时间，或者柴担子在路上淘气，比如柴捆子松了，担子不平衡了，还有挑不动了，等等，遇到这些情况，也会耽误很多时间，到天黢黑了甚至半夜才能回家。

到尖山罐砍一担柴回家，腰酸背痛肩膀疼，年轻人要几天才能恢复体力。但那是硬柴，比一烧一灶灰的茅柴好多了，一担硬柴可以抵两三担茅柴烧。所以到尖山罐砍柴的每天都有几十人，有男的有女的，年龄最大的60多岁，最小的叫罗冬生（罗教民），13岁便跟着参加过抗美援朝的父亲上尖山罐捡柴。他父亲对儿子说：二万五千里长征时，好多战士只有十二三岁，又要行军，又要打仗，现在上个尖山罐算什么？一般青壮年砍柴可以挑100多斤柴回来，力气小的只能挑七八十斤甚至更少，北街有个冼大姐，40多岁的人，可以砍120斤柴挑回来，罗冬生那时候可以挑四五十斤柴回来。

当然，街上的人可以买柴烧，有好多家庭没砍过柴，就靠买柴烧，也可以说每家每户都买过柴。可是，有时候柴是很难买的，比如割麦子插秧、收打稻谷这些农忙时节，再就是连阴雨期间，都是很难买的。年关以前，都要买好的劈柴蒸肉蒸包子，劈柴就更紧俏了。为了买到柴，经常有人天没亮就到东边两三里甚至四五里的公路上拦柴，迎到挑柴卖的便说"你的柴我买了"，并跟随着卖柴的人进街，别人就不能买他拦下的柴了。卖柴的多为山里人，也有附近村里人挑着或者用板车拉着农作物秸秆到街上卖。街上人也卖柴，不是他家里柴多了，而是急需用钱了就卖柴，没有柴烧了再买柴。嫌砍的茅柴不好烧，就卖了茅柴再买硬柴，这是既砍柴卖，又买柴烧的人。也有一些人靠砍柴卖柴来缓解家庭困境。

南街福音堂边上住的胡自正，早年在县城中学教书，因形势需要回到家乡生产队干活。妻子长年有病，5个孩子都是梯子坎，靠他和仅十六七岁的大儿子在生产队里出工，家里年年超支，连基本口粮都挣不回来。从兴起上尖山罐捡硬柴开始，在冬春几个月里，每月都要向队里请五六天假上尖山罐砍柴。生产队长知道他家里经常揭不开锅，也就睁一只眼闭一只眼默许他的假。40多岁的胡自正细细高高的，平时看上去有气无力，每次上尖山罐却能挑百十斤柴回家。别人在路上歇两三次，他在路上要歇七八次，所以他与别人一块儿出门，却总是天黑了才回来。他只有靠卖柴才能买回供应的返销粮。别人惊奇于他频繁地上尖山罐，次日又总能在生产队出工，问他："你连半天都没休息，身体能恢复吗？"他说："我上尖山罐是出工，我出工就是休息。"

早在新中国成立前，丰乐镇上便有一个柴行，说是柴行其实就是设在东门口的一个空场地，这块场地供竹木柴炭进行买卖交易。从20世纪50年代到70年代，负责柴行交易的一直是一男一女两个人，男的叫曹加兵，女的姓何，都叫她何婶。他们两人负责定柴的价格，负责称柴，计算柴钱，并收取交易费。交易费由卖柴的出，大概是2%或3%，一担柴收几分钱，一板车柴可能收两三角钱，一天的收入平均也就五六角钱，多的不会超过一元钱。当然，下雨下雪一般是没有卖柴的。他们吃饭的家伙就是一人一杆大木秤。

曹加兵是1920年以前出生的。不知道在什么时候，他的两只眼睛都瞎了。他走路不用竹竿探路，大概街上的路走熟了，他凭感觉，跌跌撞撞摸索着走，到哪都不会走错。他孤身一人，嗜酒如命，每天晚上不是在小酒馆里打两吊子烧酒，就着一碟兰花豆细细品味，就是夹着一瓶或半瓶酒到熟人家里去喝。喝了酒就讲曹孟德擒吕布的故事，唱曹孟德战袁绍的京剧，好像曹操是他祖宗一样。他常常喝得烂醉如泥，歪在街边，倒在墙角，被人连搀带拖地弄进他居住的小棚子。

别看他是个醉鬼，每天早晨太阳冒山的时候，他就出现在柴行里，清醒得很。他在柴行里司秤不是用眼睛，而是用手在秤杆上将秤星一摸，多少重量便脱口而出，该出多少柴钱也在瞬间报出来了。有人不相信他摸出来的重量，不相信他那么快算出来的账，便要重新称。曹加兵将秤一扔，任由他们核实，其结果自然是暗暗称奇，心服口服。一板车柴往往要分七八次甚至上十次来称，有人在旁边一笔一笔地记重量。称完最后一捆柴，曹加兵随口就报出了总重量。记码单的人一笔笔相加，又核对一遍后对曹加兵说"少了5斤"，或者"少了8斤"，曹加兵瞪着他那双浑浊的灰色眼睛，斩钉截铁地说："零头不能算！"

他与何婶同在柴行里司秤，不论是经常卖柴的，还是买柴的，都愿意叫曹加兵掌秤。不仅因为曹加兵的秤准，账算得快，还因为他定的柴价能让买卖双方都服气。无论是硬柴还是软（乡音 rang)柴，他都要用手摸一摸，有时还将手伸到柴捆子里面去摸。麦柴1分，山茅柴1分2厘，芝麻秆、高粱秆1分5厘，棉梗、树枝2分，栎树棵子2分5厘，纯棍棒柴（如尖山罐的柴）2分8厘，劈柴3分，最好的干栎树劈柴不会超过3分半，这些价格都由曹加兵随口定出，没有人有异议。同样的两担劈柴，他给一个定价3分，给另一个定价2分5厘，同样的两担山茅柴，他给一个定1分2厘，给另一个定1分。定价低的不愿意了，问为什么？曹加兵不屑地说"你的柴有人家的干吗？"对方不做声了。柴紧俏的时候，卖柴人要涨价，曹加兵把秤杆子往地上使劲一杵，说："你说了算还是我说了算？"那意思谁都明白，你想涨价，没门儿。

（五）
畜禽养殖

1.大牲畜

20世纪50年代以前，丰乐养毛驴的比较多，毛驴的功能是拉碾子、拉磨，主要是"赶脚"。赶脚即驮运货物和驮人。有很多人专门饲养毛驴供人骑行当交通工具。毛驴没有马的脚步快，也没有马的力气大，但是比马的耐力强。20世纪60年代后，毛驴的功能只剩下拉磨，磨面、磨豆腐等，再就是拉板车，生产队和私人养毛驴的都不多了。

小河边的内外堤坡上都长满茂盛的青草，常有人在堤坡上放毛驴。在地上钉一个上粗下细的木桩，木桩钉进土里后地面上仅露出几厘米。主人将连接在驴缰绳上的长绳子拴在木桩顶端，就可以不用看管毛驴，让它自己吃草。由于栓毛驴的绳子很长，有两三丈长，毛驴就可以在半径两三丈的范围内自由活动和觅食。堤坡上没有树木、石头等障碍物，栓驴子的木桩几乎与地面相平，所以不用担心驴绳子会被绊住或被缠绕。过几个小时，如果发现驴绳范围内的青草吃完了，驴主人用同样的方式换一个地方就行了。

20世纪50年代以前，只有专门从事驮运货物和提供脚力的人家才养马。用高头大马驾辕拉车的，只有少数的地主家。后来，镇上有个搬运站，养了二十几匹马，用于拉板车搞短途运输。生产队里往往会养一两匹马。马在生产队里除拉车外，在小麦播种时拉耩子比牛走得快，效率高。

马很平常，街上却发生过一件与马有关的不平常的事情。

1960年秋后的一天下午，一个中年男子在街前街后大声吵嚷。原来他用马驮着东西来赶集，将马拴在东街后城河沟边一棵树上。待散了集,他向附近一家讨要了一碗开水,泡了带来的两个高粱面菜团子吃了,出来牵马却怎么也找不到马。拴得好好的马是不会自己跑的,是谁要用马也打声招呼呀!他街前街后找了几遍,问了好多人也没找到,他实在急了,就一声比一声高,嚷嚷起来。有人给他出主意,你平时怎么唤它的?你唤呀!有唤猪子的,有唤鸡子唤鸭子的,可从没听过唤马的、唤驴的,周围的人都笑了。一句话却点醒了中年人,他没有唤,而是用手捏住嘴唇,吹了一个响亮的口哨。他循着街道走,连续吹了几个口哨,突然他像听到了什么,凑近一个闭紧的大门又吹了一个响亮的口哨,并用耳朵贴近了门缝。紧接着,中年人转身,走向了200米外的公社大门。

很快,公社一名穿白色警服和一名穿蓝色制服的干部随着中年人来到这家门前。他们费了很大力气,终于敲开了这家大门。三个人进了门,开门的是30多岁的妇女C氏。看到C氏惊慌失措的模样,三个人什么话也没说,径直往屋里走去。很快,他们在屋子中间的堂屋里,看见了一匹放倒在地的马,一匹黑色的马,这正是中年人寻找的马。C氏一下子跪到了地上,连连说:"我该死,家里断了好几天粮了,我实在没有办法了,我该死!"边说边磕头。黑马的四只蹄子已被绳子绑紧了,马嘴也被绳子扎住了。C氏已准备好菜刀,要抹马的脖子,取它的肉。可C氏身子老是打哆嗦,一直下不了手。她想把马放了,这么个庞然大物,实在下不了手。可她又舍不得这已经到手的猎物,为了那可怜的三个嗷嗷待哺的孩子,她横下了心,手却不住抖动。马通人性,被放倒在地即将挨宰的黑马听到了主人的口哨声,拼命地从鼻子里挤出了一股沉闷的声音,这个声音被中年人捕捉到了。

C氏被带走了,不久被县人民法院判处5年有期徒刑。发生了这件事街坊邻居都很惊异,C氏虽然个子挺高,有1.7米以上,可身子单薄,明显是一个没有力气的女人,平时也是斯斯文文的,她竟敢偷马、杀马，还把这么高大的一匹马放倒了，她哪来的这么大胆子？哪来的这么大力气？人真是不可貌相。

C氏出监狱后，她已懂事的孩子曾拒绝她进门。街坊邻居对她很同情，从不在她及她家人面前提及此事。但是，C氏的儿子与别人起了冲突，用掐短来做利器的时候，有人就会以牙还牙，像对待"黑五类"子弟那样，用一句"你妈杀马！"来捏他的软。这个一向根正苗红的孩子马上变得面红耳赤，尴尬得下不了台。唉，一个母亲为了自己的孩子，即使再羸弱，也会奋不顾身，也会赴汤蹈火。但她怎么也没有想到，自己的行为竟然会给孩子蒙羞。

牛，是养得最多的牲畜。每个生产队都有一群牛，那是主要的劳动工具，很多农活都离不开牛。丰乐的牛有水牛也有黄牛，按公牛、母牛分，水牛公的叫牯子，母牛叫沙子；黄牛公的叫尖子，母牛叫磨牛。每个生产队都有专人放牛喂牛。一群牛赶出去放，与其他几个生产队里的群牛在公路上汇集到一起，浩浩荡荡，前不见头，后不见尾。

牛的命运就是劳累，它的功能就是耕田、耙地、拉车。它吃的是草，流的是汗。丰乐没有奶牛，挤不出奶。冬天是牛的闲季，生产队里只有很少的牛在没有被冻住的稻田里起板，拉着板车，前往几十里以外的工地给出外工的社员送菜，多数牛都在休假。休假的日子并不好过，那是牛难熬的季节。它们的粮食就是那金黄色的干枯稻草，它们的饮料是堰塘里接近0摄氏度的冷饮，它们在牛圈里时常冻得瑟瑟发抖。老弱病残的牛常常熬不过漫长的冬天。一命呜呼的牛被一块一块地分割，分配给望眼欲穿的社员享用它的美味，尽管老牛肉筋要大火炖四五个小时，才能让年轻人的牙齿切碎它。从寒冬走进春日里的牛都是瘦骨嶙峋的，它们将享受阳光的温暖，享用鲜活美味的青草，获得人们的怜爱，因为它们要劳作。

2.杀年猪

信奉"穷不断猪,富不断书"的丰乐人,饲养最多的家畜是猪。乡下为防止猪糟蹋庄稼和蔬菜,都是圈养牲猪,集体畜牧场和食品站养猪也是圈养。而20世纪六七十年代,街上人养猪都是散养。猪随地大小便,搞得很多地方臊烘烘、臭烘烘的。好在猪粪没等到冷却便有人拾走,猪尿能被太阳蒸发和雨水冲刷掉,否则街道就成猪屎街了。

国家实行统一收购牲猪的政策,以家庭为单位,必须卖一头猪给国家,家庭才可以在过年的时候杀一头猪,叫杀年猪。国家收购牲猪的标准是,将猪送到食品公司指定的收购站点称重,以前是每头活猪必须达到130斤以上,后来降到120斤以上,低于这个重量就得拉回家继续喂养。有些人为了让猪达标,在送到食品站之前,给猪喂最好的饲料,让其吃得肚子发胀。你有36条计,我有72变化。喂得发胀的猪早上8点钟送来,食品站收猪的工作人员让你等一会儿,再等一会儿,眼看着自己的猪一会儿拉屎,一会儿撒尿,猪的肚子一点一点瘪下去了,都塌下去了,央求工作人员,一遍又一遍地递烟,说好话,还是不给过磅。快中午12点了,招呼你"把猪拉过来给你过磅吧"!卖猪的人只得暗自感叹赔了猪食又折秤。不够标准的还得把猪拉回去再喂养。

有的人将大米粥掺细沙喂猪,猪想排泄也只能拉尿,拉不出屎,不怕你食品站拖延时间不收猪。魔高一尺,道高一丈,没想到食品站收猪还有一条规矩,那就是"除屎包",也就是扣除猪肚子里面藏着的屎尿重量。那个给猪过磅的工作人员特别有经验,眼睛瞄一下猪,问"谁的猪?"听到回答后马上说"扣10斤屎包",或者"扣3斤屎包",数量不等。还别说,他扣除屎包的重量特别准,卖方几乎没有异议。只有极少数的犟筋头不服气:"早上猪拉屎拉尿都拉完了,我又没喂,怎么会有这么多屎包要除呢?"估屎包的工作人员并不与他争辩,只是淡淡地说:"你把猪拉回去吧,啥时候你觉得我估计得没错了你再来交任务。"一去一来远的有二三十里,谁有闲工夫折腾?如果是喂了细沙的猪,几天之内必死无疑。卖猪的无可奈何,只得给自己搬梯子下来,"算了,算了,你们说扣多少就是多少!"

政府对城镇单位职工和居民发放肉票,一般按每月每人4两供应,但居民拿着肉票并不能时常买到猪肉。为此不管是生产队的社员,还是镇上的居民都想杀年猪。想要杀猪的家庭至少要喂两头猪。给猪喂的饲料就是野菜和老菜叶子、菜蔸子、烂萝卜、烂红薯等,再抓两把糠麸用潲水拌一拌。米糠和麦麸是精饲料,可是很有限。农村人均每年按360斤原粮进行分配,以一家6口人为例,不考虑分红薯当口粮等因素,每年可分配稻谷、小麦等2160斤。按照国家要求原粮加工成精粮达到70%的标准,原粮可产生30%的糠和麸皮,一家一年有650斤左右的糠麸,喂猪一天达不到2斤。这一点糠麸分配到两头猪的一日三餐,就只能表示表示,意思意思了。当然,劳动力多的家庭分到的口粮多,加工的糠麸也会多些,而劳动力少的家庭,自然人和猪的精粮都少。其实多数家庭是舍不得用麦麸喂猪的,麦麸可以掺进面粉里做人的食粮。拌猪菜的潲水就是淘米水和洗碗水,潲水里不可能有剩饭剩菜。潲水不够拌猪食用就添加清水。

四五岁甚至七八岁还没上学的孩子,每天都要为养猪到野外挖野菜,上学的孩子放学后和星期天的主要任务也是挖野菜,还有剁猪菜。成年人则瞅空档时间,到沟渠和湖里去捞一担野菱角藤子或拃草(一种水草)。再后来,很多人在家附近的堰塘里争相用竹竿围几十平方米的水面,在里面养水葫芦、水白菜。用这些饲料喂猪,一年到头猪也很难长到150斤。为此,各户通常是将一头猪养到达标便立即卖给国家,以便节约一些糠麸集中供养留下的一头猪,使之到年关前宰杀时能更大更肥一些。杀年猪后,都要买两只猪崽养,条件好的会买糙娃猪(三四十斤)养,为下一年上缴任务和杀年猪打好基础。

到了冬至节开始杀年猪。留足过年的猪肉，剩下的就腌制起来，这就是腌腊肉。手头紧张的也会卖一些换钱用。板油、肠油、花油等猪油统统切成丁后放入锅中熬，熬好的腊猪油是下一年炒菜用油的重要来源。喂得肥，长得大的猪，一头能有二三十斤油，且板油多。瘦猪子一头可能连10斤油也没有，而且板油很少，多是皮皮扯扯的花油，也没有肠油。好的板油熬炼后的出油率有95%以上，而花油的出油率可能连50%也达不到，唯其猪油渣子多。也好，可以用它代替肉，包包子、包饺子。腌好的腊肉只在下一年过节日的时候，农忙时节补充体力时才会出现在饭桌上，再就是用来招待客人。所以，很多家庭先一年的腊肉要接续到第二年杀年猪。有些保存不好的腊肉，过了农历六月就开始变质，出现燎喉咙的哈辣味，但它仍然是餐桌上的稀罕物，从没有人将它丢弃。

3.喂母猪

很多家庭把养母猪作为主要的家庭副业，靠母猪下崽卖钱。养得好，一头母猪的收入比在生产队里干两年的收入还多。母猪的食量很大，所以有些家庭的孩子便早早辍学，专门在家挖野菜喂猪。母猪需要的精饲料更多，有些家庭就将稻谷壳子再加工打成粗糠，有关系的还到供销社餐馆里去收潲水，到供销社槽房里排队买酒糟子，到豆腐店里排队买豆渣，增加母猪的精饲料。买南瓜、萝卜、红薯煮了给月子里的母猪吃。母猪两年可下5窝仔猪，一般每窝可下10只左右，多的一窝可下十五六只崽。而有些人家盼了3个多月，结果只产下一两只猪崽，主人家真是欲哭无泪。给母猪喂养得好，奶水充足，后期又给猪崽添加米糊之类精食，仔猪满月时可长到十五六斤出售。而母猪吃得差，仔猪缺奶缺营养的，往往两个月也出不了圈，瘦骨嶙峋的仔猪不好卖，价格也低。

母猪真是个可怜又伟大的物种，一年到头不是拖着一个大肚子，就是一群小猪崽在拼着力气拱它的肚子，吸它的乳汁。大肚子常常贴地拖行，猪崽吸乳汁让母猪痛苦得哼哼叫唤。喂养了四五年的老母猪生育率明显不行了，它还不如"弃之可惜，食之无味的鸡肋"。有人就让它饥一顿饱一顿的老饿死去，扒它的猪皮尚可卖点钱。

20世纪70年代，精明的有智慧的人出现了，他们要改变母猪的功能。他们请刏猪佬，将生育能力低下的老母猪的卵巢割除。老母猪被绑住四条腿，由几个人按在地上进行阉割。被杀般的痛苦惨叫，汩汩往外冒的鲜血，粗大钢针刺进厚猪皮缝合伤口时的剧烈抽搐和无奈的低声呻吟，整个过程惨不忍睹。被缝合的伤口要一个多星期才能愈合。他们说猪皮是象皮，不会感觉疼痛。给阉割后的老母猪喂精饲料，甚至在黑市买粮食喂养。老母猪身体骨架大，以前吃的东西是以杂草为主，还要怀胎、生育、哺乳，所以都是皮包骨头。一旦没有了生殖的负担和消耗，又得到了营养的快速补充，老母猪很快就长膘肥壮起来，仅仅三四个月，就变成了圆滚滚的大肥猪，可以长到两三百斤重。这个创举叫"挖母猪攻肥"。攻肥的母猪被杀后，挑到外地冒充肥猪肉销售，其利润比正常养两头大猪还高。一时间低贱的老母猪身价陡增。母猪肉的皮又厚又硬又老，几个小时也炖不烂，肉的味道也不好，所以他们不敢在近处售卖，怕露馅后买家对他们不依不饶。

4.糙娃肉

养猪愁的是喂猪的食水，怕的是猪生病，尤其担心得猪瘟。那时候家庭养猪基本没有防疫措施，所以流行猪瘟的事经常发生。死了十几二十几斤重的仔猪，人们嫌它奶腥气太重只得忍痛丢弃。死了七八十斤以上的架子猪，人们可以刮毛洗净后堂而皇之地卖猪肉。哪怕猪肉上有红斑点、紫斑点，别人一望便知这是病猪肉，价格低一些还是有人买。卖死猪肉的会反复声明这是放了血的病猪，不是死猪子肉。三四十斤、五六十斤的猪，丰乐人叫半糙仔猪或者糙娃猪，这样的猪病死了，猪肉不好卖，人们仍嫌有奶腥气，扔掉实在太可惜了。于是，有人将病死的半糙仔猪脱毛洗净，丢掉内脏，剔除大的骨头，切成厚厚的肉片，放在锅里炒。炒的时候灶里火要旺，锅里不能加一点水，要加一大把尖尖的、小小的、红红的干辣椒同肉在一起反复炒，这叫干炕。调料就是盐、五香粉和酱油。干炕就是通过猪肉上的一点油脂进行不停地翻炒，铁锅炒红了点几滴水再炒，每次只点几滴水，绝不能让锅里有汤，只要不让肉炕糊和粘锅就行。猪小，肉嫩，不用费太多的力，干炕的糙娃肉肉皮翻卷就炒熟了，美味飘散，香气四溢。三朋四友搞来两斤烧酒，围着一锅热气腾腾的糙娃肉有滋有味地吃起来，喝起来，引来左邻右舍都来观看、品尝，啧啧称赞，没有不说是美味佳肴的。辣味十足，肉香扑鼻，鲜嫩爽口，与普通猪肉相比别有一番风味。个个吃得满头大汗，味蕾大开，浑身通透。很快，吃糙娃肉在全镇流行开来，有朋友聚餐打牙祭，点名要吃糙娃肉。当年，糙娃肉在丰乐的地位，简直可以比肩烤鸭在北京的地位了。

  1974年的一天，公社里有两个干部到红专大队检查工作，生产队里安排接待用餐叫派饭，这天派在郭老大家里。郭老大是正宗的贫农，是最符合派饭政治标准的，而且郭老大从小会做饭，做的菜也好吃。但郭老大解放前是贫农，现在家里还是很困难。他弟兄两个，自己20多岁，弟弟15岁，母亲死去十几年了，父亲眼盲了几十年，里里外外都靠郭老大一个人。接到派饭任务的郭老大着急了，除自留地里有黄瓜、丝瓜、茄子、辣椒外，家里一点肉都没有，去年家里没杀猪，也没有腊肉，三个光棍没养鸡，连鸡蛋也没有。人家领导到家里吃饭是看得起咱，不嫌咱穷，可不能一点荤腥也没有吧。他打算到同村的婶娘家借几个鸡蛋，能借点腊肉更好。他走出门拐了个弯，眼睛一下子瞪大了。他看见生产队里棉花地边上有一个黑乎乎的东西，那是一只小猪，死去的小猪。他心里想"早晨我从这里经过的时候没看见小猪，这一定是刚刚死了才扔的"。他盯着小猪看了又看，这是一只20斤左右的猪崽子，一定是主人家嫌它小，嫌它有奶腥味才扔的。郭老大犹豫了一会才拿定主意。他将小猪提到附近水沟里认真地进行了冲洗后，在家里烧了一锅开水，在洗衣的大木盆里将小猪烫了一遍，很快刮净了猪毛，只有猪身上的红斑点怎么刮也刮不去，肉皮发污也刮不白净。他剖开肚子掏净小猪内脏，将其全部扔掉。他把留下的猪崽肉又认真清洗了几遍，闻一闻，有仔猪的奶腥味和说不出的那种病猪味。中午，一个大队领导和小队长陪着公社里的两位干部在郭老大家吃派饭。郭老大做了一锅南瓜饭，炒了四个小菜，还端上来一大瓦盆红辣椒炒猪肉。郭老大不好意思地对领导们说"没有菜，搞了点糙娃肉，不知道对不对领导的口味"。早已闻到肉香的公社干部连忙说"糙娃肉好，糙娃肉好"，显然他们是吃过糙娃肉的，也是喜欢吃糙娃肉的。这一顿饭，几个人吃得满头大汗，吃得很开心，一边吃一边夸奖小郭做菜手艺好，一大瓦盆"糙娃肉"连里面的两斤辣椒都吃得干干净净。

几天后，有人告诉那两个公社干部，那天在郭老大家里吃的根本不是糙娃肉，而是奶猪娃。其中一个干部回答"我当时就看出来那不是糙娃肉，因为肉盆子里的猪爪子很小，但他确实炒得好吃，没有一点奶腥味，比别人做的糙娃肉还好吃。"

其实郭老大做那顿"糙娃肉"是有诀窍的，他在里边加了一大把干香椿叶子。就是早春腌制的嫩香椿尖，稍微蒸一下，再晒干的香椿叶，加了它就没有异味了，还增加了香味。

糙娃肉的美味，直到几十年以后，还被人念念不忘，还想再品尝当年糙娃肉的美味。于是，烹饪糙娃肉的餐馆、饭店便应运而生。不仅在丰乐镇上开了多家，而且在外乡镇，在县城也发展起来，生意越来越红火。糙娃肉俨然成了丰乐的美食。有人提议要深入开发糙娃肉，像某地烤乳猪那样创品牌，做大做强糙娃肉产业。当然，现在丰乐人吃的糙娃肉，经营的糙娃肉餐馆，是不会用病猪子和死猪子的，而是精选健壮的猪，并且在配料和烹调技术上进行了优化。但愿丰乐河的糙娃肉能像武汉热干面一样，虽然出身不太好，却能破茧化蝶、涅槃重生、终成大器、享誉全国。

5.鸡和鸭

鸡也是家家户户必喂的，一般每户喂十几只。说是喂鸡，其实是散养，让它们自己去找虫子找草籽觅食，只在傍晚用两把谷子召唤它们回来进鸡笼。当然，鸡子也会跳上饭桌，跳上灶台找食，会在小孩子的饭碗里抢食。各户喂的鸡，主要是母鸡，只留一到两只打鸣的公鸡做种，其余的公鸡都要阉割，都要为中秋节和过年的餐桌服务。而母鸡可以喂三四年，直到它们不怎么生蛋了，才会去卖，或者宰杀。鸡也常常走瘟，扭脖子，吐黄水，从喉咙里发出"啾、啾"的鸣叫声，那准是瘟症，最多两三天就会死亡。只要有鸡走瘟，所有的鸡，包括一个村里的鸡，不管大鸡、小鸡统统难逃厄运。看到鸡走瘟，人们往往不等它死亡，先将它放血杀掉，病鸡比死鸡的味道好一些。死去的瘟鸡也没有人舍得丢弃，病鸡和死鸡都用多多的辣椒掺进去炒了吃。死的鸡多了还将它们腌起来慢慢吃。只有伏天里天太热了，成批死去的鸡难以处理，才忍痛丢到粪池里化为肥料。说实话，病鸡的肉不管怎么烹调，都不太好吃，总有那种不好闻的异味。

1959年，街上发生了一个重大事件，说起来还与吃病鸡有关。那正是全国上下经济最困难的时期，缺吃的，挨饿是普遍现象。这一年初秋的一个晚上,街上丰勤大队几个大队干部开完了会,都说太饿了,想搞点吃的。有人不知从哪里弄来了两只走瘟的死母鸡,这可是个好东西,几个大队干部兴奋起来。炖鸡的时候,有人说能找到酒就好了。酿酒要浪费粮食,那些年是严禁酿酒的,连公家也不准酿酒,怎么可能搞到酒呢?可是,办法总比困难多。有人从卫生院里不知用什么办法搞了半瓶酒来了,准确地说那是半瓶碘酒也叫碘汀。碘酒怎么能喝呢?他们看了碘酒瓶上残留的标签说明,知道其主要成分是乙醇。乙醇就是酒,是酒就能喝。他们还是很慎重,将半瓶碘酒兑了一瓶凉开水。他们认为,这浓度被大大稀释了,安全性提高,酒的量也增加了,大家都能多喝一点了。很快,掺了1斤多辣椒的死鸡肉炖好了,有几个队干部有事先走了,剩下5个人围着一大盆鸡肉边吃边喝酒。有人说这酒的味道不好,燎喉咙,有人说这酒的气味不好,刺鼻子。5个人也就喝了半瓶稀释后的碘酒,有人喊肚子疼,有人喊头晕,接着就有两人栽倒到地上。很快,5个人被送进了卫生院。虽经紧急催吐洗胃抢救,次日清晨,姓孔的大队会计还是没抢救过来,死了。还有两人处于昏迷状态,只有两人喝得很少,很快就脱离了生命危险。下午,县医院派了个有名气的女大夫过来协助抢救,两个昏迷的有一个在夜里苏醒了,还有个姓何的直到三天后才脱离生命危险。孔会计是5人中最年轻的一个,死时才24岁,结婚一年多,儿子出生才两个月。他的死,让家里塌了天,给年轻的妻子和幼小的儿子带来了无尽的痛苦和后来生活的重重困难。

  这个事件,经公安局和卫生院认定是由碘中毒引起的。自然,中毒与吃病鸡子死鸡子无关,所以,在以后的20多年里,丰乐人对吃病鸡子,吃死鸡子没有任何顾忌,大家认为只要煮熟煮透,经过高温消毒灭菌,就不会存在任何问题了。

  居住在水塘水沟附近的人家会养一群鸭子,品种多为麻鸭,少有纯白羽毛的北京鸭。鸭子比鸡还会生蛋，饲养得好，一只鸭子一天能生两枚蛋。鸭子比鸡生病少，走瘟，成批死亡的事也少有发生。母鸭是不会孵小鸭子的，但依靠母鸡孵化雏鸭是很容易的，只要把正在孵小鸡的鸡蛋偷偷地换成鸭蛋就可以了。鸭子的食量很大，前面吃，后面拉，老百姓说是直肠子，所以如果喂养跟不上，一群鸭子也不生一个鸭蛋。

湖田里稻谷收起来以后，因为田里水没有排尽要晒田，所以并不急着起板犁田，这时候放鸭子的便驻扎下来。他们一般两个人，在靠近稻田的渠边搭一个简易的棚子，既住人又住鸭子。一根长长的竹竿和一个口哨，就是放鸭人的工具。广袤的稻田遗留有谷穗、谷粒，为鸭子提供了丰富的食源。吃饱了的鸭子就在大渠的水里自由嬉戏。牧放的鸭子常常有几百只，傍晚的时候，放鸭人吹起口哨，招呼鸭子集合，用长竹竿拦着鸭子归棚。成群的鸭子放声高歌，嘎、嘎、嘎，声震四方，扑腾腾掠水飞翔，给少有人烟的沉寂旷野平添生机。放鸭人一天能捡拾两大篮子鸭蛋，笑意常常在满是沟壑的脸上荡漾。

（六）
南湖开发

20世纪50年代以前，丰乐的耕地面积增长主要是源于滩田的增加和丘陵地的开荒。汉江水位的变化，特别是经历涨大水以后，由于泥沙淤积，很容易形成沙丘，经过几年、十几年，沙丘由小到大，由低变高，变成沙洲。老百姓驾着小划子，甚至涉着水爬上新沙洲，用铁耙子将沙土耙松，撒下大麦、小麦种子，再耙一耙掩盖住种子。谁先播下种子长出庄稼，这块地就属于谁了。长出的庄稼有的年份丰收了，有的年份被水淹了或冲毁了，一年又一年泥沙堆积，半耕地慢慢地变成了固定耕地。

开荒则简单多了，只需将缓坡地上的树木砍伐和将灌木丛、树兜子清除掉，就可以耕种了。

20世纪60年代开始，围湖造田则为增加耕地做出了重大贡献。

1.南湖风光美

镇子东边两公里多有一个村子叫刘家槽房，刘家槽房以东一直到山脚下，由北到南有一眼望不到头的湖泊，北边叫十字湖，南边叫南湖。春天和夏天，雨水充沛，四周的水汇集，湖水便浩浩荡荡。湖里除了有无穷碧的莲叶和映日红的荷花外，还生长着高瓜芜（学名茭白）、芦苇、蒲草、鸡头包、菱角等多种水生植物。绿油油的高瓜芜高高地立在水中，风一吹似三月间的麦浪翻滚，人们一担一担、一车一车地割去嫩的茎叶，用于喂牛喂马。还有人到湖里采菱角，采鸡头包到集市上卖钱，但更多的是将野菱角和鸡头包的植株从水中割起来，用其叶子喂猪。鸡头包的叶子比莲叶还大还厚，硬硬的，上面长着许多鼓钉一样的刺，平平地浮在水面上。用一根长竹竿，上面绑一把锋利的镰刀，远远地伸过去割断鸡头包叶下的茎，将小磨盘一样大的叶子一片片捞上来。鸡头包的叶子太扎人了，喂猪前是不方便用刀切的，往往用棒槌将它捶碎，或者将其摊在场地上用连枷将它拍碎。鸡头包的果皮也长满了尖尖的刺，用剪刀剪开后掏出里面一颗颗的黑色种子即芡实，丰乐人叫鸡头米。芡实圆溜溜的，种皮坚硬，像钢珠。要取出里面的种仁，小孩子就用石头，用铁锤砸，砸破后抠出种仁当零食吃。有的人家收的芡实较多，就用石碾子一遍一遍碾，碾碎了用筛子筛出种壳，就是白色的芡实仁了。芡实是价格较贵的中药材，但那时人们都是将它掺在米中,当作粮食煮食。

湖里还有很多禽鸟。清晨,太阳刚刚升起,成群结队的白鹭从芦苇丛中飞起,在泛着涟漪的橘红色湖水上,悠闲地扇动着洁白的翅膀。夕阳西下,晚霞映湖,黑压压的一片野鸭从四周钻出来,嘎嘎嘎放声喧叫,扑腾着尽情戏水,好像这里是它们的领地,它们可以毫无顾忌,恣意妄为。场景如同一首诗所言:

> 绿头野鸭戏江湖,
> 碧波荡漾映霞光。
> 轻舞飞跃拨清波,
> 欢腾自由心无拘。

湖里还有鲤鱼、鲫鱼、黑鱼、鲶鱼、团鱼等多种野鱼。常常有人驾着窄窄的两头翘的小划子,在湖中撒网捕鱼;还有的撑着鱼桶子,即中间由上下两块20多厘米宽,1米左右长的木板连接两个腰子形的大木桶,穿行莲叶东、南、西、北采莲蓬,或者坐在鱼桶中间垂钓。钓鳝鱼的则在湖边寻找圆圆的、露出水面的鳝鱼洞,将蚯蚓套在鳝鱼钩上当鱼饵,伸进洞里"吸鳝鱼"。鳝鱼钩是将自行车钢条或与之差不多粗,差不多长的铁丝锉尖、磨利,再折弯成钩,另一端弯成小圆环,环上拴着带有小木漂子的细索。高手用这种方法一天能吸十几斤鳝鱼,有黄鳝,有麻鳝,大的一条比虎口两指合拢还粗,有1斤多重,小的则只有小指头粗。街上有个杨忠瑚曾吸到一条一斤多重的白鳝,颜色纯白,非常罕见。他说吸出了白鳝要立即将鳝鱼洞踩塌封住洞口,否则马上就会有大蛇追出来,白鳝身边往往有蛇相伴而居。

2. 自动捕鳝器

住在湖附近的人捕鳝鱼常常是下黄鳝篓子。用竹子编成口径约20厘米，向后逐渐缩减到后端直径约5厘米的竹篓，篓口内径一圈的若干根篾片，每根约10厘米长，均内倾指向圆心处，形成圆锥形，使之虚掩住篓口，称为倒吸，鳝鱼可以钻进去却出不来，竹篓尾端散留着一圈20多厘米长的竹片。这样的篓子就叫鳝鱼篓子。捕鳝者将湖中捞出的大螺蛳锤破，从篓口放入两个露出肉的螺蛳，鳝鱼篓子的尾部竹片用绳子扎紧。傍晚的时候，捕鳝者将准备停当的鳝鱼篓子，一个一个地分散放在湖边浅水沼泽处，待到次日太阳升起来后将这些鳝鱼篓子收到岸上，解开篓子尾部的绳子，就能从中倒出一条条的鳝鱼。这是利用鳝鱼夜间觅食的特性，以螺蛳肉为诱饵，请君入瓮。鳝鱼钻进篓中，任它在里面爬来爬去，前后都出不去，就成了捕鳝者的猎物。一只鳝鱼篓子钻进一两条鳝鱼，一个晚上放置三四十个篓子，收获十几斤鳝鱼是稳稳的。当然，也会有一些鳝鱼篓子一条鳝鱼也没有钻进去，毕竟这种方法还是带有守株待兔的成分。

更"聪明"的人在20世纪80年代出现了。在省级报纸的中缝发现了这样的广告：出售自动捕鳝器，无须费工费力，放入水中即可自动捕捉鳝鱼，每个5元，10个起售，购10个发12个。自动捕鳝可没见过，有人动了心，按照广告地址，狠狠心邮寄了50元购买自动捕鳝器。半个月后收到货了，打开一层又一层塑料袋子外包装后，傻眼了，什么自动捕鳝器，这不就是竹编鳝鱼篓子吗？5角钱一个的鳝鱼篓子，变成了5元一个，令人哭笑不得，懊恼不已！此事虽然成了当地流传的一个笑话，却让鳝鱼篓子有了一个雅称：自动捕鳝器。

3. 秋冬大收获

从晚秋到冬天，是湖里大收获的季节。湖水逐渐消退，除湖心的水还较多以外，其余的地方仅留下一块块浅浅的水洼，或者干涸了只露着淤泥、残荷和各种杂乱而萎蔫的水草。人们到湖里砍芦苇，割蒲草，采毛蜡株。毛蜡株即蒲草结的果实，深褐色，像蜡烛一样立在植株上。芦苇用于编帘子、编芦席，蒲草则编草袋。帘子、芦席、草袋、毛蜡株都是供销社收购的商品。没有被采的毛蜡株过了成熟期，在初冬被风一吹，似雪花一样漫天飞舞，给失去生机的湖面增添了阴寒之气。

还有人来戽鱼。带一把铁锹、一个木桶、一个脸盆，寻找一个小水洼或者用泥土堵住一段水沟两端，用盆、桶不停地向外戽水，一个小时、两个小时过去了，直到把里面的水戽干，剩下的大鱼、小鱼、黄鳝、泥鳅、虾子、螃蟹等，就可以收归囊中了，腰酸背痛和劳累也被收获的喜悦治疗得差不多了。这是一种竭泽而渔的方法，但仅凭力气是不行的。有经验的人了解水情鱼性，知道哪里有鱼，戽一次可收获10多斤鱼，而有的人累得精疲力尽却收获甚微，甚至空手而归。

冬天，湖里最壮观的场面是挖藕。每天都有大批人来南湖挖藕，尤其是天气晴朗的时候，一天有大几百上千人。人们顶着寒风，高高地卷着裤管，赤脚裸腿，在冻得刺骨的泥水中，用盆子用桶先向外戽水，待水差不多戽干了，就用铁锹挖去约两尺深的泥巴，发现藕钻子后就手持木板锹挖泥翻泥，小心翼翼地寻找野藕。其间，坑里的水不断地渗出，就要不断地戽水。人们的嘴唇冻得发紫，身子冻得发抖，手、脸、脚、腿冻得生疼，像刀割一样疼，继而冻得发麻、冻得发木。麻木了就好了，就不疼了。随着浑身用力和冬阳的照射，身体渐渐暖和了，手脚逐步灵活了，心里也越来越快活了。这些野藕，藏在两尺多深的淤泥中，夹着纵横交错的芦苇根、芭茅根，比堰塘里的藕难挖多了。有经验又能吃苦卖力气的，一天能挖三四十斤，整扇整扇的藕，从粗壮的藕头到渐细的藕把，到指头粗的藕肠子，一点都不会被挖伤、挖断。这些野藕虽然比塘藕细很多,一整扇藕也有三四斤。不会挖的或者怕冻怕苦的人,一天可能只能挖几斤藕,而且一扇藕被挖得七零八落,伤痕累累,甚至没有藕头,只有细细的藕把。没有挖到藕的,就把别人不要的细藕肠子捡上,凑一篮子回去煮了也可以填肚子。在那些灾荒年里,这里的野藕可是救了许多人命。

肥美的野鸭在秋后也成了很多人猎捕的对象,除猎枪霰弹射杀之外,对野鸭实施灭绝性猎捕的方法是毒杀。有人将稻谷与形似八角的莽草混在一起,加工炒制成毒谷。制成的毒谷要能毒死野鸭,却不能让吃毒鸭子的人中毒。多少谷用多少莽草,怎样炒制,这是外人难以知晓的秘方。晚秋初冬,成群的野鸭会在沼泽里觅食。猎捕者于万籁寂静的夜晚,脚穿深筒胶鞋踩到沼泽地中,将毒谷均匀地撒在野鸭经常聚集的区域,待到第二天中午便可捡到毒死的野鸭。有人一次可捡到几十只,并且连续七八天,每天都还能捡到死鸭子。这种被毒杀的鸭子,去除鸭膆子(食囊)后售卖,没有听说过有中毒事件发生。

4. 初期小开发

20世纪50年代末,将东边山脚下的十字湖,从北至洪山寺山嘴,南至陈家山坡,向西约500米的荒湖垒了大半圈土坝与山体相接,造了一个水库,取名十字湖水库。十字湖水库是一个小(2)型水库,具有灌溉和养鱼的功能,发挥了近20年的作用。到20世纪70年代末,山里的黄坡水库和洪山寺水库相继建成后,取代了它的功能,十字湖水库作废,变成了一片农田。

南湖的水中耸立着好几个长满蒿草的土包子小岛,小岛上没有人家居住,只有成群的野鸡、野兔,还有狗獾子、刺猬、蛇出没。偶尔有人拿着鸟铳到小岛上打野鸡、野兔等。三年困难时期,从河南南阳地区前前后后逃荒过来十几户人家，辗转到了这几个岛上。最大的岛叫刘家寨，他们在几个岛上开荒种地。又在附近地势高一些的沼泽地上挖沟排水，然后种庄稼。这是南湖最早期的开发。这些人几次被政府清理遣送回老家，丰乐人称撵呔（tǎi）子。前边的人赶走了，后边却陆陆续续又有人拖家带口来。河南人当时只会种小麦等旱地作物，沼泽地上种的庄稼靠天收，干旱年份就丰收了，遇到雨水多，被淹被水冲，就会颗粒无收。

5. 深入大开发

20世纪60年代中期，丰乐的驻军在刘家寨建起了营房。部队组织战士挖两丈宽的大型排水渠排除湖水，清理和挖除芦苇根、蒲草根、芭茅根等各种杂草。又在广阔的沼泽地上拉绳子、挖沟、培土、垒田埂，形成方方正正的田块，一条条纵横交错的水沟通向排水大渠。战士们三人一组，四人一组，一人扶犁，两人或三人拉犁，在黏糊糊、臭烘烘的淤泥中艰难开垦。军旗飘扬，军歌嘹亮，号子声此起彼伏，几百个军人掀起了开发耕种这块处女地的热潮。沼泽地里的淤泥很深，尤其是水没有排干，淤泥没有经过一段时间晾晒的地块，有的没过了战士们的膝盖，有的则没过了他们的大腿，每一步的翻耕都是艰难的跋涉。部队在新开发的地里插上了秧苗，种上了水稻。秧苗长得墨绿墨绿，沉甸甸的谷穗金黄金黄。

临近的生产队眼见荒湖萌发了新的生机，马上投入到开发当中。随后，十几里，二十几里以外的生产队，如靠近宜城市的大集小公社所辖生产队等，都有组织或自发地加入到开发行列。南湖，还有未被圈入水库里的十字湖，这个沉寂的湖泊，像人们新发现的一座金矿，都争先恐后地去占据，去拓荒。只要是丰乐公社所辖的生产队，都可以在这里为以粮为纲显身手，做贡献。丰乐河的农民是创造力极强的群体，他们在沼泽地里排除大部分水后，根本不用犁耕和赶耖,直接用大牯牛拉着木制斫滚，依靠斫滚上一排一排的铁斫齿将地里的水草、乱根斫得粉碎，将泥土斫得稀烂，再用耙方（没有耙齿）将地荡平，即可插秧。短短几年，这片荒湖几乎被全部开发出来，增加耕地近万亩。

近水楼台先得月，在南湖和十字湖的拓荒造田中，自然是邻近的陈家坡、王家坡、郭家林子、刘家老屋、草堰口子，还有红专大队（太和村）的刘家槽坊、何家港等村庄开发的面积最大，获取的土地最多，其耕地结构也发生了变化，湖田成为这些生产队的主要耕地。为此，邻近南湖、十字湖的这些村庄有了一个新的名字，叫作新湖大队。

6.商品粮基地

新开发的湖田在插秧和收割的季节，人欢马叫，热闹非凡。远处的生产队搭着窝棚，支起锅灶，社员吃住在这里，干活也方便。夏天绿浪翻滚，千层万层连天碧，秋天金波浩荡，十里八里无边黄。可是，水患一直困扰着这片土地。尽管开了很多沟，挖了很多渠，遇到连续大雨，水还是被堵在这里，不能畅快排出去。在稻子生长季节遇到水淹，如果只有三五天，可能只会影响产量，如果淹个七八天，再加上高温曝晒，稻田就会绝收。在稻子收割的季节，遇到连续下雨，水泡稻田的事也时有发生。麦倒压满仓，谷倒一把糠，稻子经水一泡，就会倒伏，稻子倒伏了，一季的心血就白白浪费了。所以划着小船儿，撑着鱼桶子，还有淌着齐腰深的水，收割稻穗的景象也屡见不鲜。

后来经过全公社的统一规划，排水渠道由北向南裁弯取直，拓宽加深，大渠直通丰乐小河，建立水闸和泵站，水排不出去就用机器抽排，田、水、沟、路统一治理，到20世纪70年代中后期，整个湖田才形成旱涝保收的良田，并由一年收一季水稻，变成夏粮收豆、麦，秋粮收水稻，一年两熟的商品粮基地。

20世纪80年代末，襄樊市林业局有一位副局长叫黄能强，是襄阳柿铺人。得知笔者是钟祥丰乐人后，感慨万端地讲起了他当兵时，参与开发丰乐南湖的艰辛故事。原来他就是当年驻军刘家寨在沼泽中拉犁的战士之一。黄副局长还诙谐地说"进了丰乐河，蚊子大似鹅，苍蝇叮死牛，蚂蟥结成坨"。

他所说的蚊子苍蝇和蚂蟥确实也是丰乐的物产，在水草丰盛的湖区更是猖獗。只要在湖里割牛草、割猪草、砍芦苇、砍蒲草、挖沟整田、插秧和扯秧草等，谁也逃脱不了被它们吸血和侵扰。苍蝇中有一种牛蝇，个头比普通苍蝇大一倍，专吸牛和马的血，牛和马必须充分发挥尾巴的功能，一刻不停地在身上扫，才能减少侵害。一到傍晚，黑压压的蚊子在人头上，在人耳边嘤嘤嘤地集体轰鸣和进攻，唯有一把蒲扇方能与之抗衡。夜晚睡觉，如果没有利用蚊帐藏身，那些长腿麻花的夜蚊子定会让你疙瘩满身，体无完肤，奇痒无比。

大自然在湖区给人类赏赐了那么多的宝贝，当然也要让取宝的人类为它另外的子民做出一点牺牲，这大概也是生态平衡的内涵之一吧！只是当年很多人都有个疑问：蚂蟥也叫水蛭，是一种中药材，那时候供销社、药材公司连臭烘烘的屎壳郎也曾经收购过，为什么就不收购这些该死的蚂蟥呢？后来，经昆虫学老师科普，大家才知道当年收购的屎壳郎出口到了澳大利亚。这个国家因畜牧业迅速发展，导致牛粪羊粪成灾，是中国的屎壳郎帮助他们分解了这些粪便，使他们在畜牧业的发展中避免了挫折。水蛭，也就是蚂蟥具有破血通经，逐瘀消症的功效，还能治中风偏瘫，跌打损伤。这么重要的中药材当年没被利用，现在各地大量收购，却难以收购了，听说在农药的威慑下，丰乐河也少有蚂蟥了。

八

民风民俗

（一）
过年

年与节的含义是不一样的，年就是年，节就是节，怎么能把年叫作节呢？丰乐人从来不说过春节，只说过年、过大年。过年有狭义的和广义的。狭义的过年是从团年饭开始，到正月初五为止，初五那天叫"破五"，破了五，年就过完了，可以下地干活了。广义的过年是从腊月三十开始，月小没有三十，自然是从腊月二十九开始，到正月十五结束。在大多数人的心中，正月里一个月都是过年，即使到正月二十九、三十，新的一年初次见面的人，还是要互致"新年好"或者"拜晚年"。

进入腊月，各家各户开始置办年货，腌制的鸡鸭肉鱼等，纷纷登场。街上赶集的,从太阳刚出到太阳西下,人挤人人挨人。做生意的要抓住这一年一度的黄金市场。置办年货的生怕漏掉了要买的东西。裁缝铺里人满为患,写对联的门前人们围了一层又一层。过了腊月十五,连剃头铺里的师傅都是从早上忙到半夜,人人都要在过年前剃头刮脸,朝气蓬勃过大年。空中不时响起鞭炮声,过年的气氛一天比一天浓厚起来。

腊月初八那天,家家要熬腊八粥。用粳米、糯米、小米、玉米、黄豆、绿豆、打豇豆、红薯、红枣等八种以上的食材,熬制成软烂黏稠的腊八粥。热乎乎的腊八粥具有合聚万物,调剂千灵的含义,象征着温暖、和谐、幸福、团圆。大人告诫孩子:过了腊月腊八,不能再说瞎话。也就是要说吉祥的话,不说晦气的话、丧气的话、不文明的话,尤其不能说鬼、神、死、亡、背时、倒霉等不吉利的话。为什么?因为要过年了。

过了腊月二十,家家开始准备炒货。"七不炒,八不闹,三十炒了犯懊恼",所以腊月二十七以前都要备好。用阴米炒米花子、炒苞谷花、炒蚕豆、炒花生等,都是用干净的河沙掺着食材炒,一把锅刷头子代替锅铲,在锅中搅动,炒出来的干货又酥又脆。炒好后用筛子筛净河沙,装进坛子里密封起来,到了腊月三十才能开封。

过小年是腊月二十四,而不是二十三,当地信奉的据说是明朝定下的规矩。元朝以前各朝代都城多建在北方,腊月二十三是依据北方的民族习惯确定的小年。朱元璋在南京当了皇帝后,他要标新立异,所以把小年改为腊月二十四。朱棣当了皇帝,且在北京建都后,就遵从北方人的习惯,规定北方腊月二十三过小年,南方还依照他爹的旨意,在腊月二十四过小年。明朝有两个都城,即北京和南京,所以北京的朝廷在北方与民同乐,南京的朝廷在南方与民同庆。其实丰乐河正儿八经过小年的只有很少的家庭,多数人都在抓住这最好的时机挣钱，也在忙着为过大年做各种准备，所以过小年只是简单的象征性的。但是，腊月二十三、二十四是正儿八经要敬灶王爷的，即祭灶。过去敬灶王爷一是要打扫、沐浴，二是要贴灶神像、摆祭品，三是要上香作揖。后来淡化了这一礼仪，多数家庭只保留了第一项。所以这两天要进行彻底的搬家式的大扫除。尤其对厨房，对灶间打"堂儿灰"，把经过一年烟火熏燎，油腻污垢，灰尘吊吊的房子打扫得干干净净、亮亮堂堂，让灶王爷住得舒舒坦坦、高高兴兴，也让灶王爷向玉帝禀报这家人是勤劳洁净、节俭本分之人。

这两天也是老鼠嫁姑娘的喜日子。老鼠也称家鼠，是家庭中的成员。如果一个家里没有了老鼠，会认为是不祥之兆。老人讲，在汉江上行走的船家，如果发现船上没有了老鼠，就不敢开船。所以，丰乐人在这两天不仅不能打老鼠、捕老鼠，还要在老鼠经常出没的地方放上食物。

1.除夕

团年饭大都在除夕这一天的中午。做生意的不能放弃除夕上午这最后半天，还有亲人没有及时赶回来的，这些家庭的团年饭就会安排在晚上。团年饭的菜肴是从腊月二十七八便开始准备。鸡、鸭、鱼、肉，卤、炸、蒸、煨，只有炒菜是当天备菜。一家人平时几个月、大半年可以不沾荤腥，省吃俭用，年终倾其所有，也要把团年饭准备丰盛。团年的时候，对联和年画要贴好，中堂的墙壁上过去挂的是"天地君亲师"条幅，后来供奉的是毛泽东主席的标准像。火盆里的火要烧旺，预示来年的日子红红火火。菜端上桌子后，长长的挂鞭便在门口点响了。听到谁家的鞭炮响起来，就知道谁家开始团年了。好多小孩听到别人家先响起了鞭炮声，就会着急，这时候大人就会说"宁跟别人赛种田，莫跟别人赛过年"。

腊月三十这一天,已分家的弟兄全家人都要同父母一块吃团年饭。父母不在了,兄弟及其家人也要在一起团年。但是,已出嫁的女人在这一天是不能待在娘家的,即使是长年居住在父母家的寡居女儿或在兄弟家居住的守寡姐妹,在先一天晚上便要躲离娘家,更不用说在娘家吃团年饭了,到正月初一才可回到娘家。团年时,要给过世的父母摆上酒杯和筷子,斟上酒,由当家人给他们敬酒,接他们回家团年,祷告、许愿后将他们杯中酒一一洒在地上。完成了以上程序,一家人的团年饭才正式开始。

除夕的夜晚大人孩子都要守岁。炭火烧得旺旺的,红蜡烛点得亮亮的,瓜子、花生、蚕豆等炒货都端出来了,一家人聊天、喝茶、吃零食。一年到头很难得这样相聚,无拘无束地说说心里话,回顾过去的一年,规划新的一年,对孩子进行教育和启发,也会给孩子讲故事,其乐融融。

启明星升起来,各家各户的鞭炮便噼里啪啦响起来,这叫"出天星"。全镇子燃响起来了,震天动地,响彻云霄,街道村庄都沸腾了,新的一年到来了。

除夕这天要把家里的所有垃圾全部清理出门,这是除旧布新。而正月初一和初二是不能倒垃圾的,因为新一年产生的东西都是财,也不能往门外倒水,水更是财。据说这两天往门外倒水,出远门还会遇到下雨。正月初一和初二还有很多禁忌,如不能用刀用剪,不能吃药,不能烧辣锅,即不能把锅烧热了炒菜,等等,顺便在除夕这天一并告知。

2.拜年

拜年有很多讲究。正月初一,晚辈要早早给长辈拜年,要双膝跪在蒲团上,恭恭敬敬地叩头,哪怕是四五十岁的晚辈也一样。天刚麻麻亮,大人、孩子都换上了新衣新鞋,邻居、街坊之间拜年的人开始川流不息起来。下午是不兴拜年的。从早到晚，家家关着大门。拜年的轻轻叩门，高叫"打开财门"，主人开门相迎，双方互相拱手，互道发财。主人给大人递上一根烟，给小孩抓一把炒蚕豆之类的零食或几个糖果，连说："谢谢来拜年！"邻里之间拜年，有来必有往。若在路上相遇了，双方互相作揖打躬，互相祝福，一个说"不再到府上打扰了"，另一个说"免了免了"，这就算互相拜过年了。不管是亲戚朋友，还是街坊邻居，只要在正月里拜过年，哪怕平时有成见，发生过纠纷，一般都能化解恩怨，表明旧的一篇翻过去了，新的一年重新开始，互相不再别别扭扭。拜年就是相逢一笑泯恩仇的最佳时机和最好的台阶。

给亲戚拜年是从正月初二开始，常常是要带礼物的。除给岳父母拜年要带四子礼（四种礼物）外，一般的礼品就是一包（斤）白砂糖或一包点心。长辈则要打发来拜年的小孩，有的给1角钱、2角钱，有的给小孩口袋里装满炒货。调皮的孩子就会唱"拜年拜年，客膝上前，苞谷花豆子我不要，只要压岁钱"。大人就会打哈哈打圆场"明年，明年给压岁钱"。

拜年一直持续到正月十五，但过了正月初五拜年就是拜晚年，就要表达歉意。除非是相距比较远的亲戚，才会在正月初五以后去拜年，否则就会被人讥为"正月十五贴门神"。

正月间招待来拜年的客人，无论客多客少，至少有一顿饭必须是传统的"十大碗"宴席，每一餐都必须有好酒好菜，午餐晚餐是这样，早餐也是这样。早晨在客人起床后，立刻泡上一碗油条或者泡米花子，先让客人过早，然后上酒菜吃早餐。这就是过年待客与平时待客不一样的地方。

3.对联

除了没满三年孝的家庭，过年时家家户户都要贴上大红的对联。没满孝的家庭贴对联，只能贴蓝色纸书写的对联。各家的大门上贴，神龛上贴，卧室门、厨房门上都贴。连鸡笼、猪圈也要贴上"鸡鸭成群、六畜兴旺"之类的红纸条，处处红红火火。各家大门上的对联很少有雷同的，都是有特色、有趣味、有个性的。只有贴的门神是千篇一律，都是秦叔宝和尉迟恭把门。"三更灯火五更鸡，二月杏花八月桂"，一看就知道是读书人家贴的对联。"举世闻名嘴吹腿，盖世英雄棒打猪"，这是屠户家。相传某户人家门前总是湿塌塌的，脏兮兮的，过年贴了一副对联：莫道门前无洁净，须知内中有高贤。这副对联引起了前来视察的县老爷注意，他进门去拜访高贤，发现是一家做豆腐的，从而引来一段趣话。虽然没有高贤，却有绝技。这家做出来的豆腐，能用麻绳穿洞提回家。做的豆皮薄得透亮，却可以包盐、包东西。有一年，一户门前贴的对联是"光天化日，鸡蛋、鸭蛋、鹅蛋；乌风暴雨，盆娃、罐娃、坛娃"。他是在诉说自家房子的破败，晴天到处漏光，下雨到处漏雨。曾经有弟兄两个分家各立了门户，因祖产问题结下了冤仇，老大是生产队的会计，家里经济条件好，老二家却年年超支穷困。有一年，老二在门上贴的对联是"二三四五；六七八九"横批"怎的过年"。老大则在大门上贴"一二三四五壶酒；六七八九十斤肉"，横批"看我过年"。

大街上的对联，有些品位不高，艺术性不强，不讲究什么格律"六相"，最多也就是字数相等，结构相应，词类相当，什么节奏相同、平仄相谐、意义相关就不管了。有的还有些低俗，恶作剧。但是，过年时在大街上看对联，实际是在看风景，看世间百态，当然也是在品味民间艺术，享受民间文化。

4.唱大戏

　　过年的时候有很多文娱活动，踩高跷、划旱船、打莲枪、玩蚌壳精等，加上放鞭、放爆竹、放烟花，每天街道上，村庄里都是热热闹闹、喜气洋洋。大型的娱乐项目自然是唱大戏看大戏。丰乐人看的戏有楚剧和曲剧。小孩子们不太喜欢看楚剧，一句唱词被唉唉呀呀分割得七零八落，让人听不明白，几句唱词间又被锣鼓、钹子、胡琴、笛子等一大堆乐器的合奏或独奏分开，真没意思。可大人说楚剧柔情婉转，百折千回，艺术性强。倒是楚剧的对白清楚明了，诙谐有趣。很多孩子看了好多部楚剧，能记得名字的大概只有《狸猫换太子》《樊梨花》《辕门斩子》等不多的剧目，剧情完全没有印象。唯一不会忘记的是《葛麻》中的对话："葛麻""奴才在""狗奴才""是老爷"。"狗奴才是老爷"成为孩子们百说不厌的经典话语。

　　小孩子们对曲剧的兴趣却浓厚得多。曲剧的唱词通俗，唱腔连贯，铿锵有力，节奏感强，乐器配合适当，所以不仅听得懂，而且很容易学会。丰乐河地处南北过渡地带，南北的文化都在这里展现和交汇。经常来丰乐河唱戏的戏班子就是河南南阳的陈贱货和李四五两家，有时是陈家班子，有时是李家班子，都是大户人家邀请来的，一唱就是半个月。据说有一年过年重复邀请了，两家班子都来了，竟然唱起了对台戏，小孩子们一会儿跑到陈家看，一会儿跑到李家看。还有一年正月里，戏班子在南街贴了海报，剧名是《三请黄桂英》，剧中有黄桂英哭夫的故事。路人过来念一遍"三请黄桂英"，过去念一遍"三请黄桂英"，有人还故意高声地反复念叨"三请黄桂英"。这时候，从旁边屋里冲出来一个妇女，一把扯下墙上的海报撕得粉碎，高声叫骂戏班子，骂贴海报的人，骂读海报的人，骂他们缺德，骂他们过大年的不得好死，骂了半个时辰。这个姓刘的刘大姐，是伶牙俐齿、嗓门洪亮、泼辣干练之人。她的女儿17岁，名字恰好就叫黄桂英。不知道是贴海报的不长眼,还是有人故意引导贴海报的,竟然把海报贴到了刘大姐门边的墙上,读海报的显然是有意寻开心,这不是大过年的找骂吗?这件事顷刻之间传遍了全街道,给新年增加了一份趣闻。

戏班子在宽阔的场地上,用木头搭建1米多高的舞台,前面用紫红色的幕布遮盖着,正式唱戏的时候才拉开。白天唱戏看的人少,所以多数时候是晚上唱戏。太阳还没落山,藏在幕布后的锣鼓、钗子等乐器便喧天般敲打起来,震得周边大人孩子的心像猫抓一样,心神不安。大人急匆匆地做晚饭,小孩慌忙忙地扒拉晚饭。有的孩子早早便把长条凳子摆到了舞台前面,自然是先来的占好位子。观众陆陆续续来了,舞台前坐的、站的黑压压一片。锣鼓家什还是不停地敲打,戏就是不开场。孩子们急得吵吵嚷嚷,大人说这是打闹台,是在催看戏的人快来。天黑定了,明亮的汽灯在舞台两侧亮起来了,幕布慢慢地拉开了,两个小丑般的演员在台上挤眉弄眼,高声低声地说起来,唱起来,引得离舞台近的观众哈哈大笑。这不是正剧,是正剧前的序幕,是镇场子和继续等候观众到来。

正戏终于开场了,锣鼓声声,号角齐鸣,翻跟头的,舞大刀的前面开路,戴金冠、披铠甲、威风凛凛的将军正式亮相。台下已被观众挤得满满的,后面站着的人肩头上坐着小孩,附近居民的院墙上、树上都爬上了人。几个挤不进,没法观看的半大孩子跑到了舞台后面,偷看演员换衣服和化妆。还有几个孩子钻到舞台空里,用小棍子伸进搭台子的木板缝隙里,去戳正在表演的演员的脚底,引得演员使劲地跺脚。不一会儿,便有戏班子里的人过来大声呵斥,扬起唱戏的马鞭,把这些调皮的孩子撵走了。

河南的曲剧在丰乐很有影响力,大人、孩子都喜欢模仿着哼唱一段,伸胳膊蹬腿,翻跟斗下腰等,这些功夫动作好多人也模仿得像模像样。刚刚渡过三年困难时期的1962年,街上的丰群大队组建了一个业余曲剧团,他们要在过大年的时候自己唱大戏。业余剧团的负责人叫郭有清,住在南街,是个30多岁,白白净净,说话斯斯文文的中等个儿。剧团请来河南南阳的两个师傅作指导,请裁缝制作了各种各样的古戏服装和鞋帽,还制作了刀枪剑戟等各种道具,购置了多种乐器,仅锣、鼓、钹、胡琴就各有好几种。组织了男男女女一大批演员进行培训,全是本大队的人,最小的才十二三岁。

秋收结束后便开始正式排练剧目,每天练嗓子的、练功的、背台词的、制作临时道具的、跑腿搞服务的等,忙得不亦乐乎却兴致盎然。刚刚高中毕业的罗炼修在剧团里负责抄台词,将剧本中各人的台词及演示的动作、表情等内容分别抄写给演员,让他们练习说、唱和表演动作。演奏乐器的多是五六十岁的人,选择的都是在这方面有业余爱好和良好基础的人,只有打大鼓、小鼓和敲锣的是三四个年轻人。仅仅三四个月,业余剧团便在1963年过年的时候正式演出了,剧目是《穆桂英挂帅》。饰演穆桂英的是住在西街的杨丽芝,高高的身材,20岁出头,眉清目秀。插在帽子上的两根翅翎有近1米长,配上演出服装,再浓妆艳抹,一亮相,英姿飒爽,英气勃发,众人齐声喝彩。饰演杨宗宝的是住在解放街的何新时,诨名何快活,二十挂零,嗓子好,特会前弓翻,后弓翻。几年后的一天,在修温峡水库的工地上,他肚子疼得在地上打滚,生产队派4个人用担架抬了几十里,连夜把他抬回家。第二天上午队长去看他,他竟然坐在院子里拉二胡,把队长气得说不出话,他笑嘻嘻地说:"好了,我好了!"饰演杨延昭的叫何瑞时,住在东街后边,二十四五岁,身材高挑,浓眉大眼,在后来的剧目中以演小生为主。饰演佘太君的是剧团团长郭有清,男扮女装,迈着碎步,甩着宽大的长袖,拄着龙头拐杖,略带沙哑的女腔有板有眼,观众连连鼓掌。首场演出大获成功,台下观众一片沸腾叫好,全体演员几次躬身谢幕,公社里几个领导上台与演员一一握手祝贺。

当年过年期间演出了6场，除《穆桂英挂帅》以外，还演了《杨八姐闹春》，观众一场比一场多，十几里以外的年轻人都赶过来看戏。街上的小青年们一直看到戏散场，看到演员卸妆才哼着唱着回家睡觉。大人呵斥"不看到拔台柱子就不回家"。年后，剧团实行农忙搞生产，农闲搞排练。除以上两出戏以外，之后还演了《百岁挂帅》《四郎探母》《秦香莲》《赵氏孤儿》等。杨家将的戏最多，大概是剧中角色转换得少些，排练难度小些的缘故吧！演出的《秦香莲》剧情好像与别的戏不同，不是包公铡了陈世美，而是秦香莲带着一双儿女，拜师学艺，苦练武功，成为本领高强，有勇有谋的英武女将，若干年后反了朝廷，报仇雪恨，杀了陈世美。印象中郭有清总是男扮女装，何瑞时总演公子，郭贵芝、戴金秀饰小姐，也演老妈子。何成时演奸臣最多，一板一眼，步履神态都非常入戏，导致后来人们见到他总认为他就是个奸臣，其实他还饰演过包青天。还有一个叫刘维华，个子较小，老演丑角，后来觉得他一本正经中也暗藏着滑稽。演杨文广的吕学友和演杨金花的王爱英当时只有十三四岁，舞枪弄棒，蹦跳腾跃，英俊活泼，功夫了得，让观众看到一门忠良的杨家后代是那么英武可爱。抄台词的罗炼修还编了一些反映新时代，新事物的"三句半"和快板书，在正剧开场前及剧中摆道具时，几个人敲锣打鼓或打着快板，上台表演一番，这也是镇场子，也是填冷场。

业余曲剧团的演出得到了上级领导的认可，从1963年下半年开始，演出不再在露天戏台上，而是转到位于北街的公社大礼堂里。演出也不再限于过年期间，在其他节日里，或农闲时节都会热热闹闹地演几场。十几里以外的村子还慕名邀请剧团去演过几次。业余剧团的精彩演出，给丰乐人过大年增添了喜庆气氛，学唱戏，学武功成为孩子们和青年人模仿追求的时尚。正当业余剧团抓紧排练，准备大展拳脚，再推出几部新剧，在新的一年大显身手的时候，1965年秋后，剧团的活动被叫停了，随即业余剧团被上级勒令解散了。原来，报纸上开始批判资产阶级文艺路线，尤其对舞台和电影上宣传帝王将相，才子佳人的问题进行了揭露和批判。

丰乐街上的业余曲剧团虽然只存在了短短的三年，却是丰乐河历史上前所未有的创举，因为没有听说有另外的生产队，有另外的街道独立拉起过一支文艺队伍，建剧团唱大戏的。当然，不能说是后无来者，因为在20世纪60年代末至70年代中期，丰乐除以公社为单位组建了毛泽东思想宣传队外，许多大队包括丰群大队都成立了毛泽东思想宣传队，演革命样板戏，唱革命样板戏蔚然成风。但各个毛泽东思想宣传队的规模远没有业余曲剧团大。宣传队多为年轻人，也比业余剧团老中青少皆有的人员结构简单。丰乐街上的业余曲剧团的建立和活动，应该说是丰乐镇文化娱乐史上最值得纪念的重大事件之一。回想起来，当年并不具备文艺细胞，只会种田的大队书记赵万友，怎么会拍板成立剧团并在人力、物力、财力上大力支持唱大戏呢？小小的一个街道生产队怎么会人才济济，一下子冒出那么多的文艺骨干呢？那可是需要吹拉弹唱，武功表演，以及在组织协调等多方面都需要的人才。要知道他们有的只读过几年私塾，大多数是只有高小文化的人，都只是一群会扶犁会砍柴，或者做过小生意的普通农民啊！这真是人民创造历史，人民创造奇迹。

5.请春客

请春客是在正月十五以后，一直到农历二月间。要提前三天请客，不可先一天或当天请客，这是不尊重人的，是会得罪人的。请客后，每天要复请一遍，这叫"邀客"，吃酒那天有的要邀几遍，是真正的"三请三邀"，好像不这样就不能体现真心诚意似的。第一天请客由家里大人上门去请，邀客多由半大的孩子跑腿。大人先教会孩子怎么请，怎么邀等一些必要的礼数。

一张方桌，四条长凳，一桌客八个人。谁坐上席，谁坐下席，谁坐两边，都是不能马虎的。方桌摆在堂屋里，面朝大门的为上席，左边为大，右边为小，首席就是上席的左边，那是辈分最高的客人坐的，哪怕他的年龄不是最大的。客人面前一碗、一筷、一碟、一酒杯、一汤匙，各种瓷器包括盛菜用的碗盘都是同一花型，无破损的。凑不齐同一花色的瓷器，向左邻右舍借用是常有的事。

菜品是传统的十大碗，或十大盘热菜，最后才上火锅。有钱人家在上热菜之前，先上六个腊菜碟子，主要是卤香肠、卤顺风（猪耳朵）、卤赚头（猪舌头）、卤足子（缠蹄）、腊鸡子、腊鱼等。吃一会儿后，撤下凉菜上热菜。十大碗只能是十碗（盘）菜，没有超过这个数的，因为要图一个"十全十美"。但是，十大碗的标准却不同，可以是同样大小的碗（盘），也可以是四大碗六小碗叫"四大六小"，也可能是八个大碗两个头碗，叫"八大两头"。十大碗的标准是各家根据自家境况和客人情况安排的。传统的十大碗菜品是：圆子、卷曲（蟠龙菜）、红肉、白肉、酥鸡子、酥鱼、酥排骨、全鱼，外加两个小炒，如炒腰花、炒肚片等。

春客酒席上不能有纯素菜，像豆腐豆皮是素菜，不能上席。而胡萝卜丝炒瘦肉，荸荠熘肉片等，是可以作为小炒上席的。酥菜是将肉鱼之类切块，先裹上淀粉糊，在油锅里炸黄，吃的时候再装碗蒸熟。红肉是将大块肥肉煮后，在肉皮上抹上黄酒糟汁，将肉皮部分在油锅里炸红，再切成厚厚的长片状。白肉则只需将烹熟的肥肉，切成小正方体的墩状，肉皮保留原色。红肉和白肉切好装碗后，都要再蒸至烂熟。没有做红肉白肉的，常用两碗米粉蒸肉代替。在那个年代，只有吃肉，吃肥肉，吃最肥厚的肉才是上等佳肴。圆子就是现在人们说的"肉丸子"，丰乐人忌讳"丸子"是药品，而圆子是团团圆圆，是吉祥的菜名，就像不说猪舌头而要说"猪赚头"一样，因为"舌"与"赊"谐音。困难时期和困难家庭没有肉做圆子，就只能用萝卜擦碎拌上米面，掺上剁碎的猪油渣子，捏圆、蒸熟做成萝卜圆子代替。菜品要提前备好，摆席前只需装碗，放在蒸笼里蒸熟，取出后倒扣在菜碗里，这叫合菜，然后端上餐桌。装碗是有技巧的，如将切得薄薄的蟠龙菜，沿碗边从下到上一层一层摆放，倒扣合菜后，看起来就像一条蜷曲的龙，所以丰乐人称这道菜为卷曲。红肉白肉装碗时肉皮朝下，合菜后变成肉皮朝上，油亮鲜香。

  丰乐人吃春酒不是菜上齐了才动筷子，而是上了第一道菜就开始吃。所以上菜要注重节奏，要不快不慢。上快了，客人还没品尝到前面菜的味道，上慢了，前面的碗盘空了，人等菜就尴尬了。

  上菜的先后顺序和每道菜的摆放也是有规矩的。十碗热菜中，第一道菜一定是蟠龙菜，这是百姓享用的御用菜，最后一道菜必定是圆子，表示大团圆。第一道菜放在餐桌正中间；第二道菜来了，则将第一道菜向右移动，放在其左边；第三道菜上来，就把前两道菜向下首移一下，放在上首中间，形成品字形；第四道菜上来就将第三道菜向右移动，放在左边；第五道菜放在前四道菜的中间，形成梅花形。一直到十道菜上齐后，形成上首三道，下首三道，中间四道菜的均匀摆放格局。这个移动菜碗摆放的过程叫"车席"，总的原则是新上来的菜总是放在首席客人最方便夹菜的位置。车席有专人负责的，也有由端菜人兼车席的，主人家没有会车席的，往往由席间的客人代劳。十道热菜上齐后，最后上火锅。其实那时候不叫火锅，叫炖钵炉子。因为真正有铜火锅的人家是极少的，绝大多数人家用的是泥巴掺稻草渣糊的土炉子，上面放瓦盆之类炖菜，有钱人家用的也只是三只脚的铸铁炉。炉子上炖的无非是老母鸡、猪骨头、猪心肺之类，也是提前煨好，待客时再加些配菜、佐料炖一下就可以了。

请春客的酒桌上有白酒，也有自酿的黄酒，但没有强迫喝酒，非把人整倒不可的酒风。来客说不会喝酒，主人也知道他不会喝酒，便不给他斟酒。有的客人说给我少斟点，主人便给他杯中斟浅点。酒杯是三钱杯、五钱杯，最大的可装一两酒，酒杯就是酒杯，茶杯就是茶杯，没有茶杯一样大的酒杯。不喝酒的人不能直接吃饭，要陪着喝酒的人一块品尝菜肴，直到十道热菜上齐了，欠身让喝酒的"用好"，才开始吃米饭。饭吃完了，也不放下碗筷地候着，别人劝"放下，放下"，才欠欠身说"有偏了"放下碗筷。

酒过三巡后，主人手执酒壶开始由上席到下席再到偏座，给客人逐个敬酒。大多数客人被要求喝净，然后斟满，有的客人推辞说不能加了，主人说"打一肖"，客人就礼节性地喝一点点，大家也不计较，主人就给他酒杯里少添一点酒。对没有喝酒的客人，主人就为他夹一筷子菜，叫以菜代酒。酒桌上也有打通关的，也有行酒令的，但少有大呼小叫，猜拳灌酒的。丰乐人认为酒要慢慢喝，细细品，一席酒吃两个小时是很平常的。如果遇到千杯少的仨俩知己在一起喝酒，时间就难以估量了。有一年笔者邻居请春客，从中午开始吃，吃到下午三点多还剩下四个人，由主人陪着慢慢喝酒。酒喝了一壶又一壶，桌子上的菜换了一批又一批，炉子里的炭添了一回又一回。酒从中午喝到太阳落，又从晚上喝到夜深了才散席。女主人第二天说，这一顿饭五个人喝了六斤多酒，烟抽了十几盒，往火锅里添加的白菜心就有一大淘篮，特别是说的话有好几箩筐。

丰乐人不特别劝酒，却喜欢送菜、劝饭。主人往往一次又一次地用公筷，或者将自己的筷子倒过头来夹菜送到客人碗里。酒席吃到热闹处，看到一客人饭快吃结束了，有人会突然将一碗饭扣到他碗里，引得大家起哄逼着他吃。还有的会在饭中间埋几块肥肉墩子，或者在饭里埋一把干蚕豆，随饭扣到他碗里，不吃不行，吃又吃不了，只能向众人讨饶。当然，扣饭扣菜都是发生在表兄弟之间、连襟或者妯娌之间，绝不会发生在上下辈之间。

顺便说一句，过去的丰乐人很少吃牛羊肉。以前，方圆几百里没有专门养牛供人宰杀食用的，牛都是用来耕田和拉车的。牛是王法规定不能随意宰杀的，只有老弱病残濒死的牛才能宰杀了供人享用。而羊肉这种腥膻之物，大多数人是不喜欢的。

过年不只是吃吃喝喝，内涵丰富得很。除了迎接新春，庆贺新岁的意义之外，对于家庭是大团圆，是增强亲情，对于社会是协调关系，是巩固感情和发展友情。如果过年时，有亲戚朋友没有相互拜年，没有被邀请做客，很可能是彼此的感情淡了，关系疏远了。相反，如果此前亲朋之间出现了误会或者隔阂，过年的时候就是一个修补关系、恢复感情的最好机会。

（二）
节日

1.元宵节

正月十五的元宵节在丰乐是真正的小年。除早上要煮汤圆吃以外，中午的饮食要像除夕的团年饭一样丰盛。这一天很可能是当年长时间内的最后一次家庭大团圆。因为正月十五以后，为了生计该出门的要出门，该离家的要离家。

这一天也是整个正月里最热闹的一天。过年期间连续举行的划旱船、玩蚌壳精、踩高跷、打莲枪等在这一天形成高潮。街上的，乡下的，一支又一支表演队伍聚集在街头空旷地上，或者在大户、在单位门前，你方演罢我登台，尽展演技比风采。

"悬台故事"是最吸引人的节目。8个壮汉抬着一个用鲜艳的绸缎装饰的彩车，彩车约2米宽，3米长，2米多高。扎有各种人物和动物造型，安置在彩车上。彩车四周饰有多种彩色图案，飘着各种彩带。彩车顶上则摆着两把高高的椅子，椅子上站着两个五六岁，最多七八岁的浓妆艳抹的演员，在上面咿咿呀呀地唱，摇头摆手地舞。表演的多是《刘海砍樵》《梁山伯与祝英台》等。但人如潮涌，吵吵嚷嚷，很难听清楚他们唱的是什么，只认得出他们扮演的是什么角色。彩车被抬着缓缓移动，演员高高地费力表演，观众则吃力地仰头观看，慢慢地随着彩车游走。为保护演员的安全，彩车两边各有一个高个子成年人，穿着彩衣，手执一把长柄铁叉，举在演员的腋下，随彩车的行进保护着。上面的演员选的是眉清目秀机灵的孩子，既要有唱功，还要有做功。在这么高的空中表演，真够悬的，难怪叫"悬台故事"呢！这种表演只在元宵节这天才能见到，所以人山人海，挤挤挨挨。

正月十五的晚上，玩龙灯把周边十里八乡的人都吸引到街上了。青龙、白龙、赤龙、乌龙、黄龙等五颜六色。七节龙、九节龙，最长的有十三节、十五节的巨龙，几十条龙从四面八方汇聚到街上，穿街走巷，轮番舞动。好多家门前摆着茶水、糕点、香烟、糖果等迎接龙灯。舞龙者穿对襟上衣，灯笼裤，腰扎绸带，头上缠着毛巾，脖子上系毛巾，服饰的颜色与龙体的颜色一致。舞龙头的是身体最壮，舞技最高的年轻人。随着锣鼓的铿锵节奏，龙头忽上忽下，忽左忽右，前俯后仰，上下翻腾，指挥和带动着龙身随之翻滚起舞。

玩火龙，是丰乐龙灯最具特色的玩法。华灯初上，圆月升起，家家户户门前都挂着各种彩灯，辉映着龙体的舞动，异彩纷呈，变幻闪烁。鞭炮声、锣鼓声、人们的欢笑声在皎洁月光的夜空回荡。舞龙者满面红光，汗流浃背。舞着舞着，他们解下腰带，脱去棉衣，舞到兴起时，干脆光着膀子，打着赤膊舞起来。观众也兴趣高涨，喝彩声一阵接一阵响起，鞭炮一挂接一挂地点放。有的往龙头上扔鞭炮，有的往龙身上扔鞭炮，人们一般不往舞者身上扔，但他们又不可避免地被鞭炮袭击。舞龙灯的左躲右闪，上下腾挪，但绝不怯阵，仍旧舞步不慌，节奏不乱。慢慢地，鞭炮点燃了龙身，一个地方燃起来了，两个地方燃起来了，龙体前后都燃起来了，整条龙变成了一条火龙。长长的火龙还在不停地向前游动，还在继续呼呼起舞，还在高高地起伏翻卷。人们高声欢呼喊叫，现场气氛热烈到顶点。最后火龙变成了一副竹子骨架，才玩结束。自然，玩龙灯的人手上、脸上、胳膊上、脖子上、胸背上黑一块、红一块、紫一块、乌一块，有被烟熏火燎的，有被鞭炮炸伤的，但他们都不以为然，一笑了之。因为丰乐河流行这么一种说法：龙灯燃烧得越彻底，玩龙灯的人财运就越红火，身体被鞭炮炸伤得越多，身体就越壮实，因为隐藏在身体内的邪气、晦气都被驱除了。

玩火龙是节日的狂欢，是极致的宣泄，当然也是一种野蛮的欢庆。为此，地方政府禁止玩火龙，继而禁止了所有龙灯表演。但是，粉碎"四人帮"后的第一个元宵节，即1977年的元宵节，在丰乐街上不仅举行了众多龙灯表演，而且由丰群大队组织玩了火龙，让表演者和观众都感到了前所未有的新奇和畅快。

2.端午节

丰乐人过端午节有两个特别的地方。第一是娘家人要给新出嫁的（一般三年）的女儿送礼。常在端午节前几天，由弟弟妹妹去姐姐姐夫家，送去扇子、手巾、雨伞等礼物，同时接姐姐回娘家过节。第二，有三个端午节。农历五月初五是端午节，被称为小端阳。五月间是农村最繁忙的季节，割麦子插秧两头忙，初五没有时间过节，就在五月十五这天过，称这一天为大端阳。五月十五仍然没有时间过端午节，就在五月二十五这天过，称这一天为老端阳。总之，无论多忙，端午节是必须要过的，绝不能漏掉。有很多家庭既过小端阳又过大端阳。

过端午节除包粽子、挂艾草、喝雄黄酒这些习俗外，早上要吃煮鸡蛋煮鸭蛋，要吃煮大蒜。这一天吃了清水煮熟的蒜瓣，夏天蚊虫不叮咬。中午要蒸新面做的包子，要做一桌丰盛的饭菜，要喝酒庆祝夏天的丰收。小孩子还要穿上夏天的新衣裳，脸上、脖子上、耳后根抹上雄黄，说是不招惹蛇蝎毒虫，不长疮。据说当年汉江临近丰乐河时，年年端午节都有划龙船的，汉江远离了，划龙船也没有了。端午节这天，丰乐河洋溢着浓浓的喜庆，并没有一些理论家和历史学家所宣称的哀伤和肃穆气氛。大概丰乐人想，既然是纪念屈原的节日，屈大夫肯定希望他的国家，他的后人永远是幸福的，是快乐的，如此，才是对他最好的告慰和纪念。

3.中秋节

丰乐人对中秋节是很看重的。在外跑生意的，做长工、打短工的，八月十五这天都要回家同父母团聚，分了家的弟兄也要在一起吃团圆饭。中秋节必吃炒笋鸡，就是童子鸡。那时候，正月间孵出来的小鸡崽很难成活，二三月间的鸡崽到八月十五最多长到斤把重。中秋节杀一只笋鸡，退毛去内脏后，鸡肉根本炒不到一盘，只有掺一大捧剥好的新鲜板栗，才够凑上炒一盘。笋鸡小是小点，但特别嫩，爆炒几下就熟了，连骨头都是酥的，可以一起吃掉。板栗炒仔鸡已成为很多地方的一道名菜，它是不是当初过中秋节时，丰乐人为凑数产生的这道菜，而传扬开来的呢？

中秋节的晚上，一家人坐在院子里，喝茶吃月饼，观看又大又亮的圆月亮。小孩子缠着大人讲故事，大人就讲牛郎织女的故事，指着天上的星星说哪是牛郎星，哪是织女星，哪是王母娘娘银簪子划出来的银河；讲嫦娥的故事，指着月亮说月宫里有嫦娥、有吴刚、有桂花树、有玉兔，嫦娥怎样偷吃了仙丹飞上了天，吴刚砍桂花随砍随长。据说好多天文爱好者，天文学家都是通过奶奶讲述牛郎织女的故事，而去探询太空和宇宙奥秘的。不知道丰乐河有没有出现这一领域的人才。

八月间是"进粘（zhān）"的季节，丰乐河有"八月不进粘，来年不种田"的说法。所以八月十五多会遇到下雨，特别是下连阴雨，如此，这个节就会过得索然无味。

（三）
婚俗

父母之命，媒妁之言在丰乐体现得尤其充分。父母决定儿女终身大事的权威自不必说。媒人牵线搭桥和沟通协调的作用绝不能低估。素不相识的男女靠媒人介绍，相互熟知的男女大多也要靠媒人捅破窗户纸。男性媒人叫红叶先生，女媒人叫媒婆。从提亲到看门子（主要是女方家长了解男方家庭情况）、女方过门（首次到男家）、确定婚期、彩礼数量、操办形式等，每一个环节都需要红叶先生或媒婆从中协调和沟通，直到男女入了洞房。所以有"新人进了房，媒人撩过墙"之说。在新时代，即使男女自由恋爱了，双方父母还是要请一个媒人，或者各请一个媒人，来帮助解决结婚前的一系列矛盾和问题。这样比起男女双方直接面对矛盾，引起冲突的可能性就小得多，解决问题的办法也多得多。

　　通过算命先生择定结婚的良辰吉日，定下婚期，男方家要过客。过客就是宴请宾客。男方当家人要登门邀请亲戚朋友喝喜酒，如果没有邀请，即使是亲兄弟，住在隔壁，也不会来赴宴，当然更不会上礼。如此两家的隔阂也产生了。过客通常是三天，吃流水席，从早到晚，前一批吃完了，餐桌腾出来了，马上上菜上酒，新的一批人坐席，如此循环。过客前三天，男方父母登门去请客，随后的"三请三邀"由聘用的专人来跑腿。过客也要聘请一位支客先生，这是一位眼观六路、耳听八方、能说会道、协调能力强的人。整个过客的安排全由支客先生负责，其责任重大。比如，哪些客人先入宴席？哪些客人后入宴席？哪些客人在屋子里的桌子上入席？哪些客人在院子里的桌子上入席？对于每一桌，谁坐上首？谁坐下首？哪些人陪新郎？哪些人陪新娘？哪些人陪上亲（送新娘的娘家人）等，都要根据人的辈分、年龄、亲疏进行恰当安排。"一姑爹，二舅舅，三姨爹"，这三个亲戚实际是同等重要，安排的时候不能马虎。还有年龄小却辈分高的亲戚容易被忽视。宴席上安排不当，遇到较真的亲戚会不依不饶，甚至扰乱婚礼，以致两家结下梁子。三天的过客中，有的客人每天都会来吃一餐，一家会同时来几人，有的客人自觉上的礼金少，就只来吃一次，而且只来一人。

　　陪新郎是在娶新娘的前一天晚上，也就是过客的第二天晚上。通常由表兄弟和好朋友作陪。经常有新郎被灌醉，影响次日接新娘的事发生，所以很多新郎的父母会反复提醒儿子，并做好防范工作。

　　举行婚礼前，男方要给女方家庭送聘金和聘礼，叫"过礼"。送多少都是根据男方家庭情况，经媒人反复协商后确定的。女方父母也要给女儿陪嫁妆。新中国成立前，有钱人给女儿陪耕地，陪山林也是有的。陪箱子陪柜子，陪床上用品，穿的用的，甚至连未来外孙用的摇篮、枷椅子都陪，箱子里放衣服，箱子底要放钱，叫压箱钱。还要在箱子里放一摞喜饼，叫大花饼。那时候，很多穷人嫁女儿都"嫁不起"，陪嫁妆的压力太大了。20世纪六七十年代的嫁妆，条件好的陪八床红红绿绿绸缎被面的被子，陪一个衣柜两口木箱，条件最差的也要陪两床被子，一个脸盆两个暖水瓶。一点嫁妆都没陪，净身来的，会受到外人笑话和夫家歧视。

接新娘过去都是新娘坐花轿，新郎骑大马。新郎叫新郎官，迎娶新娘的花轿遇到当官的轿子，当官的轿子要让行，这是旧官让新官。20世纪50年代改为新娘骑大马，新郎牵着马。再后来，有红绸子绿缎子装饰的牛车和马车娶新娘，装嫁妆的。1966年农历四月，东街后边罗家娶媳妇，新娘是宜城孔家湾的，相距60多里，还隔着襄河。罗家借了6辆飞鸽牌自行车，连新郎6个人去接新娘，新娘那边送亲过来两辆自行车，一共8辆自行车载人载物，排成一列驶进街道，其场景壮观，不亚于当今奥迪车队，引得众人围观称羡。之后很长一段时间，自行车迎亲成为新的时尚。

陪着新郎去娶亲的，多是表兄弟、好友等，但必有一能言善辩者前往，如新郎的姑爹舅舅，或者姐夫，代表新郎父母去向新娘父母表态，让他们放心自己的女儿到婆家，会像在娘家一样开心幸福，还可以解决娶亲过程中发生的意外问题。送亲的多是新娘的兄弟姐妹、女友。新郎的姐姐妹妹不参与接新娘，新娘的嫂子也不送新娘，这便是"姑不接，嫂不送"。

女子出嫁也是要摆喜酒的。那时候，女子父母只邀请至亲的兄弟姐妹和姑爹舅舅喝喜酒，对其他亲戚朋友不主动邀请。他们得到信息后，便会自觉去上礼，叫"添香"。新娘家的喜酒只在送亲前一天和送亲当天安排。新娘家要摆宴席热情招待接亲的队伍，然后才发亲。新娘离家那一刻，父母都要哭送，新娘也要哭，母女常相拥而泣，甚至抱头痛哭，难舍难分。接亲的长者反复规劝，新郎向岳父岳母反复表态，新娘父母才依依不舍地让新娘出嫁。

丰乐河接亲不像南边一些地方在傍晚，而是在上午。距离远的，接亲队伍天不亮就得出发，中午以前必须接回来。有些相距近的，早上太阳冒出来的时候，就接回了新娘。送亲的队伍必须在当天返回，不会在新郎家过夜。除非相距太远，确实难以返回的，则由新郎家安排其在附近亲朋家歇宿。这大概是为避免闹新娘导致娘家人尴尬。

新娘娶进门后，即与新郎拜堂成亲，"搀亲婆婆"搀扶着新娘，将一对新人送入洞房。有一桌或两桌上等宴席专门招待上亲，由接亲的长者等人陪同，新郎父母轮番敬酒，并给送亲的新娘弟妹打发现金，给其他送亲的人送上毛巾、袜子、手绢之类的小礼物。当然，两包喜糖是都有的。新娘在新房内被新郎揭去盖头，稍作休息后即由新郎送入宴席。这是专门陪新娘的酒席，是女人一生中在婆家享有的最高礼遇，没有之一。新娘坐上首，陪新娘的都是女宾，如新郎的表姐表妹，堂姐堂妹等年轻女性。新娘入席后，只能象征性地夹一点菜吃即离席，被人搀扶着回到新房。如果新娘在席上大吃大喝，会被认为没有教养，会被人笑话。新娘空出来的位子，立即被安排一个聪明英俊的小男孩坐上，这预示新娘来年要生聪明漂亮的男宝宝。在新房里。客人会怂恿小孩子去给新娘子端茶水、递毛巾等，新娘子就把预先准备好的几分钱或一毛钱、两毛钱打发给这些孩子，胆大的孩子会一而再再而三的去端、去送。这时候的新郎在忙着给来宾一桌接着一桌地敬酒。

闹房是必须的，但只会在晚上闹洞房，而不是从新娘进门就开始闹。更不会似现今将公公、大伯子哥与新娘"押"在一起做恶作剧戏耍。丰乐河讲"三天无大小"，意思是三天内长辈小辈都可以闹。但通常闹房的都是表兄弟、朋友、同学，除非是与新郎年龄差不多的远房长辈、晚辈，否则以后见面会不好意思。闹洞房时一般君子动口不动手，少数有动手动脚的也会被同伴制止。20世纪60年代流行咬苹果，一只苹果被人吊在两个新人嘴中间，让他俩同时用嘴去啃，苹果被吊开了，两个嘴碰到了一起，引得大家哈哈大笑。最让新郎新娘难以接受的，是被人在被窝里揉入蔷薇科植物金樱子的果实，这种红红的小珠子弄到身上奇痒无比，被称为"美人脱衣"。还有人将一两条黄鳝塞进被子里，小两口会被吓得半死。所以闹房后，新郎新娘会认真清理和整理新床，既会从中发现红枣、花生等吉祥物，也会发现麦芒、稻糠、小石块和受压后哇哇大叫的玩具娃娃。只有粗心马虎的新人才会中招，惹来麻烦。招婿上门的女儿结婚，父母担心别人不好意思闹房，会主动邀请年轻人闹洞房。没人闹洞房，冷冷清清，不吉利。

　　新婚后第二天，新娘子要端茶。一大早，新媳妇趁公公婆婆还没起床，就端着开水冲的白糖米花茶，到老人床前，喊爹妈喝茶，老人不坐起来，只把头就（扭的意思）起来，喝下儿媳手中端的茶，这叫喝"就脑壳茶"。喝了"就脑壳茶"的老人是有福气的人。如果老人等着喝"就脑壳茶"，一对新人夜晚忘乎所以，结果睡到太阳老高了还没起床，有的老人失望了，便会认为新媳妇没有家教，是个不勤快的人。如果有邻居见了面，说恭喜喝"就脑壳茶"，那老人心里就更不是滋味了。吃过早饭，新郎会带着新媳妇去给住在附近的伯伯、叔叔、婶娘，给姑爹姑妈、舅舅舅母、姨爹姨妈等至亲的长辈端茶。两人一个提着茶壶（后来是暖水瓶），一个端着米花、白糖和茶碗，逐户登门去敬茶。喝了新媳妇茶的长辈，要给新媳妇打发钱，钱多钱少没有定数，有的比结婚上礼的钱还多，有的仅意思一下。有的没有钱打发，就躲起来，不喝端来的茶。端茶的习俗，有讨打发的含义，但主要是引导新媳妇熟悉长辈的门，认长辈其人，知道见了长辈该怎么称呼。

　　新婚第三天，新郎要陪新媳妇回娘家，叫"回门"。回门前新郎父母要与新媳妇商量，走她娘家哪几家亲戚。除娘家爹妈以外，分了家的哥哥嫂子必须走,亲伯伯、叔叔大多会走。走几家亲戚,回门就要带几份礼物。很多家庭不希望与新媳妇娘家有过多亲戚来往,因为走的亲戚多,每年几次年节送礼的经济负担就重。新婚女子回门,同新女婿拜望父母后,带着礼物拜望了的其他长辈,便是小两口以后常来常往的亲戚,否则,就不会来往。哪怕是女方娘家亲伯伯亲叔叔和姑姑、舅舅,也是这样。这叫没有认这门亲戚。

回门的当天,小两口不能在娘家过夜,必须赶回自己的新家。除非相距很远确实赶不回去,才能在女子娘家住一晚,但小两口不能在一个房间睡觉。

(四)
月子

坐月子的女人叫月母子。女人生了孩子的第二天,女婿就要提着酒肉等礼品去给岳父岳母报喜。岳母便会在两三天内,带着几只活蹦乱跳的老母鸡,一篮子鸡蛋,一篮子油条、面条还有六尺花布等,来看望女儿。送月子礼叫"送祝美",大概是送来美好祝福的意思吧!坐月子时,亲朋好友都要送祝美,只有娘家送的礼最重,礼品都是给月母子买的营养品,再就是必须有的一块布,通常是三尺花布,叫"毛衫子"。送祝美必须在月子里,满月了就不能送了。

送祝美贺喜的人一进门,主人便会给客人端上一碗红糖茶。稍后,会再煮三个或五个加了红糖的荷包蛋,给客人奉上。左邻右舍来家里看望和贺喜,无须带礼物,但主人都要一一奉上红糖茶。来客除娘家母亲和年龄较大的女性长辈进入卧室,看望月母子及新生宝宝外,其他人一般不会进入卧室，尤其是经期的年轻女性是不允许进入的。据说有些不懂事的冒失鬼进了月母子的卧室会"踩妈子"，即让宝宝的妈妈突然断奶，没有了乳汁。所以，主人都会把小宝宝从卧室里抱出来给客人看。

月母子，一个月内是不能出房门的，窗户也不能打开，头上必须包着头巾，也不能洗澡，只能用热毛巾擦一擦，夏天也是如此，否则受了风寒会得月子病。最好是不要下床，吃喝拉撒都由人伺候。月母子一天最少要吃五顿饭，甜糟煮鸡蛋、甜糟泡油条、老母鸡汤、猪蹄汤、鲫鱼汤等轮流着吃，鸡蛋一天要吃十几个，都是给月母子补充营养和催奶的食物。会吃的月母子经过一个月营养，身体会恢复很好，奶水充足，母子都胖乎乎的。不会吃的月母子身体恢复慢，奶水不足，宝宝经常哭闹，全家都日夜不安，唯月公子被好吃好喝的喂胖了。

第三天给宝宝擦洗叫"洗三"，第九天给宝宝洗澡叫"洗九"，洗九那天主人要请客人喝喜酒。满月那天要大宴宾客，叫满月酒，凡是送了祝美的都要请到，以表示对大家的答谢。吃满月酒时，月母子会抱着满月的小宝宝到酒宴上，给大家看小宝宝的成长变化。

通常在满月的第二天，娘家父母便会安排家里人来接女儿带着宝宝回娘家，这叫"出窝"，实际是让女儿在娘家继续休养，恢复身体。外婆要用红丝线编的手环给宝宝套在两只手脖上，可以避邪气。有条件的娘家人则给宝宝戴上银手镯，银脚环和银项圈，可护佑孩子健康成长，长命百岁。出窝的时间往往有半个月到一个月，由女婿来接母子回家。出窝结束的时候，娘家要给女儿做一套新衣服，叫"解怀衣"。自然也要给小外孙做几套衣服，包括单衣和棉袄、棉裤、单鞋、棉鞋等。

女人头胎生了儿子，很多家庭会放鞭炮庆祝。若头胎生了女儿，无论是家人还是其他人，都会说"会生娃的先生女"。这是宽慰的话，但也是有道理的。女孩大一点了，哄小弟弟小妹妹肯定比男孩强，女孩长大了，也肯定更会心疼父母，尤其为母亲分担更多。但是，此话后面还有一句潜台词，即"再生一定是男娃"。如果二胎果真生了男孩，那才是真正会生娃的女人，月母子享受的待遇可能比头胎还高。但是，若二胎又生了女孩，那月母子就很难有生头胎的待遇了，连娘家爹妈兄嫂也会降格对待她。外人若询问这家人，得知又生了女孩，会宽慰说"也好"。这样，"也好"在丰乐就成了"又一个女孩子"的代名词。所以，有人问生了个男娃还是女娃，会被回答"生了个也好"。

（五）
庆生

幼儿过周岁叫"抓周"，是要大张旗鼓请客庆祝的。在地上摆放多种物品，让孩子去抓。抓到了葱，表明孩子聪明；抓到书笔，大家会说孩子将来爱学习，是个文化人；抓到玩具刀枪，表明孩子将成为军人，当将军。大人都会引导孩子去抓他们希望抓到的东西，但还是有孩子会抓糖果、糕点这类食物，孩子父母就会觉得不自在，好像这会预兆孩子将来就会吃，是个吃货。其实，抓食物才是孩子的天性，才是符合常理的。

12岁是人生中最重要的转折点，表明告别了幼儿期，开始进入青年时期。在过去，12岁以后要承担家庭责任。因此，庆祝12岁生日是很隆重的。家里要大宴宾客，孩子要在生日宴会上对父母的养育之恩表示感谢，要对以后努力学习，勤奋节俭以及报答父母做出表态。

"男不过三，女不过四"，说的是男人不过30岁生日，女人不过40

岁生日。男人三十而立，正处于事业上升关键期，其主要精力不能放在琐事上，所以不能大操大办的庆祝生日。女人成熟早，30岁往往已经哺育了多个孩子了，也是劳苦功高，所以会为30岁的女子庆祝生日。但40岁对于女人来讲，要准备为儿子娶媳妇，甚至要当奶奶了，进入家庭角色的重要转换期，所以不为女人操办40岁的生日。过去，50岁过生日便称为过大寿要隆重庆祝，以后每10年过一次整生，都要宴请亲友庆祝生日。亲友要给寿星送礼，赠送和张挂庆祝生日的字画。寿星要吃长寿面，要接受儿孙的跪拜祝福。尤其是60岁以后的整生更为隆重，除大摆宴席，放长鞭放大炮外，有人还会请戏班子唱大戏，请放映队放电影。丰乐还有"男过虚，女过实"之说。即男人过大寿过虚岁，女人过大寿过实岁。实际后来过大寿，不管是男还是女，都过虚岁。过去，人过七十古来稀，所以70岁以后的老人每年生日都要庆祝，当然主要是至亲的后辈子孙给他拜寿，为他祝寿。

（六）
白事

过去，60岁以上的老人去世，都称为白喜事。尤其70岁以上的人病逝，会被称为"顺头路""去天堂享福了"。给亡者穿上黑色的整套寿衣寿鞋，里面穿单衣，外面穿棉衣棉裤，夏天亦如此。躺在棺材里的亡者脸上盖着黄表纸，脚下蹬一沓纸钱，棺材里还放一些木炭。还要用亡者的衣服将棺材壁与遗体之间塞紧，以免抬棺途中晃荡。亡者从去世当天算起，第三天下葬。除非有远方的儿孙赶不回来，要等候他们来见最后一面，是在第五天，最迟第七天下葬，亡者早点下葬早点入土为安。

过去不兴扎花圈，亲戚邻里来悼唁亡者，都是提着一捆纸钱，有的拿着贴有"奠"字的绸缎被面。这些被面同白幡都在灵堂挂起来。设立灵堂后，化纸盆里的纸钱要不间断地烧，香炉里的香不能熄灭，长明灯也不能熄灭，哀哭悲泣之声不间断。亲朋在灵前烧纸，亡者儿子，首先是长子要跪在旁边陪烧。

扣棺前，主事者让亲人最后看一眼亡者，也就是遗体告别。一时间众人哭声大起，随即棺材被盖上，棺材前后各一颗，左右各两颗大钉子将棺材钉上。主事者高喊一声"启棺"，抬棺材的人齐声打"啊呵"的号子，鞭炮开始噼里啪啦燃放，由八人抬起棺材。抬棺人的腰上都系着长长的白布，手脖上缠着擦汗的白毛巾。孝子孝孙头戴白帽，身穿白色衣服和蒙上白布的鞋子，有的是披着长白袍戴孝，友人和邻里则臂佩黑袖箍。长子和长孙举着白幡走在前面，有重孙的，重孙被父亲抱着走在最前面，其余的孝子孝孙举着白幡走在棺材两侧和后边。有专门的人提着一篮子纸钱沿途抛下，这是买路线。也有专人负责在路上放鞭，经过路口、村庄时都要放鞭。主事者沿途喊"一去二三里，烟村四五家，亭台七八座，八九十枝花"，喊一句，抬棺的人便高声"啊呵！"一声。每抬一段道路，主事者便会高喊"孝子磕头""啊呵"一声，棺材被放到地上，抬棺者站着歇息，孝子孝孙便跪在地上对着棺材磕头。片刻之后，再"啊呵"一声，棺材抬起前行。

墓穴由专人在棺材到达前挖好。众人将棺木吊下放稳后，由长孙或重孙捧土，第一个丢进穴中，孙子或重孙太小，则由其父亲帮助他完成。没有孙子的由长子填第一锨土。墓穴填满堆成圆丘后，要由长子在坟顶上栽一大蔸青草，在坟前打下两根活的柳木桩，叫"阳桩"。阳桩约1尺多高，以后若成活了，亡者的后人便有福。其实只要在春天和夏天，阳桩都会成活，所以过去很多坟边都会有歪脖子树。中国汉字的"葬",很可能就是依据坟头上那蔸草和坟前的阳桩造出来的,只不过阳桩上没有"葬"的那一根横梁。打下阳桩后,再在坟前摆上猪头、大馒头、水果、酒等祭品,亲人们烧纸钱、点燃一把香,依次磕头,直到带来的所有纸钱都烧完,才离开。

棺材抬到墓地后,亡者家人要给抬棺者和打井者(挖墓穴称打井)送来酒和馒头,给他们充饥,称"过中",酒一般是当地黄酒。安葬完后,酬谢抬棺、打井等帮忙者酒饭时,要让他们吃双层摞起来的蒸笼格子,每个笼格子里有3~5斤肥猪肉蒸的米粉蒸肉,孝子要跪在地上给他们一一敬酒。安葬后第二天要酬谢所有参与悼念的人,每一桌也要摆蒸笼格子,不过只摆一笼。来悼念过的人都要来吃饭,哪怕喝一杯水也行,否则对本人不吉利。

下葬后的第三天下午,亲人要圆坟,即把坟墓用土培得圆圆溜溜、平平整整,辈分高年岁高的亡者坟墓要培得高高大大。傍晚,亲人跪拜上香、烧纸钱后,在坟边点燃一堆麦芒,麦芒不会燃成明火,只会连续冒出浓浓的烟子,在坟墓上空久久缭绕,这叫"赶三烟子"。赶三烟子大概就是"祖坟冒青烟,子孙做大官"的寓意了。当天晚上,还要在坟头插上里面燃蜡烛,外面用白纸糊的灯笼。每年腊月三十傍晚,也得往坟上送这样的灯笼,这叫"送灯"。连送三年,前两年送白灯笼,第三年满孝送红纸糊的红灯笼。送灯是为亡灵照亮回家的路,过年送灯是接亡灵回家过年。赶三烟子和送灯时,12岁以下的孩子不能参加。

下葬后每隔七天,至亲至戚都要给亡者烧纸钱,称为"烧七",一共烧五次。但"逢七不烧七",就是说应该烧七那天遇到是初七或十七、二十七,则提前一天烧七,避免七和七相逢。烧头七和烧五七要到坟前烧,烧五七还要烧用纸折叠的多种衣服、被子。烧二七、三七、四七在家附近的十字路口就可以。烧了五七之后,亡者家人才能理发、刮胡子。亡者逝去一年的时候要烧周年，逝去三年的时候要烧三周年。烧周年和烧三周年时能来的亲人都要来，除摆上祭品，烧纸钱，送衣被外，还要烧灵屋，烧大马，即用麻秆扎架子，用彩纸糊贴的房子、马匹，这是给亡灵送房子，送马，让他们在阴间享受美好的生活。市场上有专门出售这些阴间用品的。烧完三周年，即满孝了。没有满孝，亡者的家人在过年的时候不能进别人家门，尤其是正月初的三天。没有满孝，家里也不能举办结婚、庆生等重大喜庆活动。满孝以后好多禁忌就解除了，清明节、七月半等祭祀活动按照常规进行。

（七）
出借

朋友推荐了一篇文章《借东西》，说的是乡邻之间互相之间借东西的事。除文章中说到"借棺材"的事未听说过以外，其余的事在丰乐河均有发生。在那些年代，物资匮乏，任谁家也不可能将所有的东西置办齐全，邻里之间相互借用，相互帮衬，互通有无，是再平常不过的事了。

借得最多的是碗、盘、筷子等餐具。在请春客以及办喜事的时候，讲究每一桌的餐具必须是一样的，只有通过借用才能凑齐。特别是嫁姑娘娶媳妇，吃流水席，一次摆四五桌，甚至七八桌，谁家也没有那么多餐具，所以，向邻居多个家庭借用，都是很自然的事。借米、借面、借盐、借油、借鸡蛋等都是很平常的事，但借米、借面是要看交情的，通常只在亲朋好友家里借，还这些东西的时候，大多数家庭都会多还一些。比如升子里的米面堆高一些，鸡蛋多还一两个。

借生产工具也很多。借镰刀、借锄头、借斧子、借扁担、借粪桶、借筛子、借柳簸等都很平常。只是有些东西借和还是有讲究的。比如借铁锹，还铁锹是不能扛在肩上进出别人家和上别人家台子的。办丧事的时候向别人家里借铁锹，借抬棺材的木杠子等工具，还的时候要在工具上拴一根红绳子或者红布条，这叫"搭红"，可以避邪。有些稀缺的东西不是随便就可以借到的，比如胶轮板车和毛驴，还有自行车，有这些物件的家庭是很少的。笔者20世纪70年代进山拉柴，多数时候只能向本家的哥哥罗林修借用毛驴。他家里做豆腐豆皮卖，养了两头毛驴，要磨豆浆，毛驴是不轻易外借的，但那个漂亮的豆腐西施任嫂子，从来没有给她这个兄弟为难过。填台子，做房子，包括拉柴，都要请人帮忙，借用劳力也就很常见，不需要付工钱，管饭就可以了。扳砖、烧窑，就只能请关系好的人了，因为这些活太累太苦。

"有借有还再借不难"这是古训，也是规矩。借东西是这样，借劳力也是这样。大家互相帮助，好多问题就解决了。当然，也有的人借了别人的东西拖延着不还。除确有困难，比如借了米面吃了还不上的人以外，有人就是习惯不好，小东西小物件需要的时候去借，用完了顺手丢在一边，慢慢就忘记还了。还有的人借别人的镰刀、斧子、铁锹将木把子搞断了，也不修好就送还。一次两次如此，以后再向别人借东西就不那么容易了。

还有一种借是借宿。家里来了客人，需要留宿，房子小，没有地方住咋办？安排家里一两个，甚至三四个孩子到邻居家，同他们家孩子挤一挤睡，客人晚上睡觉问题解决了，这些孩子们也会欢天喜地。

在学校里常常互相借的是小说、连环画，你借给我看，我借给你看，互相满足。但有时候甲借了乙的书，乙又把书借给了丙，慢慢地就搞不清书借到哪里去了。在学校里所有的文具几乎都能借，包括笔、橡皮擦、三角板、量角器等。借本子就比较难了，同学可以从本子里撕两张纸给你，但很少有把整个本子借给你的。借草稿纸是最多的，爹妈或哥哥、姐姐在供销社、粮管所、财管所或者工厂等单位工作的同学，他们都不愁草稿纸，通常是向他们借。如果借到了一两张印有大红的单位名称的信笺纸，往往不会轻易用掉，而是小心地保存起来。借不到好的草稿纸，纸烟盒子也可以。借钢笔水是最频繁的，拧开墨水瓶盖子，对方将钢笔伸进瓶中，猛地连续捏空空的笔管子，被借的同学心疼得连连说："好了，好了！"有时候借墨水，旁边的同学没有带墨水瓶，借方与被借的同学都拧开钢笔，笔尖对着笔尖，有墨水的笔在上边，捏两下三下笔管子，下边捏空笔管子的手慢慢松开，他的笔中就流进了几滴墨水。

无论大人还是孩子，那时候好多难关大家一起闯，好多困难大家一起扛，你帮我助，调剂余缺，抱团取暖，日子虽然艰难，良好的风气却值得留恋。

（八）
娱乐

丰乐的孩子们和年轻人日常的娱乐项目很多，尤其是孩童，一捧土、一张纸、一颗石子、一堆破砖、一根绳子、一段铁丝等都可以玩出花样。扳响嘭、摔纸板、折小船、折飞机、打水漂、打界、打跪砖、翻叉、滚铁环等，随时随地都可以横生童趣，不亦乐乎。有些娱乐项目在前文中有过介绍，现将砍甘蔗、踢毽子、打珠、抓籽等分别陈述如下。

1.砍甘蔗

甘蔗，在丰乐河算不上经济作物，因为它种植面积很小很小，有人仅在自留地一角种植，它是让人们啃着当水果吃的。丰乐河那时候种的甘蔗是青皮甘蔗，粗的也不过虎口粗，远没有后来市场上卖的黑甘蔗粗大，也不及黑甘蔗甜。这里说的砍甘蔗，不是指收获甘蔗时的劳作，此"砍"非彼"砍"。十月份收获了甘蔗很少有人卖，因为那个季节有玉米秆和高粱秆吃，它们似乎与甘蔗没有太大的区别，故不好卖。只有到了深冬，零零星星的甘蔗才陆陆续续上街。一截草绳将十几根甘蔗的上部捆住，甘蔗的"腿"四下张开，一捆一捆的甘蔗便站立在街头。孩子们缠着大人会买一根两根，截成一小段一小段慢慢啃，甘蔗的节间处常常将孩子的牙齿崩得流血。

春节期间卖甘蔗的最多，卖甘蔗的地方也是最热闹的地方之一。砍甘蔗是这时候一项重要的娱乐活动。从卖主那里选一根甘蔗，去掉上面的梢头，刮净甘蔗上的残叶，两三个年轻人便开始比赛砍甘蔗。看热闹的围了几圈，小孩子们都是挤在最里边。用石头、剪刀、布确定先后顺序后，打头的人一只手持一把明晃晃的菜刀(菜刀都是卖甘蔗的提供的)，用刀背压在站立的甘蔗顶端，另一只手在砍甘蔗的时候是不许扶甘蔗的，感觉甘蔗立得稳当了，迅速地反转菜刀，由甘蔗顶部用力向下劈。小屁孩们一哄而上，争相抢拾劈下落地的甘蔗皮，这叫拣甘蔗豁皮。而大孩子们却冷眼相望，他们是不会要梢头上豁皮的，因为梢尖子不甜，还有骚味。砍下梢子后，他们就会当仁不让了。参赛的几个人将砍伤的这一段甘蔗齐齐砍断，交到砍甘蔗者手中。如此，第二个人、第三个人依次进行。谁砍的甘蔗，截下来就由谁掌管。第一轮比赛完了，甘蔗没有砍完，则进行第二轮继续比，直到将这根甘蔗全部劈到底为止。开始砍的时候，是站着砍，甘蔗高，人矮，则站在凳子上砍。随着甘蔗被一次次截短，砍甘蔗就要躬下身子，继而就要猫着腰，再后就要蹲在地上砍那根甘蔗。技术高的，眼疾手快，一刀劈下去可以劈二三十厘米长，技术差的，一刀只能劈几厘米下来，甚至刀没挨着甘蔗，甘蔗便倒地了。砍完一根甘蔗，几个人分别把自己手中的甘蔗段拼接起来，放在地上比长短，谁的短，谁就输了，输者就去支付甘蔗钱。自然，谁砍下的甘蔗段就归谁。比赛中，如果谁将甘蔗跌断了，或者横向将甘蔗砍断了，这个人就会自觉认输去交甘蔗钱。

比赛中，砍甘蔗的往往精神高度紧张、精力集中、屏声静气，围观的人群则热闹非凡，笑闹声、叫喊声不绝于耳。尤其是有些高手，在甘蔗被砍得只剩下十几、二十多厘米长的情况下，他并不蹲下身子砍。只见他站立身子，刀面向上，略微倾斜后，将砍剩下的一截甘蔗平放在刀面上，用握刀的大拇指顶住甘蔗，然后缓缓地将刀和甘蔗竖立起来，突然将甘蔗向空中一抛，在甘蔗垂直下落的一瞬间，刀刃朝上迎着下落的甘蔗用力，甘蔗便牢牢地嵌在刀刃上了，这一截甘蔗就完整的属于他了，这叫颠甘蔗。颠甘蔗者端着嵌在刀刃上的甘蔗，口喊1、2、3，三秒钟后甘蔗没有掉落，便是成功了。有的还端着刀上的甘蔗，稳稳地绕场一周，观众们欢声雷动，掌声经久不息。更有怀揣绝技者，竟能将1米多长的甘蔗竖立在刀面上向空中抛去，并颠甘蔗成功。这样的战神会被伙伴们簇拥着，享受着英雄般的待遇。如果颠者的甘蔗明明已经嵌入了刀刃，但在1、2、3还没喊完时，甘蔗便从刀口上掉下来了，人群便会一阵躁动，连声唏嘘，惋惜不已。

南街有一个孩子叫马世华，生下来就眼盲，大伙都叫他马瞎娃。十二三岁的时候，他不仅能拉一手好二胡，还是砍甘蔗的好手。他先将要砍的甘蔗从上到下摸一遍，又把甘蔗靠在自己身上比一比，甘蔗的长短粗细，哪里有弯心中就有数了。他把甘蔗立在面前，用刀背压住甘蔗晃一晃，试一试甘蔗平稳情况，浑浊的眼睛慢慢闭上，突然睁大眼睛,手起刀落,眨眼工夫,由上而下半根甘蔗被劈下来半边。

拣豁皮的孩子们最喜欢那些一刀下去,劈下十几、二十几厘米甘蔗的赛者,他们劈下来的往往不是豁皮,而是半边甘蔗,这时的现场不仅有欢呼雀跃的热闹,更有孩子们争抢最激烈的场景。他们虽然打心眼里佩服那些会颠甘蔗的高手,却对这些高手很失望,他们连一丁点豁皮也得不到。孩子们不喜欢那些技能差的赛者,他们不仅自己收获少,而且砍下来的豁皮也只有一点点,甚至只有一点算不上豁皮的甘蔗青皮。捏着一把豁皮的孩子,一边津津有味地咀嚼着豁皮,使劲地吸吮着不多的豁皮汁液,一边吐着干燥的甘蔗渣,又匆匆地去赶往下一个砍甘蔗的场地。

2.踢毽子

高高弹起,轻轻掉落,升起欢笑,降下快乐。红羽飘飘,像盛开的花朵,蹦蹦跳跳,是美丽的鸟鹊。踢毽子是全国性的一项娱乐活动。当年,丰乐河的孩子们和青年人都爱踢毽子,而且花样繁多,精彩纷呈。

毽子用的都是公鸡毛,红公鸡的毛最好。不善装扮的母鸡,身上的毛没人用。公鸡被宰杀后,选择鸡尾巴处的硬毛拔下,最长的尾巴毛和软软的绒毛是不能要的。经开水烫过的鸡毛也没人用。取两枚比5分硬币略小些的铜钱(那时候很容易找到铜钱),叠放在几寸长一指多宽的布条上,布条中间锥一个洞,这个洞与铜钱上的洞眼相对,将布条两端兜住铜钱从布条和铜钱洞中穿过来并拉紧,将一束鲜艳的红鸡毛插进铜钱眼中,用布条包住鸡毛根部,再用线缠紧系牢,一个漂亮的毽子就做成了。铜钱大了、厚了,毽子就会重,会踢得脚疼。铜钱小了、薄了,毽子轻飘飘的,不平衡,踢时难以控制。

踢毽子可以用脚内侧、外侧踢,还可以用脚尖踢、脚背踢,用膝盖踢。最基本的踢法是左脚站立，用右脚的内侧面向上抛踢，一下又一下，有的人一口气能踢几十个而无闪失。还有人右脚自始至终不挨地，一下一下地颠着毽子，好像他的脚上有一股引力在吸引毽子不离不弃。

踢毽子有多种花样。第一种是左右开弓法。就是左脚踢一下，右脚踢一下，或者左脚踢几下，右脚踢几下，都是用脚的内侧踢，这种踢法叫盘，所以也叫左右相盘法。这种踢法姿态不太雅，像鸭子走路一样左摇右摆。第二种花样是内外交替法。就是用脚的内侧踢几下，再用脚外侧踢几下，内外交替着踢，用脚外侧踢叫"拐"，这种踢法的难度系数较高，难点就在变换踢法与瞬间转身不好控制和衔接。第三种花样是踢跳结合法。在踢的过程中，突然将毽子踢向空中，然后跳跃起来，用另一只脚从身体后边将下落的毽子再踢向空中。高手能连续七八次跳起来踢。有人既能用左脚跳踢，又能用右脚跳踢，还能用双脚变换着跳起来踢，让人惊羡不已。其实，高手们在踢毽子时各种花样既独立展演，又穿插进行，交替变换，运用自如，比起笔者写"踢毽子"遣词造句轻松多了。

踢毽子的绝大多数是女孩子，能踢出花样，能踢出高难动作的只能是她们中间的大孩子以及女青年。

少数会踢毽子的男孩和男青年则是踢毽子队伍里的天花板。他们的玩法与女性有很大的不同，常常玩"做虚"。不是实实在在地一下一下地踢毽子，而是利用毽子做那些虚晃动作，这大概就是"做虚"这个名称的来历。将毽子抛出，可高可低，抬腿绕落下的毽子一周，毽子稳稳地落在脚面上。抬脚上抛毽子，小腿与大腿在膝盖处弯成直角，毽子落在膝盖上端的腿上。不断地用身体上抛毽子，毽子落到肚皮上，落到肩膀上，落到歪着头的腮帮子上，最后落到头顶上。然后低头，毽子落到另一侧的脸上，依次经肩头、肚子到膝盖上。下一步并不落到脚背上，而是从膝盖上高抛毽子，身体跳起来用另一只脚从身后踢打下落的毽子，连续起跳，高高地踢几个，最后毽子稳稳地落在脚背上。能够连续做完这一整套"做虚"动作的只有极少数人，多数只能做其中的两三个动作，比如到脚背，到大腿，到肩膀，毽子便不听指挥了。

街上的杨忠瑚能够做完这全套动作，就是那个前文介绍过的吸鳝鱼高手杨忠瑚。那时候他20岁出头，人长得潇洒，"做虚"的动作也潇洒自如。天气热，他赤裸着上身，边表演嘴里还边哼着小调。一套动作下来，如行云流水，一气呵成。别人将落下的毽子只能用脚绕一圈落到脚背上，他能让毽子绕脚三圈，稳稳地落在竖立的脚尖上。别人将毽子从膝盖处抛向肚子这个动作就做不了，而是直接抛到肩头上，因为这个动作极难。杨忠瑚做这个动作是抛起毽子立刻仰天躺下，毽子便落到肚子上。他把肚子往后吸，毽子陷进肚皮里，深吸一口气后肚皮猛地往上一鼓，手撑地坐直身子，毽子便落到肩头上了。他慢慢站起身子，继续完成其余的动作。看他踢毽子"做虚"，就像看杂技表演，小小的场地上常常围满了喝彩的人。

3.打珠

珠，就是那花花绿绿的玻璃珠子。丰乐河的人把弹玻璃珠子叫打珠，并且将打珠说成打掬（jū），珠就叫掬，念平声的掬。打珠是男孩子们乐此不疲的一项娱乐活动。但是，过了12岁就很少有孩子再玩打珠了。

一种玩法是攥窝。在平坦的地上挖3个小土窝窝，土窝相距几十厘米，呈三角形排列，约小拳头大小，深四五厘米，把窝里的土掬尽，灰都要吹干净。通常是两个或者三个孩子一起玩打珠。每个孩子手持一颗珠，三颗花色不一样的珠放在一个人的手中摇一摇，高高地撒向地面，三颗珠子便分散滚落在地上，珠子落在地上的位置，就是他们开始弹珠的位置。每个人都趴在地上，用大拇指和食指夹住珠，然后用拇指弹这颗珠，让这颗珠在地上滚动着去击打伙伴的珠，并且要将对方的珠打进土窝窝里。就这样三两个孩子你弹一次，我弹一次，轮流弹。被弹进土窝里的珠还要被击打出来，再将其打进第二个土窝里，再击打出来，打进第三个土窝里。谁将对方的珠打进了第三个土窝并打出来，谁就赢了，这颗珠就输给他了。如果击打对方珠时，对方的珠被打出了土窝，自己的珠反而落在窝里，则对方就反击窝里自己的珠。

把对方的珠打进土窝窝不是容易的事，往往要一步步地撵，你撵我的珠，我撵你的珠，把珠撵到土窝附近后，再往土窝里打。打轻了，打不进，就轮到对方打你了。打重了，则双方的珠又拉开了距离，又得慢慢地撵。将土窝里的珠打出来也有技巧。趴在地上是打不出来的，往往是坐在地上或者弓着身子，居高临下用自己的珠猛弹土窝里的珠，将其击打出来。

打珠的孩子趴在地上，眼睛瞄准对方的珠，把自己的珠弹过去，距离远了击不中对方的珠，距离近了擦边而过，反而把距离拉大了。每弹一下，就趴着移动一下位置，几个孩子在地上趴过来打，趴过去打，转着圈地打，你击打一下我的珠，我击打一下你的珠，越打兴趣越高，越打越上瘾，常常打了一轮又一轮。胜利街有个孩子叫小吉，四五岁就开始在地上摸爬滚打着玩珠打珠，到小学毕业了对打珠还留恋不舍。他打珠技术超强，能够在两米多远的地方将对方的珠一击进窝，他能准确把握角度，将土窝里的珠一下子击打出窝。他几乎每天放学后都要打珠，夜幕降临了，地上的珠渐渐看不清楚了，可他越发精神，他找到对方珠的位置，拃几下自己的珠与对方珠的距离，用力弹射，一下子就击中了目标。别人说他是夜视眼，称他为卧地虎。这些高手看不起那些技术平平的，爬几圈也打不进一个珠的人，高手总是与高手在一起较量，棋逢对手才过瘾。

打珠，还有一种玩法，就是撞墙。找一面砖墙，墙下边必须有一块平坦的场地。在距墙1米远的地面上画一条线。按照事先猜拳（石头、剪刀、布）确定的顺序，两三个孩子各拿一枚珠依次撞墙，珠子必须要弹跳到画的线外边。珠子滚动停止的地方，就是弹击开始的位置。谁的珠距离画的线远，谁就先打。所以第一步用珠撞墙就有技巧，珠子落到别人珠子附近且稍远一点的地方，那他就会轻而易举地击中别人的珠，取得主动权。几个人趴在地上轮番打珠，通过弹自己的珠，在地上滚动着击打对方的珠。与撵窝不同的是击打的方向是向着墙。把对方的珠击打撞到墙上就赢了，这枚珠就收入赢者囊中了。这个玩法简单，技术高超的孩子玩两个小时就能赢一大把珠子。

镇粮管所的后边是一个大场子，场子平整得很。这里正处于三匠街和黄龙街的街后边，距彭龙街也不远。只要不是下雨下雪天，一到傍晚，几条街的孩童们，还有年轻人便聚集在这里玩耍娱乐。场子地上好多地方都挖着小窝窝，都是打珠的孩子留下来的。夏天，下午放学了，虽然太阳还有老高，但这里的部分场地已被阴影覆盖，暑气也开始消退。孩子们来到这里把书包堆在墙角，便三个一群，五人一伙地打起珠来，有的撵窝，有的撞墙。直到太阳落山，天色暗淡下来还舍不得离开。袅袅升起的炊烟在镇子的上空弥漫，饭菜的香味在空气中散发。家在附近的，母亲便站在后门口，扯着嗓子呼喊贪玩的儿子回家吃饭，这家喊了那家喊，此起彼伏。喊了几遍还没回家，心急的父亲就会从后门窜出，来到场子里，直接上前揪住儿子的耳朵往回拉。

打珠这样的娱乐活动，对于现在的孩子来说简直是土掉了渣，会被当成笑料。一场珠搏击下来，孩子个个灰头土脸，浑身上下的衣服沾满了泥巴和灰。几场珠打下来，裤子的膝盖处磨破了，上衣的袖子也磨破了。家长总是要埋怨，要吵嚷孩子的，可是他们并没有严厉地限制孩子去打珠，好多孩子也会在天不冷凉的时候，打着赤膊，只穿一条裤衩在地上摸爬打珠，这样可以省却洗衣服，可以避免衣服的磨损。

一个时代有一个时代的环境，一个时期有一个时期的条件，无论何时何地，只要给予人们自由发挥的空间，他们总能找到属于自己的乐趣，总能创造出属于自己的快乐。

4.抓籽

抓籽是以女孩子为主的娱乐活动，男孩子玩的比较少。抓籽比较文雅，也比较卫生，不像那些男娃子玩的和泥巴"摔响澎"，还有跪到地上砸倒几米外站立砖头的"打跪砖"，以及在地上爬来爬去的"打珠"，把身上搞得脏兮兮的，还大呼小叫，真有点野蛮。抓籽也不需要选择什么场地，也不苛求环境，几乎在任何时候任何地方都可以进行。石板上、道路边、桌子上、床铺上等都可以抓籽。课间休息的时候、放学的路上、挖猪菜回家途中、竹床上乘凉的月光下等都可以玩。在外边与同学玩，与伙伴玩，在家里兄弟姐妹们一起玩。

通常用5颗籽或者7颗籽抓籽。细心、爱美的女孩子会在小河边精心寻找那些乳白色的，形状、大小一致的光滑小石子，装在衣兜里抓籽时好玩，多余的还会保存下来。有经验的女孩子才不喜欢这些光溜溜的石子呢，她们将破碗的碗兜子，也就是厚厚的碗底，用菜刀背轻轻地敲，敲出一颗颗与男娃子玩的玻璃珠差不多大，近乎圆形却又有细小棱棱角角的"籽"，这样的籽粗糙，抓的时候容易形成摩擦力，会得心应手。

多是两个女孩在一起玩，三个人也可以。将5颗或7颗籽在面前的地上或桌子上撒开，取一颗籽向上抛，紧接着在下边拣起一颗籽后再接住下落的籽，就这样连续依次上抛、下拣、上接，每次拣一颗籽，直到把下边的4颗籽或者6颗籽全部拣完，这才完成了第一个环节。这时候，手心里有了5颗籽或者7颗籽，再上抛一颗籽，将手心里的籽全部扣到地上，再全部抓起来，同时接住下落的那颗籽，这是完成了第二个环节。第三个环节是将手中的籽全部往上抛，再用手背接住，然后将手背上的籽全部上抛，这时候不能用手接，而是在这些籽下落的时候，手心向下将它们全部抓住。这样抓籽的整个环节就全部做完了。在这三个环节中每一步都不能出错。如果第一个环节中少拣了一颗籽，或者拣籽时触碰到其他的籽，或者没有接住下落的籽，那就是失败了，后边的环节无须进行了。如果第二个环节中，扣在地上的籽没有全部抓起来，或者没有接住下落的籽，那也是失败了，第三个环节也无须进行了。在第三个环节用手背接籽时，无论接住几颗籽都可以，只有一颗籽也没接住算失败，手背上的籽上抛后用手抓，应该全部抓到手，如果有遗漏，那也是前功尽弃的失败了。几个人都完成了整套动作，那就看谁在最后手背上接的籽多，并且抛上去全部抓获了，谁就赢了。自然5颗籽或者7颗籽全部落在手背上，又在空中将其全部抓获了，那就是最大的赢家。

　　抓籽也有多种花样玩法。主要体现在第一个环节的变化中。每次拣一颗籽叫拣豆子。抓五颗籽的也玩1、2、1，即依次拣一颗籽，拣两颗籽，再拣一颗籽；也玩2+2，即每次拣两颗籽；也玩1+3或者3+1，还玩整4，就是一下子将下边的4颗籽全部抓在手中，并接住下落的那颗籽。抓7颗籽的常玩1+2+3，2+2+2，3+3，2+4和整6等，就是123456几个数的排列组合，方法与抓5颗籽大同小异，异在每次抓的籽数量不同。大孩子手大些，往往玩7颗籽，其难度也大些，小孩子手小就玩5颗籽。玩的时候每一步都有技巧，比如开始的一步，向下边撒籽，既不能将几颗撒得相互太近了，也不能撒得太分散了，近了，抓下边籽的时候会碰到别的籽，撒分散了，会增加抓籽时间，别看就那么零点零几秒，却会影响接住下落的籽。又比如在第二个环节将全部籽扣下来时，就必须扣在一堆，散开了会抓不起来，或者有遗漏的籽。再比如第三个环节中，将全部籽抛起来用手背接，技巧最大，抛起来不散团，平坦的手背变成盆地，才能够接住全部的籽而不滚落下来。好多女孩子能将5个手指高高翘着，手背弯成一条小船儿，将全部的籽网入"船"中。

　　抓籽不仅是一项娱乐活动，也是一种健身方式。抓籽的时候需要大脑、眼睛与手三者密切配合，高度协调。所以常玩抓籽的高手个个心灵手巧眼睛亮，纤纤玉指美如笋。新时期，如果能在老龄人中间推广抓籽活动，想必一定会起到预防大脑退化，预防眼睛老化，预防肢体僵化的保健作用，一定会促进老人的延年益寿，促进社会健康事业的发展。

九

美食佳肴

丰乐有很多特色美食。香味扑鼻的各种卤菜，鲜香四溢的心肺汤，落口即化的酥饼子。糕点中一摞一摞薄似牌九的焦切，咬一口有长长拉丝的糯米雪糕，内含花生碎、桂花、红丝、绿丝，表面猪油皮子纷飞的甜而不腻的月饼等，让人想起来就会咽口水。但是，最不能让人忘怀的是以下几种美食。

（一）
得螺包子

说是包子，其实它没有馅，就是馒头。因其形状像孩童玩的得螺（陀螺），故名得螺包子。这种包子不仅白、细、软、泡，而且有韧性，很劲道，越嚼越经拽，越吃越香甜。最特别的地方是撕开包子，里面一层一层的，而不是一团絮状物。这种包子方圆百里，闻名遐迩，叫丰乐河的得螺包子。

丰乐河的得螺包子为什么好？原因有四个。一是面粉好。磨面一般磨四道，四道以后再继续磨，就是把麸皮磨进面里了。做得螺包子选用的是第二道磨的面。为什么不选头道面呢？因为头道面虽然白，但含有沙尘。而二道面既白，又纯，有光泽，老百姓说"精色好"，现在称之为精粉。也不用三道面，三道面颜色略发暗，更不会用四道面了。

二是发面用的酵子好。丰乐周边流传着一句顺口溜"丰乐河，地区阔，黄酒糟子发馍馍"。用糯米做成甜糟，将甜糟泡成黄酒，泡好后漂浮在上面的就是黄酒糟子。用黄酒糟子发面，又松又软，膨大发得快。把黄酒糟子捞出，倒出清亮的绵甜的黄酒，沉在下面的叫浑酒，浑酒也是发面的绝好材料。在过去，直到20世纪70年代，许多丰乐人在接近年关的时候，收集黄酒糟子和浑酒，或挑着担子，或挎着篮子，到周边的流水沟、转斗湾、破河脑、杨家集、潞安淌等地去赶集，去走乡串户。你家一团两团黄酒糟子，他家两勺三勺浑酒，买回家发面做馍馍做包子，过大年。谁家都图一个"发"字，只有用丰乐河的酒糟子、浑酒发面才放心。不然，过年时面发不起来就让人心里添堵了。发面要掌握膨发的程度，面发好了要及时添加一点食用碱，均匀地揉到面里。面发过了，蒸的馒头会有酸味。碱放多了，蒸的馒头颜色会发黄。

三是丰乐河的水好。从做糟曲子、泡糯米、做甜糟，再到泡黄酒、和面、发面，还有蒸馒头，每一个环节中的用水全都是小河里的水，决不能用井水或其他地方的水。小河水是流动着的，水质好，没有任何污染，没有任何杂质，没有碱性，也没有酸性。用小河水烧开水，水壶用几年也没有垢。

四是和面、揉面好。衡量丰乐河的得螺包子是否正统，是否有假，关键是看撕开包子里面有没有层次感。其窍门就在于和面与揉面。和面时，水不能加多，水多些面团揉起来不费劲，蒸出来的馍馍软塌塌的，"得螺"的形状也不规整，里面不可能有层次。用偏少的水和面，面团硬，必须使劲揉，反复揉，长时间揉，才能把面团揉好揉光滑。据说过去人们揉一团面要揉一两个小时，才能揉好。这样发好的面，蒸出来的包子里面才会是一层一层的，才会吃起来经拽，越吃越感觉甜。这种包子撕开后放入开水中不会马上融化。所以，丰乐人有用甜糟煮馍馍吃的习惯，得螺包子撕开后放入甜糟中煮，浸透了糟汁水的一块块馍馍不会散开融化。这样的包子才是正宗的丰乐河得螺包子。这种和面和揉面的功夫和技术，没有师傅的用心指导和点拨，没有长时间的练习，没有耐心和耐劳的精神是掌握不了的。

（二）
蟠龙菜

蟠龙菜是明朝的御用菜，是当今全国的名菜之一，这是书上有记载的。

明正德皇帝朱厚照于1521年死了，因其没有儿子，朝廷议定由其堂弟朱厚熜继位。朱厚熜随父亲兴献王朱祐杬住在远离京城近3000里的安陆府，即后来嘉靖皇帝更名的钟祥。要到京城去当皇帝，相隔千山万水，路途遥远险恶，而且有很多人想得到皇帝这个位子，沿途风险极大。当时身为七品官的严嵩出了个主意：让准皇帝冒充朝廷钦犯，坐着囚车，被押送京城。"犯人"在路上吃什么？经过多人反复的试验制作，一个姓詹的厨师蒸出了这种外表似馒头，里面包裹着肉糜的食物。准皇帝就是吃着这个美味食物进京坐上了龙椅，当上了嘉靖皇帝。所以，嘉靖皇帝后来给这道菜命名蟠龙菜，并封为御用菜。

丰乐人称蟠龙菜为剁菜或卷曲。手执两把磨得锋利的菜刀，在砧板上将一块块猪的纯瘦肉翻来覆去地剁，反反复复地剁，直到剁成肉泥且互不相粘，这是制作蟠龙菜的其中一道重要工序，因而称这道菜为剁菜。端到席上的蟠龙菜，通常在盘中或碗中被摆放成一条蜷曲的龙状，因而又称这道菜为卷曲。

蟠龙菜的发明者姓詹，不知道是不是丰乐河的人。这道吃肉不见肉，外表似长馒头的食品，虽然专利权是嘉靖皇帝，可是，丰乐的多数家庭会做这道菜，而且有创新。当然，丰乐人都喜爱这道菜，是过年、结婚、老人庆寿、小孩抓周等宴席上不可或缺的一道名菜。

蒸制好的一筒一筒蟠龙菜外表鲜黄或鲜红，里面则洁白无瑕。正宗蟠龙菜不仅细嫩鲜美，食而不腻，而且韧性强、不软、不烂、不柴、不硬、不糙；可煎、可炒、可烤、可蒸、可煮。

有五种办法可以检验其质量，即一看，二尝，三夹，四抖，五煮。

一看是看表面，将蟠龙菜切成薄片，不洁白、有蜂窝、有孔洞、容易切破，不容易切成薄片的，肯定质量不好。

二尝就是尝味道。蟠龙菜是纯猪肉做的，是以上等精瘦肉为主，所以吃起来只会感觉鲜美细腻，不会感到油腻粗糙。如果夹有鸡肉鸭肉甚至其他肉做出来的，其肉质纤维不一样，味道和口感就会不一样，那就是假冒伪劣的蟠龙菜。

三夹、四抖，就是用筷子夹起一薄片，不会轻易夹断夹碎，夹着抖动，是活活跳，而不会抖断、抖破。

五煮就是将切成的薄片，同木耳、黄花菜等多种配菜一起爆炒，蟠龙菜不会被炒破炒碎；放到火锅里煮，不会煮破，不会煮化，更不会煮糊。如果一夹就断，一抖就落，一炒就破，一煮就糊，这样的蟠龙菜就不是正宗的。

外地人或者外行人常说蟠龙菜这么洁白，肯定是肥肉膘子加淀粉制作的。其实蟠龙菜的主要成分是猪瘦肉，只加了很少量肉膘子起活泛作用，使蟠龙菜不柴、不硬。加了少量淀粉起黏合作用。精选的纯瘦肉，要剔除上面的肉皮、脂油、筋络，反复清洗后，切块用清水拔出血水，一遍又一遍，直到瘦肉变成白色，再剁成肉泥。调料只用精盐、葱和姜，葱只要葱白。葱白和生姜切细后，放在水中浸泡，滤出葱姜渣，只用浸泡的葱姜水拌入肉中。取若干个鸡蛋，只用蛋清，不用蛋黄。肉膘子切成肉丁，与瘦肉泥拌和，加入调料、蛋清和淀粉，充分搅拌并反复摔打，最后包裹成半圆形的筒状，放入蒸笼里蒸熟。

做蟠龙菜，淀粉的质量是很关键的。最好的淀粉是绿豆粉、蚕豆粉，其次是玉米淀粉和红薯淀粉。红薯淀粉做的蟠龙菜质量是有保障的，美中不足的是颜色略显发暗。最差的是大米淀粉，尤其是糯米淀粉。用糯米粉拌入，做出来的蟠龙菜会越蒸越稀，到时候很可能切不成薄片，只能切成厚块，筷子夹不起来，只能用调羹舀起来。淀粉的用量也很重要，加少了，黏合不好切片时易散；加多了，则硬邦邦的，吃时感觉像馍馍，所以要恰如其分。

蟠龙菜是用什么包裹的呢？传统的做法是用平锅，摊出大张的鸡蛋皮，用鸡蛋皮包裹。从20世纪50年代开始，丰乐人用豆油皮包裹。做豆腐时，大锅烧开豆浆后，静置一会，表面会结一层薄薄的油皮，就是豆油皮，用细竹竿挑起来晾干贮存备用。做蟠龙菜时，只需将一摞干豆油皮放在锅上稍微搭气蒸一下，便可以轻松地一张一张展开使用。

有些人在蟠龙菜中加入少量的去皮荸荠丁，这样的蟠龙菜吃起来又增添了一种甜脆感，也颇受欢迎。

蟠龙菜表面的黄色和红色是怎么染上去的呢？在蟠龙菜蒸了八成

熟时，将调好的鸡蛋黄液抹上去，或者用红色食用色素抹上去，再上火蒸一会，表面就成鲜黄色和鲜红色了。过去，没有食用色素，是用大红纸贴在一筒筒蟠龙菜的表面，就染成红色了。

做蟠龙菜的程序是很复杂的，包括怎样包，怎样蒸等，都是有窍门的。笔者声明，自己不是厨师，也没有亲自做过蟠龙菜，只是多次看见师傅做过，多遍听人介绍过。读者若据此文做这道菜，做失败了，就将这不成功的蟠龙菜送给笔者，让他来代您品尝这份"苦果"。

（三）
蒸笼格子

用圆圆的大蒸笼，蒸出米粉蒸肉，连蒸笼一起端到餐桌上享用，丰乐人叫作吃蒸笼格子。

蒸笼的直径有50多厘米，深20厘米，竹子制作的。那时候选用的猪肉越肥越好，每块肉长度不小于10厘米，宽约7厘米，厚半厘米。每一笼格子用肉少则3斤，多则5斤。将切好的肉用盐、葱、姜、豆瓣酱、五香粉腌制一会，再拌入用大米粉碎的米粉，米粉不可太细，拌匀后一块一块地肉皮朝上，沿笼格子内径一圈一圈地摆放。如果肉只有3斤左右，摆放的肉只能半立半卧，直立摆放就摆不满。如果有5斤肉，就要直立摆放，并且一块挨一块，不然就会摆不下。笼格子的中间摆放瘦肉和排骨。摆放的肉和排骨下面要垫厚厚的一层蔬菜，一般用塌里棵白菜，泡泡黑油菜或者老南瓜。垫的菜也要拌上米粉和调料。垫格子的蔬菜承接了蒸肉的油，蒸熟后叫蒸菜，其油腻爽口，同蒸肉一样受人喜爱。

丰乐人爱吃蒸笼格子，但只能在特定的情况下吃。一是家里杀猪时要吃蒸笼格子，请杀猪的师傅和帮忙的人，还要请左邻右舍的亲朋好友，以示酬劳和庆贺。

二是死了人办白事要吃蒸笼格子，请出力的人，帮忙的人以及来吊唁的亲戚朋友吃。对于抬重（抬棺材）的，挖墓穴等出大力的人员，往往将两个笼格子摞起来，同时放在餐桌上，上面的吃完了，掀开，再吃下面的。

三是请人帮忙下苦力，要招待吃蒸笼格子，如请人帮忙扳砖、烧窑，请人挑土填台子打房子地基等。吃笼格子时，通常格子外围的桌上还要摆四盘或六盘炒菜，如炒猪血，炒猪肝，炒豆腐，炒鸡蛋以及菜蔬等。

吃笼格子也有讲究，各人只能吃自己面前的肉，如果将筷子伸到对面或者左右去夹肉，会被认为是不礼貌的。如果自己不想吃了，或者估计吃不完，可以把面前的部分肉拨到格子中间，请大家吃。

现在人们不太爱吃肥腻的肉了，但蒸笼格子蒸五花肉和排骨，蒸肥肠，依然受到人们的喜爱。

（四）
糙娃肉

糙娃肉承载了一代又一代丰乐人的记忆，他们受传统的炒仔鸡、卤乳鸽等菜肴的启发，以及外来烤乳猪等的影响，在新世纪不断完善和发展，从而形成了一种美味菜肴。它与几十年以前物资缺乏时期的糙娃肉有本质上的区别。将半大的猪宰杀后，选取五花肉和臀尖肉漂洗净血水，切成不太薄也不厚的肉片，用精盐、葱段、姜片、料酒等稍加腌制后，在铁锅中反复翻炒。炒的过程中，只稍稍点水，以防糊锅，勿使锅中有汤。炒时加入红色的干辣椒或者小米椒，到八成熟时再加进一把干香椿，最后用酱油上色。炒制好的糙娃肉油亮鲜嫩，爽滑劲道，不干不柴，不肥不腻，辣味温和，香味悠长，与蒸、煨、卤、烤以及油炸等烹制的猪肉味感大不一样，让人口留余香，回味无穷。

制作这道菜的选料很严格。必须用60斤至80斤之间的几个月大的土猪肉，且是健康的猪，新鲜的肉，唯有如此，才能确保肉质的嫩香绵长。必须是大火炒制，点水勤翻，让气蒸与烘焙交替进行，肉片受热均匀，才能确保肉质既嫩滑又劲道。必须加入嫩香椿芽的干制品，即早春采摘的香椿芽经腌制、快蒸、晒干后的香椿，用它而不用香叶，是丰乐糙娃肉的一大特色，确保了这道菜的香味突出，非同寻常。必须用当地九蒸九晒过滤的特质酱油烹制，既出味又上色，确保这道菜给人以美好的视觉、味觉。

（五）
阴米子

阴米子是钟祥的特色美食，据说丰乐河人做阴米子已有千年历史。将糯米浸泡后，上甑子蒸熟，再摊开阴干、搓散、晾晒，恢复成一粒一粒的米，就是阴米。在晾晒中，将部分阴米染成红色、绿色，从而形成红、绿、白的彩色阴米。

阴米子的营养价值极高，具有暖脾补气、清热解毒、清火解暑、养胃补虚等作用。给孕妇和产妇补充营养，通常给她们吃阴米蛋花粥。

锅中放少许芝麻香油，抓一把阴米，略炒一炒，加水加冰糖煮成黏粥，再加入两个打散的鸡蛋，稍煮一下即可。因为阴米本来就是蒸熟过的米，所以煮阴米粥是很简单的。用阴米炒的米花子，是过年的必备品。待客过早和作茶点时，抓半碗米花子，放两勺白糖，用开水一冲泡，既方便又不失礼节。将米花子与熬制的糖稀层层粘合，做成小孩子拳头大小的圆球，叫沾糖果子。沾糖果子香甜、酥脆，是过年时大人孩子喜爱的点心之一。

阴米子虽好，可惜现在越来越少了，餐桌上几乎看不到了。

（六）
糍粑

相传春秋战国时期，伍子胥用糯米饭做成坚硬的砖块，用作吴国瓮城的部分城墙。后来，他觉察到自己因功高盖主将会被吴王夫差加害，便把这个秘密告诉了自己亲近的一个仆人。果然没过多久，伍子胥被夫差杀害。当越王勾践攻打吴国，围城月余，城中百姓缺粮饥饿难耐时，这个仆人带领百姓挖了瓮城部分墙体，从而救了全城百姓的命。为了纪念伍子胥，很多地方便有了用糯米做糍粑吃的习俗。

丰乐人没有吃晒干后的干糍粑的习惯，而都是吃新鲜糍粑。

将糯米浸泡后，再蒸熟成糯米饭。将糯米饭趁热在碓窝子里捣烂捣碎，或者用擀面杖杵烂杵碎，再将其盘到案板上像揉面一样反复揉，揉成光滑的米团，最后捏成半个巴掌大小的方形或圆形薄块。由于糯米饭黏性大，所以在揉米团的案板上要抹上食用油。热锅中放少许香油，将捏好的糍粑一块一块放在锅里煎。煎的过程中要适时往锅里旋油,防止粘锅和煎煳,直至煎成两面金黄,撒上白砂糖即是甜糍粑。也可以在糍粑里包进红糖,这样煎出来的叫红糖糍粑。在捣烂的糯米饭里拌入葱花、姜丝和适量精盐,再煎制,这样的糍粑是咸糍粑。制作的新鲜糍粑外边焦酥,里边软糯,吃甜的还是吃咸的随心所欲。干糍粑会因浸泡不当而出现软硬不匀,口感不适的感觉,而新鲜糍粑则不会出现这种情况。

糍粑富含蛋白质和多种矿物质,对补充人体能量有很重要的作用。但糍粑不易消化,所以糍粑好吃,可不能贪多哟!

(七)
米茶

米茶,也叫炒米茶。就是将大米炒黄,再加水煮开花即成。米茶汤色淡黄,汤清爽口,香味悠长,与白米饭的寡淡,与白米粥的黏糊,味感大不相同。米茶是夏天丰乐人家家户户每天必备的饮食,是真正的兼具饮和食的饮食。

炒米茶在"炒"这个环节,既费力又费柴。要将大米在锅里反复不停地翻炒,使其受热均匀,不然的话,有的米炒煳了,有的米还是生的。灶中的火不能太旺,火太大了,锅中易起烟,翻炒不及时也容易把米炒煳。所以,炒米时,灶里要小火,灶上勤翻。那时候烧土灶,往往是一个人在灶下不住地添柴,另一个人在灶上不停地翻炒,烟熏火燎,两个人都是汗流浃背。如果只有一个人炒米,又要顾灶下,又要顾锅中,上下忙碌,那就不仅仅是酷热难耐了,而且还腰酸背痛,头昏脑胀。

锅中一次只能炒两三碗米，米放多了不好翻炒，不容易炒匀。米炒到略微焦黄就是炒好了。农家人大多在下雨天或者晚上炒米，这样天气凉快一点，也有人帮忙，不至于一个人手忙脚乱。轮换着炒米，还可以减少点劳累。有条件的利用榨房里炒油料的大锅炒，就省事多了。各家一般都是一次性炒好十几斤米，装在坛子里。煮的时候只需挖上半碗、一碗，加水半锅、一锅，煮沸后盖上锅盖焖一会儿就可以了，很方便。

夏天的早上，煮好一盆米茶，放在通风的地方晾凉。中午也好，傍晚也好，干活的人满头大汗，咽干肚饥，疲惫不堪地回到家里，第一件事就是舀上一大碗米茶，呼噜呼噜，连喝带吃，几分钟下肚，顿时神清气爽，唇齿留香，疲乏一扫而光。如果认为米茶还不够凉爽，那就从井里打上一桶水，往米茶盆里兑上几碗井水，这样的米茶再喝下去，简直透心凉，大汗立止，暑气全消。

米茶不仅仅是为了临时解渴充饥和降温，也是中餐、晚餐的主食。只不过单一的将米茶当饭吃，是很不耐饿的，因为米茶毕竟是米少水多。丰乐人都是将馒头或者锅盔与米茶搭配相食，再佐以腌蒜薹、腌蒜果子、炒蚕豆（将蚕豆炒熟后，趁热用凉水略浸泡，捞出沥干水分，加油盐拌匀）等食用，吃起来爽口舒心，食欲大开。过去贫穷的人家对这种生活很是满足，有打油诗为证：

　　　　大鱼大肉好冒肚，
　　　　鸡蛋豆腐是发物。
　　　　腌菜豆子壮筋骨，
　　　　米茶锅盔享清福。

米茶好吃，可是如果米茶没有炒好，没有煮好，就不好吃了。米炒狠了、炒煳了，煮出来的米茶味苦难咽。很少有人把米炒狠了，却有很多人为了省力、省柴把米炒嫩了。米只炒到微黄，就是炒嫩了，煮出来的米茶容易黏糊，成为米茶不像米茶，米粥不像米粥的食物，吃起来既不香，也不爽，也不能当茶喝。并且，这样的米茶放凉后，表面会结一层壳，这层米壳很多人不喜欢吃。这样的米茶早上煮好，到晚上吃的时候就馊了，更难吃了。

  当然，炒得好、煮得好的米茶放的时间长了（那时没有冰箱），也是会酸、会馊、会变质的。但是，在那些年月，即使放了两天没吃完，酸了、馊了的米茶，人们也舍不得倒掉，处理后还是吃掉。怎么处理呢？就是用井水淘。倒掉米茶中的原汤，只保留沉淀的米粒，一遍遍地淘，直到淘尽酸味，淘尽馊味，再加入新打的井水，就是再生的米茶了。这样的米茶，只有水味，没有米味，吃进嘴里皮垮垮，淡寡寡的，虽然很难下咽，却可以暂时哄一哄肚子。

  米茶是丰乐人乃至钟祥人几百年来的习惯饮食，人们对它的喜爱经久不衰，现在不是仅在夏天吃，而是一年四季吃。天热吃凉米茶，天冷吃热米茶。米茶已经逐步影响到汉江沿岸几百里的地方。这些地方的人也对米茶产生了浓厚的兴趣，产生了爱好。随着时代的发展，社会的进步，人们发现米茶竟然是养生妙品。

  据陕西省著名的社会医疗组织"岐黄学社学友会"资料介绍，"把大米炒一下，还是一种药，可健脾祛湿，对消化不良、腹泻、便秘均有效果。也就是既能快速止腹泻，还能清肠刮毒。女人吃了能刮肠毒、刮油、减肚子；小孩吃了健脾开胃止泻；老人吃了降压减脂；孕妇能用，宝宝也能用。"

  为什么米茶有这么多的医疗功能呢？原来，把大米炒成焦黄色后，米里所含的淀粉也就被破坏了，分解成了活性炭。活性炭可以吸潮气、吸异味、吸污垢。将大米炒焦，能健脾祛湿，改善腹泻，同时可吸附肠黏膜上的有害物质，使之排出体外。这就是炒米茶具有多种医疗功能，是养生妙品的原理。

钟祥是世界长寿之乡。米茶在天增岁月人增寿之中，发挥了重要的养生作用，提高了人体的健康指数。有理由相信，米茶一定会从丰乐河这样的古镇村乡，走进大中城市，进入高档宴席，登上大雅之堂。

十 凡人琐事

（一）
过路巷子

如果一个人从街道的前面，要到这条街道的后面去，从别人家里借道穿行过去，这是很平常的事情。但是，如果这样的事情每天在一个家庭中发生，并且不是一个人借道，而是三个五个，十个八个成群结队的人从他家里穿行，每天出现几次这种情况，而且是经年累月的发生这样的事情，您是不是会觉得有点不可思议呢？

丰乐镇上长长的建设街，是东西走向，街西头直抵南北走向的河堤，街东头连接着向东的公路。整条街除街中间的北侧有一开口，称为马号口，连接向北的解放街形成T字街以外，一家紧挨着一家，没有一个巷道。镇上的小学在建设街西南的南街（和平街）上，南街在河堤下，与河堤大体平行，小学在街东侧，小学的大门不在街面上，而在街后边。建设街北边的解放街、胜利街、北街等几条街的孩子，要去上学，就不能直接由北向南到学校，而要拐几个弯，绕到建设街后边。这些孩子要么由北向东，从建设街的东端插向西南入校，要么由北向西上河堤，向南行走到和平街北口，下堤拐向东，再走到南街后边入校。

20世纪50年代，也不知是从哪一年开始，很多孩子都会从建设街中间南侧的五六户人家中穿行到街后边，再向西南直走就可以到达学校，这样会少走很多的路，节省很多时间。街中间这几户人家有做小生意的，有做豆腐的，有磨面的。孩子们上学的时候，看到这几户的临街门开着，便会从他们屋里穿行而过，这些住户并不阻止。穿行时，如果后门关着，孩子们便抽开门闩再走出去。做生意的每天都要开着大门，不做生意的只要家里有人也要开着门，因此孩子们穿户过街就很方便，渐渐形成了习惯。尽管从人家家里穿行，确实会打扰人家做生意，会影响人家的生活，尽管这些家里的人有时会翻白眼，特别是有成群结队的孩子，一个接一个进入家中，还碰翻东西的时候，也会大声地呵斥。尽管也有一两户人家，有时会在早晨上学的高峰时段掩上大门，但是，多数人家都没有阻拦过这些孩子穿行。正因为如此，这样的穿行才能形成习惯，形成20世纪50—60年代的群体习惯。这些孩子有20世纪40年代出生的，有20世纪50年代出生的，可以说形成了近乎两代孩子上学走捷径的习惯。在这几户人家中，被穿行最多的是杨大爷家。

杨大爷家正对着马号口，一间门面，有4米宽，约6米进深，没有阁楼，这是他们住了几十年的房子。紧挨这间房子后门的是三间朝西的厢房，长有10米，东西进深仅3米。厢房对面是隔壁的墙，间距也就1米多宽，屋檐下30厘米宽、20厘米高的长条青石，将剩下的部分围成了用以排雨水的小天井，也是一个通道。厢房与通道南端，是一个比较窄小的后门，上面搭着雨篷。杨大爷有两个儿子，一个在外地工作，另一个在身边，但已分灶吃饭。杨大爷老两口住前面一间屋，儿子孙子一家住后边三间小厢房。杨大爷将一间房子的后半部分，在西侧留下约2米宽的过道后，用竹子编的篱笆一横一竖围成一个房间，篱笆上用年画纸糊得平平整整。这个房间是老两口的卧室，卧室的小门朝向大街，挨着过道，用一块长长的深蓝色布帘子遮挡着。卧室外是小客厅或者叫小饭厅，卧室与小饭厅形成的角落处，放着一个油亮泛红的小方桌和两把油亮泛红的靠背竹椅子，靠大门铺板的地方堆着一些卖的货物。在过道西墙的角落处，垒了一个安放一口小铁锅的小土灶，灶门朝向过道，灶边靠墙支了一个小小的但很稳当的案板，与案板并排还放了一个小水缸和一个很精致的碗柜，整个房子显得逼仄、拥挤。杨大爷做着小生意，也可以叫微型生意。一年到头卖的东西，就是用高粱梢子扎制的扫帚和锅刷子，用竹子编成的粪筐，夏天还有鲜红色的大土茶壶，冬天则换成了带有半圆形把子的陶制彩釉烘笼缸。杨大爷高高的个子，微胖，腰挺得直直的，头发白的多黑的少，额头上有三四道横纹像刀刻上去的一样。在小学生的眼里，他眉毛浓密略黄、棒状，就像他卖的锅刷子；他很有神的眼睛，睁大时是椭圆形的，就像他那没有把儿的烘笼缸，眼睛下面还嘟噜着两个大眼袋，下巴上留着两三寸长的胡须，颜色亦发黄，三角形，如果倒吊着有点像他的小扫帚。杨大爷看着有70多岁了吧？其实他才60多一点。

每天早上太阳升起来的时候，杨大爷便将临街的铺板不紧不慢地，一块一块地卸下来，再将他的货物，也就是一小捆扫帚，一小捆锅刷子，一摞粪筐，三两个土茶壶或者烘笼缸，从小饭厅里搬出来，整齐而紧密地摆在门边的街沿上。这个时候，第一批上学的孩子便开始从他家里穿行了。有时候他的货物还没有摆好，看着一个个走进家门的小学生，只得皱着眉头，停下手中的活，蹲下身子护着土茶壶或者烘笼缸，让他们侧着身子走进屋。刚倒了尿罐子，从后门返回的杨婆婆则高声叫着"鬼娃们，这么早就进来了"。

那时候，街上的孩子上学，特别是高年级（四年级以上）的学生，在家与学校之间一天要往返8趟。即早、晚自习来和去，上午上课、下午上课的去和来。除了早晚自习穿行的学生较少外，这些学生每天有4趟可能从这些人家中穿过。杨大爷家不仅开门最早，而且每天如此，即使是下雨下雪也会开着门。下大雪时，北风往屋里灌，大雪往屋里飘，杨大爷家的门会虚掩着，但不会闩门。因此，好多学生上学都会很方便地从他家里穿行。放学了，学生们走到这几家后门边，会推推这家的门，又推推那家的门，谁家的后门推开了就从谁家穿过，自然杨大爷的家多是他们的捷径。因为杨大爷的儿子儿媳出出进进多是走后门，所以他们家的后门一般是不闩上的。夏天的晚上，南风习习，杨大爷一家会在后门外的空地上乘凉。上完晚自习回家的小学生，贴着乘凉的竹床和靠椅走过去，推开虚掩着的后门，他们走进漆黑的但已熟悉的屋子，后面追来了杨婆婆的叮嘱"小心脚底下""记得把前门带上"。下雨天，孩子们的斗笠和油布伞上的水滴滴答答洒在屋里（那时候谁家也没有水泥地，更没有瓷砖和地板铺地），"和泥了，和泥了"杨婆婆惊叫起来，杨大爷则默默地摇摇头。

除了过年和过节，星期天和寒暑假，一天又一天，一月又一月，一年又一年，一两个孩子静悄悄地从家里走过，三五个孩子蹦蹦跳跳地从家里经过，七八个孩子追逐打闹着从家里跑过，杨大爷一家都习以为常了。"过路巷子哟！过路巷子哟！""鬼娃们，小心我桌子上的汤盆。""鬼娃们，看看你们把灶门口的柴踢到哪里去了？""鬼娃们，伞上的水滴到锅里了。"杨婆婆的唠叨和呵斥，孩子们也习以为常了。时间长了，也许孩子们形成了错觉，"这个过路巷子怎么会住人呢？"也许杨大爷一家有时也会形成错觉，"我们家怎么住进了这个过路巷子呢？"孩子们一点也不怕杨婆婆的唠叨和呵斥，他们向她笑笑，有时还向她扮鬼脸。孩子们倒是有一点怕杨大爷，尽管他总是默默地看着他们走进来，又走出去，默默地护着他的土茶壶，护着他的烘笼缸，但有时他会明显地扬起脸上的"锅刷子"，会怒瞪着烘笼缸，会抖动那发黄的"小扫帚"。所以，孩子们都会回避杨大爷严肃的面孔，不去看他的脸，却又偷偷地瞄一眼他的脸。

大半个世纪过去了，杨大爷杨婆婆早已仙逝，当年穿行他们家房屋的小学生，也早已当上了爷爷和婆婆。这些"孩子"的心中，永远都留着一条"过路巷子"，一条积善积德的过路巷子。

（二）
老太君

周容三，1918年出生，在家里排行老三，是个聋子，同他讲话要用老高的声音他才能听见，而且经常打岔。你说"拿东西"，他说"啥稀奇"，你对他说"天真热"，他回你"遭啥业？不遭业"。街上的人叫他"老太君"已经有几十年了，小孩子或者年轻人都是背地里称他老太君，当着他的面或者在他家人面前，则称他为三爷爷或者三伯伯，只有年纪比较大的才当面叫他"老太君"。

1940年，日本人在丰乐河抓了一批年轻男子给他们当苦力。周容三也被抓去了。他20岁出头，中等身高，肌肉发达，虎背熊腰，一看就是有力气的角色。日本人抓他做劳役，让他背或者挑一百三四十斤重的东西，有时是粮食和其他食品，有时是子弹箱子，他一个人能抵两个人干活。日本人每天喊他"苦力，苦力"，他心中恼怒，嘴里咕哝着。同他一起被抓做挑夫的，问他说的什么？他神秘地说："老叫我苦力苦力，妈的，我是他姑爹。"时间长了，他同那些日本兵混熟了，就干脆当面纠正日本人不要叫苦力，要"叫姑爹"。日本人不懂他的意思，就比画着叫他解释。他抡抡胳膊踢踢腿，指着自己，嘴里反复说着"姑爹，姑爹"。日本人终于明白了，姑爹原来是大力士的意思，于是以后喊他干活就喊"姑爹，姑爹"。不久，这件事被当汉奸的翻译知道了，汉奸要向日本人告状，他拉着他说："别，别呀！我是他们姑爹，我们中国人都是他们的姑爹，你不也是他们的姑爹吗？"汉奸翻译又好气又好笑，警告他不要逞口头快活，丢了性命。他多次想逃跑，都没有跑脱，有一次抓回来被痛打一顿，连续被扇了十几个耳光，鼻子耳朵嘴巴流血，随即耳朵就聋了，而且永远的聋了。日本人没有杀他，因为他太有力气了，太有用了。日本人把更多的重活苦活都压给他干，行军打仗中命令他扛机关枪。他恨死日本人了，但他被日本人用枪逼着，只能扛着机关枪翻山越岭，蹚水过河，他扛着机关枪跟着队伍跑，每天都扛着或者抱着那挺歪把子机关枪。他的衣服磨破了，到处是大窟窿小窟窿，都遮不住身子了，裤子被荆棘撕成一条一条都遮不住屁股了，鞋子破得早不知扔哪去了，脚磨破了、扎破了、溃烂了、流脓了，但他还得扛着那沉重的机关枪。在他的多次请求下，日本人从一个战死的日本兵身上，扒下衣裤和一双大头靴扔给了他。他穿上并不合身的日本兵衣服和鞋，日本人看着他笑，高叫"太君，太君，大大的太君"。从此以后，与他同伴的中国苦力都叫他"太君"。再以后，"太君"的诨名便留在他身上了，年纪大了以后，他便成了"老太君"。

被日本人抓了1年多后的一天夜里，风雨交加，伸手不见五指。他还是扛着那挺歪把子机枪，随几个日本兵和几十个伪军转移营地。在一处陡峭的山路上，他假装滑倒了，两个中国同伴来拉他，他们磨蹭到队伍后面,一个日本兵赶过来,用枪托戳他们催着快走。他瞅准时机,用机枪把子猛击日本兵的头,日本兵像布袋一样一下子倒下了。他们仨跳下山路旁边的崖坡,拼命地往下跑。下面是一片黑森森的树林子,紧接着后面的枪声,哇啦哇啦的喊叫声和密集的子弹追着他们来了。他钻进了树林子,还是一刻不停地拼命往前奔,他不知道方向,只凭着感觉朝日本人转移的反方向奔,也不管刺笼子,也不管树桩子,也不管岩石疙瘩子,不管有路没路,能跑就跑,能走就走,能爬就爬,一刻不停地往前奔。也不知跑了多久,他只知道从半夜,跑到了东方天发白,跑着跑着,他一头栽倒在地。醒来时,他发现自己被俘虏了,是被国军俘虏了。国军俘虏了一个日本兵,还俘获了一挺歪把子机关枪。费了好大的劲,国军才审问清楚这个穿着日本兵衣服,会说中国话的日本人,是个从日本队伍里逃出来的中国人,是个抱着一挺机关枪逃出来的中国聋子。他不知道所在的地方是哪里,国军告诉他,这里是钟祥与宜城交界处的西山,叫白云山,他们刚刚同日本一支军队干了一仗,经过这个深山谷底才发现了他。周容三浑身是伤,浑身是血,但都是碰伤、摔伤、擦伤,没有伤及筋骨和脏腑。国军赏了他一套新衣服,一双新鞋子和两块大洋,让他在部队里休养了两天,然后派人将他送到了附近的胡家集,给他指明了回家的路。

"太君"是幸运的,他捡回了一条命,回到了丰乐河的家中。他的两个同伴都没逃脱,被日本兵的乱枪打成了筛子。后来有人问老太君:"你逃命怎么还抱着那挺机枪呢?"他说:"日本人逼着我每天都扛着或者抱着那挺机枪,习惯了,从没撒过手,我也很喜欢那个枪,可惜日本人只让我扛枪,不让我摸机枪子弹,不然的话,把老子逼狠了,对着他们'突突突'扫一阵子。至于那天逃命的时候,我也不知道怎么就没把机枪扔了呢。"

"老太君"娶了街上刘家的女儿做了妻子，只可惜美貌的妻子只会生女儿，不会生儿子。连续生了两个女儿后，他不愿意了，开始对妻子拳打脚踢，发泄不满。以后，他给女儿取名"换娃、改娃"，可是天命使然，妻子连续生了5个女儿。每生一个女儿，妻子就要挨一顿揍，坐月子都是在泪水中泡过来的。

人民公社成立后，"老太君"在生产队里当上了保管员，他这个保管员连续当了20多年，一直当到生产队解体才卸任。稻场边三间青砖黑瓦房是生产队的库房，里面的东西堆得满满的。犁、耙、耖、弓、耩子、轭头、缰绳、铁丝、长木头、短杠子、板车架子及车礤子、铁锹、铁锨、镢头、铁钉耙、木耙子、粪筐、扬杈、木掀、撮箕、竹扫帚、地扫帚、团窝、箩筐、扁担、筛子、柳簸箕、风车、水车、麻袋、草袋、长口袋、花帘子、木杆秤、磅秤、升子、斗、柴油钴子、煤油桶子、木桶、铁桶、马灯、汽灯、手电筒、斧头、锤子、钢钎、打气筒、草绳、麻绳、背负式喷雾器、手摇喷粉器等用具，还有滴滴涕、敌敌畏、六六粉、1605、1059、4049、硫黄合剂等各种农药，尿素、碳酸氢铵、过磷酸钙等各种肥料，可以说除了稻草、麦柴、石磙、碾子、石磨，所有的农具、用具，并且很多种物品都不是一件两件，统统堆在仓库里。三间仓库里，还必须留有一大间用来堆各种粮食、各种油料和棉花。那些刚脱粒的稻谷、大小麦、黄豆、绿豆、芝麻、菜籽等，还没有晒干整净，不能卖给粮管所，不能分配到农户，就只能暂时堆在仓库里。那些还没有分级到位，没有晒干水分的棉花，也不能卖给棉花采购站，只能暂时堆放在仓库里。说是暂时，有时是十天八天，有时可能是一月两月，因为遇到下十天半个月连阴雨是常有的事。那些水稻、小麦、黄豆、芝麻等各种农作物的种子则需要长时间贮藏在仓库里。那些瘪稻谷、瘪小麦、瘪豆子、米糠、麸皮等作为牲畜精饲料，也必须较长时间堆放在仓库里。

整个仓库里东西堆得满满的,但是"老太君"将它们分类摆放,大的家伙架在房梁上,化肥农药高高堆起来,小的物件和零散的物件,装进木桶和木箱,再摞起来摆放,重的东西靠着墙,轻的东西挂上墙,常用的东西放在看得见,又易拿易放的位置,不常用的东西就放在旮旯角落里。季节转换了,农时变化了,他就将仓库里的东西调整着摆放。因此,不管是什么时候,不管要用什么东西,别看是聋子,一个比画动作,"老太君"很快就会将需要的东西找出来。

仓库里的粮食装在圆圆的大囤窝里,囤窝四周被长长的窄竹席(称作xue子)围着,接近装满一层粮食就围一圈,就这样一圈一圈地往上圈,一直装到两米多高,露在外面的是圆锥体的尖锥。生产队长、会计和贫农组长当着"老太君"的面,在粮食圆锥体的尖上,用干灶灰横向竖向地撒着线条,做好印记。"老太君"每天都要检查这些粮食,被老鼠爬坏了灰记,追着队长补灰记;有潮气了,催着队长安排晒粮食;该腾粮仓了,督促队长到粮管所去卖粮。他保管的粮油种子,从来没有发生过受潮霉变。他有几十年的抽烟习惯,却从来不在库房里抽烟,也决不允许进库房的人抽烟。库房大锁上的两把大钥匙,时时刻刻都挂在他的腰间,从不离身,也决不让人代他开库房的锁和锁库房的门,队长、会计也不行。因此,他保管的仓库从来没有发生过安全事故。

仓库本来就小,东西又多又杂,可老太君偏偏还喜欢捡破烂往库房里塞。什么旧钉子、旧螺丝、断麻绳、布溜子等,连针头线脑他也在仓库里备有。一有空闲时间,他就在库房门口修修补补,鼓捣那些农具和用品。更换铁锨、镢头的断把子,缝补麻袋、口袋的破洞,修补板车的轮胎,配好喷雾器漏水的垫片和螺丝,再就是搓麻绳、锤直钉子等,人们都说老太君眼睛里有活儿。

保管员这个角色,在生产队里不算干部,但大家心里都明白,保管员就是半个内当家,是个大管家。生产队长、会计、记工员等干部

十 凡人琐事　157

像走马灯一样更换，只有"老太君"这个保管员从来没有人提出过换人，尽管他从来没有得到过任何表彰和奖励。他一辈子与世无争，心就像他的耳朵一样安静如水。他成为全大队，据说也是全公社唯一一个终身制保管员。

"老太君"的五个女儿个个出落得如花似玉，聪明能干有出息，人称五朵玉兰花。大女儿师范毕业，当上了教师；二女儿当过公社供销合作社主任；三女儿英姿飒爽，参加过全县民兵比赛，还得了奖；四女儿经过自己的艰苦努力，在地级城市当上了干部；五女儿在十几岁时，便被县文工团招为演员，后来成为当地艺界明星。五个女婿也是貌若潘安，文武兼备，有的是部队军官，有的是党政干部，有的是商海精英。三女儿在家招婿上门，生下两儿一女，顶了周家门户。几个女儿女婿对父母十分孝顺，即使在十分艰苦的全国困难时期，已经成人的大女儿和二女儿也没让爹妈断过粮。在"老太君"家里，本县的名酒，即转斗湾的高粱酒，还有大公鸡的香烟从没缺过，票证这些东西，几个能干的姑娘女婿总是有办法解决的。街上的人提起"老太君"，谁不羡慕他？谁不感慨他有福气？家家都想生儿子，谁家的儿子比得上人家"老太君"的五朵花？

（三）
两个老婆

石必和在街上是个另类，而且远近闻名。为什么？因为他有两个老婆。一妻一妾在中国不是很常见吗？一妻多妾也不稀奇呀！但，那是旧社会的事，石必和有两个老婆是在新社会。在新社会有两个老婆，不仅在他居住的街上唯此一人，恐怕全县全省，甚至全国也很罕见吧！

1. 飞来横祸

1944年春天，石必和20岁时在父母的操持下结了婚。妻子是母亲叔伯哥哥的女儿，也就是表妹，姓洪，比他小3岁。妻子身材高挑，皮肤白皙，眉清目秀，手脚麻利。别看她年纪轻轻，一手针线活做得特别好，裁裁剪剪，缝缝补补，描花绣朵全然不在话下。石必和对这桩婚事非常满意，小两口恩恩爱爱，如胶似漆，自不言表。

天有不测风云，人有旦夕祸福。婚后不到半年的一天，石必和带着妻子，一起去给叔伯妻舅也是自己的老丈人祝50大寿。老丈人家住襄河西岸的转斗湾。他们在东岸边等候了半个多时辰，渡船才从对岸慢吞吞地划过来。等不及船上的人全下来，候船的20多个男男女女便一窝蜂地往船上挤。石必和拉着妻子上了船，还在船中间的船舷上坐了下来。等到要过河的大人小孩都上了船，船老大高声吆喝"坐好了，站稳了，船动人不动，开船了——！"两个驾船的师傅，用长长的竹篙将船撑离河岸，便一个掌舵，一个划桨。

初秋的襄河，水很大，水流很急。太阳被层层乌云遮住了，天气闷热，船上的人七嘴八舌地议论着"天怕要下雨了"，有人催促船老大"划快点吧"！船老大不理睬，渡船依然慢悠悠向前行进。船进入河洪区，在水流和波浪的作用下，向下游的西岸斜向行进。天上的黑云成团成堆聚集，开始飘移到头顶上，天色明显地暗下来，只有天边是明亮的。有雨四周亮，无雨头上光，看来要下暴雨，石必和心里在想。远处的天上划过了几道闪电，过了一会儿又响起了沉闷的雷声，驾船的师傅不时地用毛巾擦着脸上的汗，加快了摇桨的频率。过了水急浪高的河洪区，渡船行进的速度明显加快了，离岸越来越近了，估计再有半小时就会在原码头下游两三里的地方靠岸。突然,"突突突"的声音传进了大家的耳朵,很显然这不是雷声。大家惊恐地四下张望。

"日本人",有人惊叫。很快,所有的人都看到了,从上游驶来了一艘汽艇,汽艇上面插有一面刺眼的旗。渡船上的人开始躁动起来。汽艇的速度很快,在渡船距岸仅有1丈多远的地方,到了渡船跟前。这是一艘日本巡逻艇,几个日本兵挥舞着闪着寒光的刺刀,哇啦哇啦叫着,逼迫渡船停下来。船上有人开始往河里跳,石必和抓住妻子的胳膊,两人把腿抬到船外,扶着船舷悄悄地溜下了水。日本兵的枪声响了,船上的女人小孩吓得尖叫哭喊,男男女女惊慌失措地全都向靠岸一侧的船边挤,船老大眼里冒火,拼命叫喊阻止。刹那间,船翻了。雷电交加,大雨也哗哗哗地倾泻下来。石必和的手被船侧翻时巨大的力量猛地推开了船舷,妻子也从他手上滑脱了,一下子他感到脚下深不见底,好在他水性好,憋着气在水下潜游着离开了船体。他心急火燎,踩着水,头露出水面,眼睛四下搜寻着妻子。倒扣的船底在水中漂浮着,七八个男女在水里时隐时现拼命挣扎,箩筐、篮子、南瓜、茄子等,在水里翻卷,哪里有妻子的身影?"呼呼呼",枪弹从他头顶上飞过,他急忙潜进水里,拼着力气向岸边游。在水流的巨大冲击下,他在两里多外的下游上了岸。

他怔怔地望着上游的江面,日本汽艇已没有了踪影,翻了个儿的船也看不见了,除了风雨交加,除了翻卷的浪花,江上一片白茫茫,似乎什么也没有发生过。妻子就这么突然间消失了吗?她肚子里已经有了他的孩子呀!他失声痛哭起来。

石必和沿着渡船出事的地方,往下游寻找了20多里,沿途打听妻子的消息。活要见人,死也要见尸呀!连续五六天,反复寻找没有任何结果。人们告诉他"听说翻了一条船,死了好多好多人,有淹死的,有日本兵开枪打死的"。他绝望了,牙齿咬得咯嘣响,狗日的小日本,前年飞机炸毁了家里的房子，还炸断了父亲一条胳膊，今天新婚的妻子，还有未出生的孩子又死在日本人手里了。

2.军旅生涯

石必和没有回家，他遇到了一支部队，毅然地加入进去，他要杀日本人，要把他们杀光。他加入的是国军，是一支从河南下来的队伍。他随队伍日夜兼程，参加了支援衡阳保卫战的战役。这支队伍没有能解救衡阳的军民，没有能挽救战役的失败，但是，他们同日本人展开了殊死战斗，石必和亲手打死了3个鬼子。后来，他当上了排长，辗转到了陕西。在陕西，他听说了几年前的潼关战役，知道了潼关战役中，自己的老乡周卓然壮烈牺牲了。周卓然是钟祥县丰乐街上人，黄埔军校的高才生，傅作义将军手下的骑兵师少将师长。潼关战役中，在风陵古渡同日本鬼子发生遭遇战，被鬼子的炮弹击中身亡。在街坊上论辈分，石必和是周卓然的晚辈，也比他小20多岁，周卓然离开家乡早，所以他们并不认识。但是，都在一个镇子上住，石必和同周卓然的小弟弟周炳然很熟，也认识周卓然的女儿兰娃，更知道周卓然是街上的名人，是大英雄。石必和费尽周折，在华阴县的一个山坡上，找到了周卓然的坟墓，坟墓上长满了荒草，墓前的小石碑上刻有周卓然的名字和籍贯。他在墓前跪下，烧了纸钱和冥币，祈祷他保佑自己多杀鬼子，祈祷他保佑自己平平安安，向他许愿一定把他的消息，把他的英雄事迹带给他的家人，带给家乡。

1947年，已经升为连长的石必和在一次战斗中，跟随自己所在的团集体起义，参加了中国人民解放军。他在解放军部队里南北转战，负过两次伤，但都没有伤到要害。后来，他参加了济南战役，又一路向南，随同部队攻关夺城，不断扩大解放区。他点子多，不怕死，人又随和，1948年开春，他被解放军任命为连长。夏天，在南下进军南阳的一次战斗中，他被敌人的子弹击中右大腿，跌下十几米高的山崖。

石必和昏死过去了。不知道过了多长时间，他被山风吹醒了。他费力地睁开眼睛，拼着力气想爬起来，可是浑身钻心的疼，一点也动不了。他望着从林间树梢上散射下来的阳光，听着树上的知了此起彼伏，又有气无力的嘶叫，看着自己已经凝固的血糊糊的腿和还在不断渗血的胳膊，知道自己没有死。他看不到一个人，听不到一点别的声音，眼下的情况让他只能等死，痛苦地等死。他想喊，喊出个人来，就是死，也要有人知道他是谁。可是，他根本喊不出声，他感到喉咙里在冒火，他又昏迷过去了。他做了一个梦，梦见自己和新婚妻子在家旁边清澈的小河里嬉戏，他喝着她用双手捧起来的甘甜河水，刚喝了一点点，水就从她纤细的手指缝漏下来。他急了，猛地睁开了眼睛。哪里有妻子，哪里有家乡的小河，是一个姑娘正用一把瓷调羹费力地给自己喂水。原来，这个姑娘的奶奶，也是唯一陪伴她的亲人，在一个月以前去世了，今天她去给埋在屋后山上的奶奶上坟烧五七，返回的时候，在路边树林子里发现了他。她看到他浑身血污，嘴唇微微颤动，知道他没有死。从他满身污垢的衣服上，她认出他是解放军战士，因为她在附近的街上给奶奶买纸钱时，看到了好多与他穿着同样灰色衣服的解放军，这些解放军在帮老百姓修整打仗时炸坏的房子，与老百姓在一起说说笑笑。她跑回家中，端来一瓢水，一滴一滴地，把他喂醒了。她把他半背半拖地弄回了家。在茅草房里，她在地上铺了厚厚的干麦草和一床灯草席子，然后把他搬上去。她用草药给他止住了伤口的血，用温水擦净了他脸上的血污。她发现他是一个五官端正的帅气小伙子，他则发现她是一个有着一双美丽的大眼睛，脸上还带着稚气的小妹妹。

她按照他的请求，到镇上找到了部队，找到了他的顶头上司赵雷营长。很快，赵营长带来了卫生员，取出了他大腿上的子弹，上了药包扎好。卫生员从头到脚给他检查了一遍，说他太幸运了，由于山崖上伸出的杂树棵子，阻挡和缓冲了他的滚落的力度，除了右大腿的枪伤和左小腿的骨折是重伤，身上其他的多处伤，都只是表皮擦伤和碰伤，还有软组织损伤。营长说更幸运的是他遇到了一位美丽又善良的姑娘，及时地救了他的命。姑娘一点也不害羞，眨巴眨巴大眼睛，咯咯咯笑了。卫生员让石必和忍住疼痛，在他小腿上轻轻地、慢慢地揉捏，好一阵子，才让骨折的部位复位，又给他糊上一层黑黑的、黏稠的膏子，然后锯了两块小木板，用木板夹住骨折的地方，再用绷带一圈一圈紧紧地捆扎好。赵营长告诉石必和，这里是河南省的内乡县，已经解放了。部队马上要去解放南阳，你目前两条腿动弹不得，不方便随部队行动，就留在这里安心养伤吧！石必和对营长小声说："我留在这里养伤怎么行？孤男寡女，吃喝拉撒，多不方便。"赵营长大声说："封建！怎么不方便？小姑娘把你从山上救下来，你怎么没说不方便？人家伺候你这几天吃喝拉撒，你怎么没说不方便？人家姑娘没说什么，你倒说不方便了。"赵营长问姑娘姓什么，叫什么，姑娘说："我叫陆转转，是陆地的陆。"赵营长对姑娘说："小陆同志，我把我们石连长交给你，你看中不中？"姑娘很爽快地说："中！""有没有不方便？"姑娘脸红了，低着头小声说："没有。"赵营长对姑娘说新政府正在成立当中，我们会安排工作人员来帮助你，但主要是拜托你照顾这个伤员，照顾得好，我们会重重奖励你。卫生员向姑娘交代了怎么换药，怎么让他服药，怎么护理，以及应该注意的事项，留下了一些药品、药棉、酒精、胶布之类的东西，就同营长一起向他俩告辞了。

过了一个星期，赵营长又来了。看到石必和失去血色的脸红润了，虚弱的身体变得精神多了，听他说话的声音也由有气无力，恢复到大嗓门了，啧啧称奇。石必和告诉营长："老母鸡吃了五只，鸡蛋每天吃五六个，快把姑娘家里的鸡吃完了。"营长真诚地感谢姑娘照顾得好。又告诉石必和:"部队明天要开拔,你要安心养伤,并注意部队动向,保持与组织的联系。"他意味深长地对石必和说:"对姑娘可要好点哟!"

  半个月后,石必和身上的皮外伤基本上好了。两个多月后,右腿上的枪伤也好得差不多了。只有左腿上的夹板,他们不敢打开。因为卫生员反复交代过,没有百天不能松开夹板,更不能活动左腿,否则会前功尽弃。好不容易熬了3个多月,姑娘帮他打开了夹板。他试着慢慢地站起来,却一下子摔倒了。他在地上摸摸左腿,又捏捏右腿,感觉有点疼,又不是很疼,他将两条腿伸一伸,缩一缩,感觉有点僵硬,但还是听大脑指挥的呀!他明白了,是自己两腿长时间没有活动,麻木了,僵硬不灵了。从那天开始,她扶着他每天轻轻活动,缓慢挪动,坚持锻炼。3个多月里,他知道了她的一切,她也知道了他的所有。她爷爷是上门入赘的女婿,改与奶奶同姓,为奶奶家撑门户,所以她父亲和她都姓陆。她18岁了,前头有两个哥哥都夭折了,再没有兄弟姐妹。父母亲给她取名转转,实指望能让家庭转转好运,没想到家运越转越差,她两岁时死了父亲,5岁时死了母亲,是爷爷奶奶把她拉扯大的。虽然家里一贫如洗,却出落得身体结实,聪明能干。油黑的脸庞透着红光,浓密的眉毛弯如月亮,圆圆的大眼炯炯有神,长长的睫毛扑闪扑闪,让人一看便知,这是一个美丽、大方、勤劳、善良的姑娘。前年,身板硬朗的爷爷被国民党拉夫,听说被流弹击中了脑袋,当时就死了,尸体也不知道在哪里。与她相依为命的奶奶,前些日子也一命归西,她现在是孤苦伶仃、无依无靠。他告诉她,自己有一个美丽的妻子,还怀上了他们的孩子,可是……他还告诉她,父亲的一个胳膊残废了,母亲身体一直不好,自己已经离家4年多了,家里情况杳无音讯。说着说着两个人都哭了。

3.就地转业

陆转转的家住在山旮旯里,是独家独户,她的左右邻居看得见喊得应,相距却有100多米。虽然偏僻,但距离街上并不算远,翻过两个山梁子,过一条河沟子就到了,大概也就十里路。陆转转隔几天便要上街一趟,是石必和让她去打听消息,这几步路对于山里娃来说,真算不了什么。乡政府也派人来过几次,送来白面、玉米糁、粉条等。从镇上传来的消息,让石必和知道南阳城已经在冬月初解放了。石必和决定去找部队,去找营长,他要归队。姑娘拗不过他,只得找政府帮忙,借了一张胶轮架子车。他的腿还不能用力,一使劲,腿就刺骨疼,更不用说翻山越岭了。乡政府安排村里两个壮汉将石必和抬到大路上,把他安放到架子车上,由陆转转拖着前往南阳城。她对石必和说:"你算是把我拖住了。"石必和对她说:"现在是你把我拖住了,你拖着我到哪,我就到哪。"板车上铺着一床棉被,100多里的路,石必和或睡或坐在板车上,姑娘双手扶着车把,肩膀上背着连接板车的粗绳子,弓着腰一步一步拖着板车,起早贪黑地走了两天,才进了南阳城。

他们没有费多大的力气,找到了南阳军管会,也找到了赵营长。赵营长太忙了,只简短地回复了石必和的要求:"鉴于你目前的身体状况,部队决定你就地转业。"他不理石的请求,转向姑娘说:"我承诺过要奖励你,现在我把石连长奖给你,怎么样?"石必和连忙说:"不行,不行,我是结过婚的,人家还是黄花大闺女呢!"营长还是不理他,问姑娘:"中不中?"姑娘扬起头,红着脸说:"中!"营长问转转:"你到乡妇委会去工作咋样?"转转低着头说:"俺不认得字,俺在家种地就成。"营长说:"也好。"随即写了个纸条,还在军管会盖了红印,交给石必和说:"这是介绍信,你到内乡县政府去报到,然后你俩把结婚证拿了,好好养伤,好好工作,好好生活,你这一辈子都要好好地对待她!"这时候,有人喊赵团长,石必和才知道赵雷营长已经是团长了。

　　石必和在县政府报到后,被安排在陆转转家所在的河山乡工作,乡里安排他负责全乡的治安工作。过大年以前,他和陆转转在乡政府里拿了结婚证。结婚证是石必和的同事,乡政府一个脸很白的年轻人用毛笔写成的。转转看到这个年轻人,左耳下有一颗很大的黑痣。她心里想,如果没有这个黑痣,小伙子够俊了。黑痣小伙子在一张裁好的红纸上,用毛笔自右向左竖排写着:石必和,男,25岁,陆转转,女,19岁,两人自由恋爱,自愿结为夫妻,现准予结婚,特发此证。落款处盖了乡政府大印,日期是戊子年腊月初十。黑痣青年与石必和握了握手,说:"恭喜恭喜!"后来,转转问了丈夫,知道丈夫的这个同事姓张。

　　翻过年,公历1949年10月底,老婆陆转转给他生了一个胖胖的儿子。这个与新中国同年同月诞生的儿子,让小两口高兴极了。石必和在乡里工作,还帮着老婆种好家里的地,共同照顾小宝贝,一家三口吃穿不愁,好日子大有盼头。可是,渐渐的,转转发现丈夫好像有什么心事,经常唉声叹气。询问多次后,丈夫才向她说了心里话。原来,石必和一直想念父母,想念家乡的亲人,特别是全国都解放了,他的思亲之情愈加强烈,他想象着父母目前各种各样的悲苦状况,经常被深夜的噩梦惊醒。转转说:"那你就请半个月的假,回老家看看吧!"石必和说:"父母都这么大年纪了,就我一个儿子,我回去了还能回来吗?"两人都陷入了沉默。此后,石必和常常显得心神不宁,烦躁不安,脾气也越来越不好,家里沉闷的空气似乎随时都会爆炸,在单位里工作也出了差错,受到领导的批评。终于有一天,转转对丈夫说:"我们回你老家吧!"石必和说:"你舍得这里的家?""我跟你说过了的,我只有一个叔叔,死了多年,几年前婶婶带着年幼的叔伯弟弟改嫁了，在山那边住，除了过年来给我奶奶拜年，平时没有来往，奶奶死后，他们再没来过。可以说，在这里我是孤身一人，没有什么舍不得的，只是我奶奶的坟在这里，没人给她烧纸了。"转转的眼睛红了。他们商量了几天几夜，最终决定回湖北的老家去过日子。

4.厄运缠身

1951年春暖花开的季节，石必和毅然地在乡政府辞去了工作。他挑着一担萝筐，一头装着一岁多的儿子，一头装着两床被窝卷，同背着一个大包袱的妻子，一步一回头地踏上了南归的路。

跋山涉水，风餐露宿，半个月后，石必和终于回到了他魂牵梦绕的家。父亲在他和妻子落入襄河的当年，便忧伤地去世了。母亲虽然瘦弱苍老，但精神尚好。让他万万没有想到的是，他的妻子，他那落入汉江，寻找多日没有找到的妻子，他那日思夜想以为早已不在人世的洪氏妻子，还好好地活着。并且还有一个已满6岁，长得机灵灵的儿子站到了他的面前。原来，那天洪氏落水后，拼命地在水中挣扎，绝望中她抓住了一个木板，那是一块供乘客上下船而用的跳板。她死命抱紧这块木板，随着江水漂流翻滚。也不知漂了多长时间，不知喝了多少水，她感觉木板像被什么东西阻住了，她试探着站起来，竟然头露出了水面，肩膀也露出了水面，她看到河岸，看到沙滩就在眼前。她小心翼翼地向沙滩蹚去。她上岸了，得救了，活了下来。她坐在沙滩上望江而泣，感到又冷又饿，头一阵一阵发晕。她定了定神，准备找个附近的村庄借一身衣服换一换。她用手撑着地站起来，突然一阵钻心的疼，一下子跌坐在沙滩上。她发现自己的左胳膊被日本人的子弹打了个洞，被江水泡得发白的伤口，白肉翻卷，白骨外露。她吓得大哭起来，高喊救命。附近蒋家滩的一对夫妻，在江边打鱼发现了她，把她搀扶到家里，给她换上干爽的衣服，做了南瓜饭给她吃。听她说了前因后果后，给她住在转斗湾街上的父亲报了信。蒋家滩距街上只有10多里地，很快，父亲把她接回了家。她一边在娘家养伤，一边打听丈夫的下落。一个多月后，她回到婆家。有关丈夫的消息不时地传来，有的说丈夫被日本兵的子弹射中打死在水里了；有的说丈夫被扣在船底出不来淹死了；有的说丈夫在河边找不到妻子，哭了几天就没见到人了；有的说丈夫被日本兵抓走了；还有的说看见她丈夫跟着国民党的军队走了。再后来丈夫的消息一点也没有了。苍天有眼，菩萨保佑，逢凶化吉，一家人团圆了。悲喜交加，惊喜交加，百感交集！一会儿母子俩抱头痛哭，一会儿洪氏把头扎在丈夫怀里嘤嘤而泣，看得6岁的儿子一愣一愣的，看得远道而来的陆转转如痴如呆。

　　石必和急忙把自己的新妻子，还有小儿子给母亲、给洪氏做了介绍。母亲抱起小孙子，又拉着转转的手，笑得合不拢嘴，洪氏的眼神却暗淡下来。转转面对石必和这突如其来的发妻，还有这半截高的儿子，茫然不知所措，站也不是，坐也不是。石必和无奈地捏捏洪氏的手，又拍拍转转的肩，连连说："今天是个好日子！"连续几天，街坊邻居都来他们家里探望、祝贺。当然，更多的是关注，更想看见的是石必和带回家的小老婆。

　　石必和回家的消息像风一样，很快刮遍整个镇子。各种闲言碎语也似落叶、尘灰一样随风飞扬。"石必和是国民党的军官，在外面待不住，逃回来了。""石必和拐骗了一个河南小姑娘，还有一个私生子。""石必和是当代尉迟敬德，有一个白氏夫人，一个黑氏夫人。"更有好事者编了一个顺口溜：街上有个石必和，白氏黑氏两老婆，红的绿的色彩美，自在快活艳福多。当地口音把绿说成陆，顺口溜是把洪氏和陆转转说成红的绿的。当时正值镇压反革命运动的时期，这些敏感的传言，很快引起了当地政府的重视。石必和被拘押了，陆转转也被监管了。陆转转万万也没有想到，自己抛弃一切，远离故土，千辛万苦地随夫来到这里,在这个家里是那么尴尬,在外面又受到猜疑和歧视,她委屈极了。好在石必和的母亲和洪氏得知了转转的身世,得知他们传奇般的相遇和相处,尤其转转是儿子、丈夫的救命恩人后,都对转转特别亲热,想方设法地安慰她,变着法子哄劝她。

　　石必和向政府坦白交代了自己的一切。他说自己是解放军的战士,是受伤后安置在河南参加的工作,他和陆转转是首长介绍结的婚,是政府发了结婚证的。可是谁证明这一切?人证?物证?当然,陆转转可以证明石必和,石必和也可以证明陆转转。但两人相互证明是没用的。怪就怪自己回家心切,在辞职时没有向县乡政府要一个介绍信,或者要一个证明书之类的东西,再说自己哪里经过这样的事?哪里有这方面的经验呢?石必和懊恼极了。好在他有乡政府盖着大印的结婚证,证明了他没有拐骗妇女儿童,他和陆转转是合法夫妻。赵团长呢?赵团长可以证明他的一切。可是他不知道赵团长现在何处。当地政府根据他的交代,开展了外调工作。他们给河南内乡县发了外调信函。在那时候,交通极不发达,邮政尚在起步。内乡县的回函一直过了三个月,才辗转到来。被关了近四个月的石必和被放了回来。但是,政府勒令他,两个老婆必须有一个与他离婚。二选一,非此即彼,这真是一个大难题。石必和左右为难,寝食难安,整天愁眉苦脸。街道的干部来劝他,你与陆转转是新社会的夫妻,是拿了结婚证的,而洪氏与你是封建包办的婚姻,是不合法的,应该解除。洪氏听说后,哭了几天,要寻死上吊。石必和的母亲听说后,怒骂街干部:"你爹你妈也是包办的,也是封建婚姻,先叫你爹你妈离婚了,你再来劝别人。我家洪姑娘是明媒正娶,是大轿抬进门的,谁放屁敢说是不合法的?"石必和知道,自己离家7年,全靠洪氏照顾这个家,侍奉多病缠身的母亲,全靠洪氏一人把儿子拉扯大了,她吃的苦,受的罪,受到的委屈三天三夜也说不完。他安慰洪氏说:"你放心,我们是患难夫妻,怎么会离婚呢？"陆转转听说了这话，一下子崩溃了，她哭着抱着儿子就奔向门外，她要回河南老家去。石必和与母亲两人急忙追出去，拉的拉，拽的拽，又是哄，又是劝，把她推回了家。洪氏拉着陆转转的手，泪眼婆娑地对石必和说："陆姑娘背井离乡，孤苦伶仃的，太可怜了，没有陆姑娘你连命都没有了，也没有我们的重逢，能再见到你，能让我们的儿子有了爹，我已经很知足了。我只是请求还住在这里，不离开我的儿子，再说我爹妈也死了，娘家也没啥人了，我也无计可施，无处可以栖身哪！"说着说着，洪氏又痛哭起来。石必和深深地叹了一口气，捏着洪氏的手向她保证，一定不会让她离开这个家，我们永远都是一家人。

  乡政府又传唤了石必和。一进那个摆着四张大小不一抽屉桌的办公室，那个曾经审问过他，鼻尖红红的乡干部就拍了桌子："石必和，你这个国民党的连长，反革命分子，花岗岩的脑袋，顽固不化！"石必和说："我是解放军连长，我不是反革命。"红鼻子说："你娶两个老婆，破坏新婚姻法，还不是反革命吗？"石必和说："我与洪氏是封建包办婚姻，我不与她过了。"红鼻子语气缓和了，说："想通了？"石必和点点头。红鼻子将头伸出屋外喊了一声，进来一个戴着眼镜，看起来很文静的小伙子。"给他办个离婚手续。"红鼻子交代。石必和跟着小伙子进了一个闹哄哄的办公室。小伙子问："结婚证呢？"石必和掏出了与陆转转的结婚证递给他。小伙子看了一眼说："是与陆转转离婚吗？"石必和说："不是的，是与洪氏离婚。"小伙子问："与洪氏的结婚证呢？"石必和说："没有结婚证，我们是包办的。"小伙子问："没有结婚证就是不合法的婚姻，政府是不承认的。"石必和说："我知道。"小伙子问："政府本来就不承认的婚姻，还离什么婚？"石必和反问："那咋办？"小伙子说："你以后不能跟她在一起过。"石必和说："我知道，我不跟她过了，可是她没有地方可去，她要求还住在我们家里行吗？"小伙子扶了扶眼镜，沉思了一下说："离婚可以不离家，你们这种情况嘛……可以让她住在家里。"

从此以后，街上的人都知道洪氏"离婚不离家"，也都知道洪氏与陆氏两人"洪姐姐""陆妹子"亲热得不得了。石必和种着全家5亩多地，陆转转帮着他干所有的农活，耕地、耙地、播种、收割、打谷、扬场全然不在话下，男人干的活儿她都干，肩挑背扛这些重活苦活都抢着干，力气比一般的男人还大。洪氏则在家做饭烧茶、打扫房间、缝缝补补、洗洗浆浆等，操持所有的家务。洪姐姐与陆妹子对石母嘘寒问暖，早晚侍俸，对石必和随方就圆，敬重有加，对两个儿子照顾教养，平等对待。两年后，转转又生了一个大眼睛长睫毛的女儿，给全家又增添了喜气。一家三代7口人，彼此关爱、相互体贴、和睦相处、其乐融融。人民公社成立后，石必和与陆转转成了生产队的社员，两人出工挣工分，还都是棒劳力，但维持一大家人生活，日子还是过得紧巴巴的。好在洪氏会料理，伙食上干稀搭配，瓜菜填补，穿着上翻旧改新，补补拼拼，全家人出门倒也干净整洁，并不寒酸。后来，石母去世了。年龄增长的石必和腿伤经常发作，牵连着腰疼，关节痛，只能在生产队做些守田、看场子之类的轻活，自然只能拿半劳力的工分，陆转转成了家里的顶梁柱。生产队里的重活脏活她跟男劳动力一样干。农闲时，请假砍柴，常常要到长寿公社与宜城讴乐交界的尖山罐，来回70多里，一般的男人挑百把斤回来，累得腰酸腿疼，她挑一百二三十斤回来，第二天照样精神抖擞地去出工。夏天下河摸鱼，冬天下湖挖藕，这些一般女人不干的活儿，她一点儿也不比男人差。随着两个儿子长大出工，家里的日子才慢慢宽裕起来。

在当年镇压反革命的运动中，石必和没有被定为反革命分子。但是，他一直被当作坏分子对待，因为所有的人都认为他有两个老婆，他也懒得再申辩洪氏是离婚不离家。有人绘声绘色，说大老婆住东间房，是东宫，小老婆住西间房，是西宫，石必和两边住，一天一轮流。有两个老婆还不是坏分子吗？在阶级斗争年年讲、月月讲、天天讲的日子里，石必和这个坏分子挨批挨斗便成了家常便饭。不管管理机构是区还是变成公社，是革命委员会，还是变成镇委会，只要来了新领导，都对这个有两个老婆的人很感兴趣，都想见识见识这个知名人物，让他亮亮相，露露脸也就成了自然而然，司空见惯的事了。最为轰轰烈烈的一次亮相，是20世纪60年代后期，本来是批判公社一名"走资本主义道路的当权派"，让他陪斗，当"红卫兵""造反派"头头知道他就是有两个老婆的坏分子后，他便喧宾夺主，成了被批斗的主角。"造反派"要他坦白交代，他是怎样把洪氏推到汉江里，欲置之死地而后快的；他当国民党连长时杀害了多少共产党，杀害了多少解放军；他是怎样混进解放军队伍，又是怎样欺骗了贫下中农，拐骗了贫农女儿给自己做妾。他沉默不语，任凭"造反派"用脚踹他，用皮鞭抽他。"造反派"还宣布，石必和是国民党的孝子贤孙，他给大地主、国民党的反动军官周卓然烧纸招魂，他是双料的五类分子。然后，给石必和戴上白纸糊的又尖又高的帽子，面前挂着写有"反革命+坏分子石必和"的木牌子，在石必和三个字上用红墨水打了一个大大的叉，他被五花大绑押着游街示众。"造反派"还威逼、诱导洪氏和陆转转，让她俩揭发石必和的反革命罪行，与他画清界线。两人都坚持说："老石是好人，老石是清白的。"

5.时来运转

有两个老婆，给石必和带来了无穷无尽的麻烦和灾难，无穷无尽的痛苦和烦恼，有一段时间，他真想一死了之。是他的两个老婆不停地安慰他，抚慰他，不离不弃地陪伴他，照顾他，使他回到家里便能感受到安全，享受到温暖，好像远离了风高浪险的小船，进入了风平浪静的港湾。还有他两个儿子和一个女儿的乖巧聪慧,让他充满了希望,向往着未来。比起汉江里的挣扎,比起战场上的搏杀,比起受伤跌落山崖下的绝望,这些灾难、烦恼和痛苦又算得了什么呢?

  1980年,也是春暖花开的季节,陆转转娘家那个叔伯弟弟来湖北寻亲,找到了他们家。弟弟成家了,有两个儿子。他在生产大队当队长,看样子日子过得很不错。她问弟弟是怎么找到这里的,弟弟说他是大队干部,经常与公社干部打交道,是从他们公社张书记那里得知了姐夫老家的地址。转转诧异地问,你们张书记怎么会知道你姐夫呢?弟弟说他与姐夫曾经在河山乡是同事,以前在一起经常聊天,说那时候姐夫特别想家,想爹想娘,想得快发疯了。弟弟一再要求姐姐回老家看看,还说最近给奶奶修了坟,准备办一个立碑仪式,要姐姐一定参加。就这样,陆转转在女儿的陪同下,随弟弟回到了阔别近30年的河南老家。陆转转老家的两间茅草房已没了踪影,听说早塌了,现在成了一片树林。弟弟家里的境况,比她想象得还要好。她在弟弟家住了5天,参加了立碑仪式,给奶奶上坟磕头。弟媳妇很亲热,陪她娘儿俩逛县城,逛家附近的集镇。转转对弟弟说要去感谢公社的张书记,说人家这么多年了还没忘记你姐夫。

  这天一大早,弟弟带着姐姐去公社。一进公社大门,转转看到了一个熟悉的面孔,准确地说,是看到了一个左耳下的大黑痣。这个人推着自行车正要出门,弟弟急忙与他打招呼,并对姐姐说这就是与姐夫共过事的张书记。转转一下子便想起来,这是那个给他们写结婚证的黑痣小伙子。当年身材修长的小伙子,如今已发福成腿粗腰圆两鬓斑白的半老者了。听了弟弟的介绍,张书记立即停住自行车,热情地对转转说:"我记得你,我记得你。"引他们进了自己的办公室,简单寒暄后,张书记便关切地问起了石必和的情况。弟弟插嘴说很不好。转转的眼泪一下子涌了出来,像一个在婆家饱受委屈的女人见到了娘家亲人一样。她抽噎着,简单地诉说了石必和在老家的遭遇。张书记连连搓着手,说:"你们怎么不去找赵政委呢?他了解老石呀!""赵政委是谁?""就是赵雷呀,解放南阳时的赵团长,三年前,他调在湖北一个地区,在军分区当政委。"一听此话,转转就像长年滞留在无人岛上的鲁宾逊,看见了海上驶过来的大轮船,一下子就亢奋起来,她抓住张书记的手连声说:"是真的吗?是在哪个地区?"张书记想了想,说:"在哪个地区我会查到的,查到了我就告诉你。"

  陆转转终于转来了好运。她和石必和按照张书记的指点,没有费多大力气,就找到了赵政委。原来,赵雷在解放南阳后,一路南下,参加了渡江战役,以后又参加了抗美援朝,在战场上被提拔为副师长。回国后,在几个地方工作过,"文化大革命"中也受到了冲击,"靠边站"了好几年。前几年被"解放"了,才被安排到这里当政委。听了石必和的诉说后,他连连摆头,连说怎么会这样呢?他当着石必和与陆转转的面,连续打了几个电话。他说现在正是全国解放思想,拨乱反正,落实政策的时候,你的问题应该会很快得到解决。他对石必和开玩笑说,你小子那时候幸亏没选择与陆转转离婚,否则今天我饶不了你。

  三个月后,石必和得到了平反的通知:石必和同志被戴上坏分子的帽子,经查无任何依据,现给予彻底平反。石必和同志是1948年参加的革命,是中国人民解放军退伍军人,即日起,享受应有的政治和经济待遇。后来得知,在给石必和平反的过程中,组织上没有查到任何与石必和定为坏分子有关的文件和材料。也就是说,石必和的坏分子,是地方上某些干部口头上一句话定下来的。又过了一个月,石必和被安排到县属一个国有企业,从事工会工作,过了几年退休了,享受了离休待遇。小女儿招工进了一家大工厂当上了正式工人。两个儿子都成了家,各自盖了新房,都有了后代,一个是男娃,一个是女娃。转转和老石帮忙照顾两个孙子,小日子过得滋润幸福。福分浅的还是洪氏，这个为石家辛苦操劳了一生，在家里处境尴尬，在外面饱受议论，扬不起头的可怜女人，这个把苦难嚼碎在嘴里，把委屈吞咽进肚子里的善良女人，在1978年便因病去世了，她没有享过一天福，没有赶上一天好日子。

说一点题外的话，那个曾经被石必和"烧纸招魂"的周卓然，于1991年被中华人民共和国民政部批准为革命烈士，并向其家属子女颁发了革命烈士荣誉证书，又于2014年被民政部列入第一批300名著名抗日英烈和英雄群体名录。

（四）
小贱货

1.弟兄仨

老彭夫妻在20世纪60年代以前生了三个儿子、两个女儿，其中两个女儿都夭折了，留下了三个儿子。老彭夫妻俩特别想要女儿，终于在20世纪60年代中后期如愿以偿，有了两个小女儿，是真正的"大的已是大小伙，小的还在坐摇窝"。

三兄弟的小名分别叫大贱货、小贱货、三贱货，老彭说贱名好养。老彭夫妻宠爱女儿，却对儿子特别严厉。爹会打，妈会骂，爹妈配合，文武兼备。爹打儿子，常用的武器是自己的鞋子，不管是布鞋、草鞋，还是胶底的解放鞋，也不管是塑料的拖鞋，还是木板做的拖鞋，反正顺手脱下来就用。不仅会将儿子按在自己的腿上，用鞋底使劲扇屁股，还会揪住儿子的耳朵，用鞋底扇脸、扇嘴巴。打得儿子一瘸一拐，鼻青脸肿的事，一年总会发生几次。妈骂儿子："你出门就摔死""你个砍脑壳的"等，够毒吧！他们打骂儿子的原因很多，最多的是因为儿子下河玩水，或者有玩水嫌疑。他们家出门不远就是河堤，翻过河堤就是小河。大贱货原来有个姐姐，是8岁的时候在小河里玩水淹死的，所以爹妈坚决不准许自己的娃子玩水。只要是听说儿子下河了，不管是真是假，不由分辨，挨一顿打或一顿骂是躲不过去的。他们还信奉"棍棒底下出孝子"，觉得打娃子骂娃子简单、有效、管用，所以，看到儿子不听话，甚至不顺眼了，就会教训他们一顿。

　　从小经历父母的这种严加管束，大贱货自然不敢下河洗澡，那些成群结队的大人孩子，在河里笑闹嬉戏，他连在河边看都很少。所以，大贱货小时候是只旱鸭子，长大了也还是个秤砣。他性格内向，少言寡语，胆小怕事，小时候在家里是个听话的乖孩子，长大了在外面也是个随和的老实人。小贱货从小在家里接受父母的管教，与大贱货没有两样。可是，小贱货长有反骨，这是他爹妈说的。从小他就胆子大，不怕打，不怕骂，还敢与爹妈对着干。明明做错了事，打死也不承认。五六岁便同伙伴们到小河里玩水，被爹妈从水里揪上来暴打，他一边拼命地哭，一边还振振有词："别人家孩子能下河玩儿，我为什么不能？"骂他："淹死你个小王八蛋！"他说："淹死了还好些，免得挨你们打！"他从来不认错，也不讨饶，还喜欢狡辩。先一天为玩儿水挨了打，第二天他还偷偷地溜下河，所以他挨的打受的骂比大贱货多，也常常把他爹妈气得脸青嘴歪，浑身发抖。就这样，小贱货在七八岁时便学会游泳了，并且还会扎汆子，在水里憋气时间比他的小伙伴们都长。三贱货这个名字喊得少，家里人和外头人都喊三娃。三娃也喜欢玩儿水，自然爹妈不会放过他，但他会向爹妈求饶，会保证不再如何如何。保证归保证，他第二天就会我行我素，不等小伙伴找他，他也会去邀约小伙伴们去河里玩。三娃也被爹妈从水里逮到过，但他会拎出几条鱼给他们看，说我是想摸鱼做汤孝敬你们。确实,他特喜欢在水里摸鱼捞虾,且多少都有点收获,哪怕只有几个未睁眼的"屎光屁"(方言,一种只有两三厘米长的小鱼)。再说,他比两个哥哥都小很多,所以两个哥哥也会为他求情或者打掩护。如此,他挨的打,受的骂都比较少。常常在水里泡,10岁前后三娃也学会了游泳。

2.学校里

小贱货的学名叫彭炳世,只有老师叫他学名,同学们都只叫他小名,不久他有了诨名,大家就叫他诨名。小贱货在家里挨打多,在学校里罚站也多。他上课的时候喜欢说话,喜欢偷看娃娃书,被老师逮到了,挨一顿训斥,还要拉到黑板侧边罚站,经常一站就站大半堂课。"五一"以后,天气热了,学校要求学生午饭后到了学校,在上课预备铃敲响以前,必须躺在教室课桌上午休,严禁下河洗澡。可是,学校离小河这么近,总有学生在这个时间段偷偷下河洗澡,被逮到了必定罚站,要站一节课,而且是站在操场的大太阳下,晒得口干舌燥脸发红,这里面很少没有小贱货。

读小学四年级那年,小贱货13岁,他是8岁上的学,中间留了一级。离放暑假不到半个月了,他连续两次因下河洗澡被学校罚站。被气歪了脸的班主任向他父亲告了状。这一回小贱货被他爹狠狠地揍了一顿,既用鞋底狠扇了屁股,也扇了脸。他妈又骂他:"小杂种咋不淹死你呢?""你个短嫩尖的,咋不跟你姐姐一样去死呢?"小贱货则高声哭喊:"我没有,我没有!""狠打,朝死里打,看他长记性不?"妈不断地给爹助威。第二天,小贱货撅着屁股猴着腰上了学,同学们都笑他的狼狈相。小贱货捂着屁股说:"我是江姐。"同学说:"江姐是女的,你是甫志高。""我宁死不屈,怎么不是江姐?"小贱货不服气。从此后,同学们都喊他甫志高。在期终学校的总结大会上,好多同学拿到了奖状，有的同学却受了处分，这里边就有小贱货，他受到了记大过处分。

暑假很快就过去了，刚上五年级的小贱货似乎克制了许多，半个月里不仅没有被罚过站，而且同学们对他改变了印象。

在一次班级讲革命故事活动中，他绘声绘色地讲述了《烈火金刚》中，《史更新死而复生，赵连荣舍身成仁》这一回，他讲的日本鬼子猪头小队长的形象，让老师也忍不住笑了，也让同学们的眼睛瞄上了一个胖胖的大脑壳同学。这个原本浑名叫大头的同学，从此有了一个新名字"猪头小队长"，不过大家只叫他"小队长"而隐去了前两个字，只有小贱货喊他"猪头小队长"，因为这个胖小子总喊他"甫志高"。还有一件事，是在一堂地理课上，老师让小贱货回答中南五省的省会城市，他竟然将全国所有省的省会城市，一口气全说出来，而且没有一个错的。这些，让很多同学开始对他刮目相看。

3.闯了祸

但是，仅仅过了几天，小贱货闯祸了。这一天是星期天，已经下午3点多了，太阳还依然很毒，天气依然酷热。大贱货和小贱货弟兄俩一人掂着一把镰刀，一人一条扁担，扁担上套着一束麻绳，向河对岸走去。他们是去割马草，割了卖给镇上的搬运站喂马，5厘钱1斤的青草，两人割100多斤可以卖5、6角钱。他们知道在下游四五里外，有一大片河滩上长着茂密的青草，那是他们经常光顾的地方。走到小河木桥边时，小贱货对哥哥说："天太热了，我们在水里泡一会儿再去割草吧！"哥哥说："早点割了好去卖，别下河了。""只泡一会儿，我保护你。"小贱货看着小河里大人孩子戏水的热闹场景，坚持要下河。哥哥知道拗不过他，无奈地说："那我先去割了，你早点来。"

哥哥走了，小贱货把镰刀扁担和脱下的衣服藏在桥孔里，就一丝不挂地跳到了水里。不用担心爹妈，因为爹妈知道他与哥哥去割草了，不用担心老师，因为老师不管星期天的学生，他在小河的戏水队伍里自由自在。他遇到了几个同学，他们一会儿蛙泳，一会儿仰泳，一会儿踩水，一会儿潜水，互相追逐，互相击水，痛快极了。那个诨名叫"猪头小队长"的同班同学提议："我们去跳水吧！"于是他们七八个同学爬上岸，走上桥，选择了桥正中间下面水最深的地方，水面距桥面有一丈多高，他们爬上1米高的桥栏杆，对水中的人喊："让开，让开！我们要跳了。"他们站在不足5寸宽的桥栏杆上，屏住呼吸，一个接一个地往下跳，有的头朝下，有的脚朝下，有的抱着胸，有的平举着胳膊，只听得"咚、咚咚、咚"一声接一声，砸进了水中。小贱货是最后一个跳下去的，他转过身子，背朝河水，双臂高举，一个倒栽葱栽了下去。过了好一会儿，小贱货从水下钻出来，抹了一把脸上的水，揉了揉眼睛就迅速地向岸边游去。

他上了岸，朝桥下走去，想起了自己的任务，哥哥还在等着他呢！"甫志高，你干啥去呀？"紧跟着他上岸的"小队长"朝他喊："我有事先走了。"小贱货没有回头。"不行，上桥再跳一次""小队长"想拉住他。小贱货没有理他，迅速地走到存放扁担衣服处，拿起裤头正要穿上，突然手中的裤头就被"小队长"抢在手中，嘴里还大声地说："就玩一次，不玩不给你裤子。"小贱货转身就夺，一条裤头被两人各拽住一角，你扯我拽，只听得"刺啦"一声，小贱货一下子松了手，抡起拳头就朝"小队长"脸上打去，他知道裤头被扯破了。刚才还笑嘻嘻的"小队长"头上挨了一拳，立马恼羞成怒，他一下子将小贱货扑倒在地，压在他身上，双手狠劲地掐他脖子。"小队长"身体壮实，干辣鸡似的小贱货挣扎不脱，就用拳头击打他的脊背，用手抓他的脸。突然，"小队长""哎呀"一声松了手，小贱货顺势爬了起来，原来他的肩膀被小贱货狠狠地咬了一口，咬出了血。小贱货打不过"小队长"，他眼睛通红高声叫道:"猪头小队长,有本事我们到水里干一仗。""甫志高,怕你不是娘养的。""小队长"毫不示弱。两个光溜溜的身体就在水里扭成一团,旁边围了一圈半大的孩子高声呐喊助威。他们从浅水区打到深水区,两人都呛了几口水,"小队长"的脑袋在渗血,小贱货的嘴角在流血。忽然,小贱货一个汤子扎进水里,"小队长"茫然地游在水面寻找对手。猝不及防,"小队长"感觉到自己的两腿被人抓住了往水下拖,他控制不住自己的身体了。他的小腿被小贱货的胳膊紧紧夹住,头扎在水下,只有两只手拼命扑打水面,他呛了一口水又一口水,越挣扎越喝水,渐渐地,"小队长"没有了挣扎,身子往下沉。小贱货感觉有点不对头,抓住"小队长"一条胳膊,拖着他往岸边游。到了浅水区,小贱货站直了身子,可"小队长"还瘫在水里,他连忙喊在旁边游泳的两个同学,三人一起把"小队长"拖上了岸。

"小队长"睡在地上一动不动,喊他也不应声,只翻白眼。小贱货吓得哭了起来,他们都束手无策。很快,"小队长"身边围了好多人,有人拿来一口铁锅,两个大人将"小队长"鼓鼓的肚子,放在倒扣的锅底上使劲压按,按一下嘴里涌出一股水,按了几十下,涌出了一大滩河水,"小队长"眼睛睁大了,他看了一下周围,哇的一声哭了起来。这时候,"小队长"的母亲呼天喊地哭喊着来到现场,小贱货的父亲也急匆匆地来了。他们都是听了小贱货的同学报的信赶来的。"小队长"的母亲抱着"小队长"哭得上气不接下气。小贱货的爹狠狠一脚踢向小贱货的屁股,小贱货向前趔趄了几步,一头栽倒在地。很快,小贱货的耳朵又被父亲揪住,他跟着父亲,跟跟跄跄地被揪回了家。

4.救了人

小贱货的爹妈提着一斤白糖、两斤面条、两斤油果子,还有十几个鸡蛋,凑成四子礼一起装在一个小竹篮里,到"小队长"家负荆请罪，自然，好话也说了几筐子。闯了祸的小贱货不去上学了，他爹妈也知道，去了，学校也会开除他。这时候，大贱货小学毕业，没考上初中，开始在生产队里干活。家里有一头母猪，爹妈就叫小贱货挖猪草、剁猪草、喂猪，还要负责挑水、协助做饭、洗碗、扫地等家务活。小贱货觉得不上学挺好的，免得老罚站。挖猪菜很简单，他认识的好多野菜，实际上家里人都吃过，像地米菜、狗儿秧、刺根芽子、猴子屁股等，自然猪也能吃。他知道猫儿眼、牛屎棵拉子猪不能吃，猫儿眼有毒，牛屎棵拉子猪吃了拉稀。他也学会了煮米茶、煮红薯粥、闷南瓜饭，还学会了炒萝卜丝、炒辣椒等。只不过大贱货说他老是把饭闷糊了，萝卜丝像抵门杠。

过了一年，又是一个夏天，小贱货偶然做了一件大事，一件轰动全街道的大事。这一天是农历四月初八，天格外的高，云格外的少，太阳格外的毒，自然，天气也格外的热。小河西岸，滩上的小麦已开始变黄，沉甸甸的麦穗预示着丰收。可大人们望着天空，心事重重地说："四月八，乌嘟嘟，狗子不吃麦米粥。"只有这一天下雨，才预示夏粮丰收，人们都盼望着这天下雨。

中午刚过，木桥周边的小河里，黑压压的一片，大人孩子都泡在水里。小贱货像一条泥鳅，光溜溜地在水里钻来钻去。他看着在河边浅水中蹚来蹚去的一群人，心里轻蔑地说"旱鸭子"。这群人中有大人，也有小孩，包括被他强拉下水的大贱货。河里的人太多了，要自由自在地游泳很不方便，不是你撞上别人，就是别人撞到你。小贱货只得在深水区里踩水。踩水是直立着身子，头露在水面，依靠双脚上下运动和手的划动来前进。水平高的人双手可以高举起来，仅靠腿脚的划动，我们常常看到双手高举衣服鞋子，涉水过河的人就是这种高水平的人。小贱货就有这样的本事，他为了少走路，曾经多次举着衣服踩水过河。小贱货在水里舒展着身子，感到凉爽极了，惬意极了。

觉得头被晒得生疼，就潜入水中，在一群腿之间游动。觉得有点累，就仰卧水上，在人缝中晾着肚皮漂移。他一会儿跟这个人打打招呼，一会儿挠挠那个人的身子。他的头左顾右盼，眼睛溜溜地转动，在寻找自己的同学和伙伴。突然，他看见了一双手，一双在水面上乱抓乱刨的小手。不好！他心里一惊，连忙向小手游去。也就两米多远，他很快游到了小手身边，正要抓住这双小手，突然，他的腰被这双小手一下子抱住了。小贱货急了，死命地掰开小手，一掌将他推开，嘴里骂着："想害死老子呀！"很快小手不见了，小贱货不慌不忙地朝刚才的小手处游过去，潜下水摸索着，从后面用一只胳膊一下子揽住了一个细细的脖子，随即，他和一个圆圆的小脑袋露出了水面，小手在空中乱抓乱晃。小贱货把小家伙拖着游到浅水处，停下来大口地喘着气。这时候大贱货蹚着水过来了，弟兄俩一个拽胳膊，一个推屁股，将小家伙弄上了岸。

　　小贱货认出来了，这个小家伙是他同学猪头"小队长"的弟弟，小名叫修娃，不满10岁。很快，修娃和小贱货的身边聚拢了一堆人。睡在地上脸色煞白的修娃，脸朝下被放在一个大人腿上按压，大口大口的水被挤出来后，修娃大声哭了起来。修娃的妈又是呼天抢地，跌跌撞撞地来到河边，"小队长"捏紧拳头，紧跟着他妈。老彭也急匆匆地赶来了，他气冲冲地脱下脚上一只解放鞋，朝小贱货头上扇过去，被大贱货一把抓住了父亲胳膊。大家都说："莫打，莫打，是小贱货救了修娃子的命。"小贱货的父亲用诧异的眼睛看着大贱货，这是在问他："真的吗？"大贱货重重地点了两下头，讲出了事情的原委。原来，修娃和大贱货他们一群人在河边的浅水中玩，修娃可能最近刚学会了打蹚蹚，他慢慢蹚到能淹住他屁股的地方，就手刨脚拍扑通扑通地游起来，谁也没有注意到，他啥时候跑到河中间去了，就出事了。"小队长"问弟弟："咋搞的？"修娃哭着说："我一直在河边上玩，后来试探着往中间水稍深一点地方移动，我觉得只要不淹着胳肢窝就没事。"他吸了一下鼻子，接着说："没想到脚下是一个陡坎，一下子就滑下去了，好深好深的水，淹过了头还没到底，我慌了，连呛几口水，就拼命挣扎，不知怎么就到了河当中了，就不行了。"他看了一眼小贱货，低着头说："是甫志高把我拉上来的。"看来是平时跟着哥哥喊甫志高喊惯了。围观的人议论纷纷，都说河里人太多了，密密麻麻的，谁也没有注意到一个小孩子滑到深水区了，多亏小贱货眼睛尖，及时发现了。有人问小贱货你怎么发现的？有人问你怎么知道他是被淹了？他又没喊救命。还有人说小贱货人不大，在水里救人还很老到呢！你一句，我一句，小贱货不知道回答谁的好，干脆低着头，一声不吭。

次日，是修娃的爹妈，还拉着修娃，提着四子礼，到小贱货家里来了。他们千恩万谢，说小贱货是救命恩人，叫修娃喊二哥哥，以后不准再喊甫志高了。

5.去出工

小贱货15岁那年，老彭以前就有的头疼病越来越严重，经常疼得头要炸裂，甚至呕吐，因此已很少在生产队里干活。小贱货的母亲也因为眼睛看东西越来越模糊，1米多远的人也认不出来，所以两年前都没有出工了。队长上门动员，说你们家这么多人，就靠大贱货一个劳动力，连基本口粮都挣不回来，小贱货也不小了，可以在生产队里出工了。就这样，小贱货开始到生产队里干活。

开始，队里让他割牛草，割100斤草可记5个工分。他前几年就割过马草，而且力气大，能挑七八十斤，上午割一担，下午割一担，一天可以挣七八个工分。可是到了秋后，霜打草枯，草就很难割了，一天挣五六个工分都很难。天冷了，队长就安排他拾粪，牛粪猪粪都可以。再后来，队长叫他学耕田，说牛拉着犁，你只需要扶着犁尾巴跟着走就行了。大贱货用自己的亲身经历,悄悄地告诉他,学会了耕田,你一年到头就会被拴在犁上,有事想请半天假都难。因此,小贱货下了决心不耕田。队长先示范,然后让他扶着犁试一试,结果犁沟弯弯曲曲,一会儿深深地扎下去,牛使劲儿也拉不动,一会儿犁浅浅地刮了一层地皮,他跟在牛屁股后面跑。气得队长说:"算了算了,你这是成心不想学。"生产队里稻场打场、晒粮食、晒棉花,队长安排他在别人收工后的中午和晚上守稻场,割下的麦子、稻谷在野外的田里没运回来,叫他去守田。再就是叫他到社员家里收饭,然后集中挑到七八里外的地头上,给干活的社员送饭。耕田、耙地、赶耖、撒种、育秧、赶磙、扬谷、堆垛、驾车等这些技术活他一样也不会。插秧、割麦、割稻子这些活,他也老是落在别人后头。他最喜欢队长安排他打棉花药,在田头慢慢地配药,慢慢地给喷雾器打气,悠悠地在棉花行间边走边喷药,喷一趟就在田头坐一会儿。特别是棉花长到半人高时,几个打药的年轻人可以躲在棉花棵子下打几盘扑克,还可以到旁边的菜地里摸几根黄瓜吃,真过瘾。可是队长很少安排他打药,多是安排那些年轻的姑娘去打药。就这样,小贱货在生产队里一年又一年,干着打杂的活,但这样并不影响他已长成拿高工分的棒劳力。

1969年10月,全县调集大批劳动力,去修三线铁路。生产小队安排了20多人,到五六十里外的斑竹铺修焦枝铁路,小贱货也参加了。干了两个月,很多人不安心了,那些人上有老,下有小,家里一点也顾不上,连猪子鸡子都喂不成,自留地里该收的收不了,该种的种不成。有人叹气,有人发牢骚,有人急得搓手跺脚,于是好多人找排长,找连长请假。三线建设要与美帝苏修抢时间,要准备打仗,工地抓得很紧,管得很严,带队的排长连长谁敢批假?

那时候出外工,县里的工地指挥部叫团部,负责人是团长;公社设营部,负责人是营长;生产大队设连部,负责人是连长;生产小队不设机构，只有一个带队的，叫排长。小贱货觉得出外工挺好的，虽然每天天不亮就要起床上工地，天黢黑了才收工，可是好处更多：第一，每天每顿都可以吃干饭，是不掺菜，不掺南瓜或者烂红薯的纯大米干饭，在家里中午能吃一顿干的就不错了，而且总要掺菜；第二，一个月吃了两次肉，一次是萝卜炖肥肉，尽管只有两片肉，但萝卜也挺好吃的，还有一次是粉蒸肉，每人一小窑碗，而在家里只有过年的时候才能吃到粉蒸肉；第三，家里那些烦人的家务活可以不管了，有大贱货呢；第四，爹妈吵不到他，骂不到他了；第五，晚上可以在马灯下面看打扑克，有时候还会叫他参加凑一场。另外，十几个人睡在一个屋里，听天南海北的闲聊，听各种趣闻故事，这种场合是很难得的。至于大人们说的打鼾、锉牙、放屁、说梦话、起夜等影响睡觉的事，他觉得根本不存在，在耳朵边打雷他也睡得着。唯一他觉得不好的是，早上实在太困了，不想起床。过了腊月初八，带信到工地说家里有事的多了，请假的也多了。不批假，有人开始溜号了。过了腊月二十，不辞而别的已经超过一半人了。这时候，团部开始重视起来，原本准备在工地过一个革命化春节，最后决定腊月二十八放假，但是，每个排必须有两个人留守，连部至少留一个人负责。排长征求大家意见，看谁愿意留守，结果大家都要回去过年，只有小贱货没有表态，于是排长安排小贱货和"老四"两人留守，"老四"是个50多岁的"四类分子"。定于腊月二十八放假，而当年腊月没有三十，二十九就是除夕。因此，到腊月二十六，除了留守人员，其余的都走了。全连6个排，加上连部负责人，共有13个留守人员，到了腊月二十八，有几个说有急事需回家两天，实际只剩下八九个人了。

连里负责人把全连留守人员集中起来，统一开火做饭，统一安排干活和各项管理。留守人员的任务就是看摊，工棚里的铁锹、洋镐、铁锤、炮钎、撬杠、粪筐、扁担、石碾、绳子、木杠等，还有语录牌、宣传牌、彩旗、马灯、煤油,以及做饭用的各种家什等,都要看管好,当然还有工棚,不能让人抽了木料,拽了茅草,更不能失火。至于炸药、雷管、导火索等,那要交到连部统一管理。年前的一两天主要任务就是准备年货。连里把各排剩余的米、面、油、蔬菜及盐、酱油都收集起来,又掏钱把营部发的过年肉票拿到邻近的双河街上,割了十几斤肉,在农户家里买了鸡蛋、鸡子、鱼。有几个人到附近别人挖过藕的堰塘去泥巴里"捡漏",居然挖出了两整扇藕,连同挖的藕把、藕肠子在内搞了一篮子。"老四"是个做菜的高手,平时由于大家阶级斗争的弦绷得紧,排里不敢叫他当炊事员,现在过年了,人又少,大家就公推他当准备年饭的主厨,其他人打下手帮忙,连里留守领导也默认了。"老四"还真露了一手,到除夕中午团年时竟然整出了一桌像模像样的十大碗。没有蟠龙菜,他用蛋皮包肉馅蒸的蛋饺代替。没有红肉白肉,用米粉蒸肉代替。一只鸡做了三样菜,酥鸡子、炒鸡杂和炖鸡汤,酥鸡子是用鸡胸肉和鸡大腿肉,切小块裹着面糊先炸后蒸做的,鸡杂掺上胡萝卜丝炒,那胡萝卜丝切得像丝线,鸡汤是用鸡头、鸡脖子、鸡脚、鸡胸腔等剩余部分掺白萝卜炖的,白萝卜切成大小一致的三菱形。蒸藕,是将藕切成短短的一筒一筒的,垫在蒸肉下蒸的,洞眼里塞满了蒸肉米粉,软烂鲜香,不是藕夹,胜似藕夹。大家还喝了酒,小贱货是第一次喝酒,脸红红的,下午睡到天黑才醒。

正月初一,大家说包饺子吃。肉还有一点,可肉馅里掺啥呢?"老四"让大家拿主意。有人说用白菜,"诸肉只有猪肉香,百菜唯有白菜甜"嘛!有人说用萝卜,乐补乐补嘛!可几个月来几乎每天都是萝卜白菜,白菜萝卜,大家都吃厌了。有人说用藕丁,"老四"说:"只剩下藕肠子了,恐怕做馅咬不烂。"小贱货说:"我还有一包干腌菜,是我妈让我在没有菜的时候用热水泡一下,可以下饭的。"大家都笑了,说干腌菜包饺子,闻所未闻。"老四"却说:"可以试一试。"大家同意后，小贱货拿出一大包用几层纸包着，装在布袋子里当枕头的干腌菜，这是用腊菜腌好，又搭气蒸一下，再晒干的。"老四"将干腌菜用开水泡软，淘洗了三遍去除咸味后，同零零碎碎的，有肥有瘦的一碗肉，还有一大把葱放在一起剁，剁好后加了黄豆酱和剩下的蒸肉粉末，然后在一个大瓷盆里不停地搅拌。与此同时，有人和面、揉面，有人擀面皮，大伙一起动手，擀的擀，包的包，烧水的烧水。很快，两锅饺子煮好了，大家一吃，个个赞不绝口，味道美极了，从未尝过的美味，而且不像白菜、萝卜、韭菜之类的馅，水滋滋的，松散散的。这里面的馅黑黑的，很紧实，倒像桃杏之类水果里面的核。这时候有人诌起歇后语"干腌菜包饺子——皇帝也馋""神仙吃的干腌菜饺——不同凡味"，说得干腌菜比肉都好，小贱货成了大家夸赞的中心，心里美滋滋的。

正月初五以后，工地陆续上人，留守人员放假3天，小贱货同大家结伴回家了。由于开春后生产队田里的活儿很多，所以上级对上工地人数的指标减了一半。那些已经在年前上过工地的人，都要求换班。小贱货没有提出要求，队长叫他继续在工地干。老彭却不想叫他再去出外工，就找理由去求队长。队长对老彭说："小贱货不去，大贱货就去。并且你的头疼病看样子也好多了，有人说你在做生意，你也可以出工了。"他们是街道上的生产队，原来，老彭在腊月里贩鱼贩藕，在家门口当上了坐摊贩，据说很赚了一把钱。他的方法是天麻麻亮，便到街外路口蹲守，看到提篮子挑担子赶集卖鱼卖藕的，他便拦下来购买。那些人见有人将自己的货一次性买去，能省去半天零卖的时间，也乐意出售。经过一番讨价还价，老彭买下后就摆在家门口慢慢卖。他买进的价自然低于市场价，加上再耍一点生意场上的小手段，比如买进时赖一点秤，结账时赖一点零头钱，又比如买回后将藕放到水里浸泡处理等，据说窍门多着呢。更何况腊月间的年货，是不愁卖的。因此，赚钱是稳稳当当的。老彭知道队长是在拿自己的软，威胁自己，只说了一句"我也就撮撮虾子"，意思是偶尔几次罢了，也就不再说什么。

6.炊事员

就这样，不论是冬天的大兵团，还是其他季节的小股队伍，出外工都离不了小贱货的身影。他修焦枝铁路，修温峡口大坝，修北干渠。他打炮眼，放炮炸石头，更多的是挑土、挑石头。这一年的春天，在长寿公社梨树窝子附近修北干渠时，他同另外两个年轻人负责往炮眼里填装炸药。有一天，他装的炮出现了两个瞎炮。排除瞎炮是相当危险的，小贱货装的炮瞎了，没炸响，应当由他自己去排除。连部负责人感到问题严重，从其他排里选了一名稳重的，有经验的复员军人去排炮。菩萨保佑，所幸有惊无险，可把大家吓得够呛。

排长不让他在工地干活了，叫他当炊事员。他没有推辞，他在家里做过饭，况且工地上每顿只炒一个菜，实际上是煮一盆子菜，比家里做饭还简单。上半年，排里只有10个人，做饭的任务不重，所以，除了做三顿饭之外，还要砍柴，中午还要往两三里外的工地送饭，因为住的工棚距离工地总会有一段距离。吃了几天小贱货做的饭，大家说小贱货不管是炒的菠菜，还是炒的茄子都很有味。小贱货知道，那么少的一点油，怎么能炒出好吃的菜呢？他的诀窍是无论什么菜，他都多放一点盐，多放一些辣椒，他记得妈在家里经常念叨"一咸出三味，一辣解十馋"，他在这里用上了，而且效果不错。当然，盐只能稍微多放一点，偏咸就行，辣椒多放一点无所谓，最多别人会说今天的辣椒好辣。

到了五月份，大概是生产队认为马上要农忙，工地上的人要撤回了，所以，队上好长时间没给工地送菜来。蔬菜断了，个人带来的腌菜罐子、酱豆子瓶子也早都空了，连续几天大家吃白饭，怨声不断。大家都骂家里的队长，也把气往小贱货身上撒，说你做饭的就应该想办法解决。小贱货很委屈，"我巧妇难为无菜之炊"。不过，仅过了一天，他就想出了办法。这天晚上收工后，大家疲惫地从锅里盛了饭，有的在马灯下蹲着，有的在棚子外的月光下站着，望着碗里白花花的米饭皱着眉头。这时候，只见小贱货端着热气腾腾的瓷盆，放在棚外当作饭桌用的大石头上，高声叫着"菜来了"。大伙立刻围了上来，一股诱人的味道传来，筷子跟着伸进了盆子，夹了一下又一下，可是什么也没有夹住。有人又用筷子搅了搅盆子，接着使劲地敲着盆子，骂道："小贱货，你搞什么鬼？"小贱货笑嘻嘻地说："尝尝，尝一尝嘛！"有几个人吮了吮筷子，感觉有咸味，问："怎么净是水？"小贱货神神秘秘地说："这叫神仙汤，里面有油，有葱姜，有酱油和五香粉，还有仙人菜。""什么仙人菜，菜在哪里？"有人在盆子里又搅了搅，诧异地问。小贱货还是笑嘻嘻地说："仙人菜嘛，愚蠢的人吃不到，不称职的人吃不到。"大伙知道被他耍了，举起拳头要揍他，他一下子钻进了工棚。大家又累又饿，哪里有心思跟他闹？各人只得用饭勺舀了一勺汤到米饭里。可别说，这神仙汤味道还真不错，这顿饭大家竟然吃得津津有味。很快，神仙汤的事在全连传播开了，接着很自然的推广开了。

老用神仙汤哄饭也不是办法，小贱货挑着一担劈柴，到附近村里换菜，可山里人家不缺柴，反倒是缺菜地，种的菜并不多。好说歹说，又诉苦又卖惨，说了好多好话，总算有一个老婆婆送了一篮子老苋菜给他。小贱货连老苋菜的根也舍不得扔掉，一篮子菜一顿抓一把煮，凑合了3天。后方还是没送菜来，小贱货只得又做神仙汤，大家一边喝汤，一边骂娘，并计划怎么溜之大吉。

这天下午，小贱货去砍柴，扁担上，一头挂着套叠的两只竹编筐子,一头挂着一把洋镐。这把洋镐是专为砍柴定制的,是请铁匠将刨土的洋镐尖头打捻成斧子口。这样,这把洋镐一头可以刨,另一头可以劈,在山上砍柴,尤其是刨树蔸子砍树棍子很得力。附近的山上已经很难砍到柴了,民工太多了,连以前从来都不烧的茅柴也没有了。小贱货翻过了两座山梁子,越过了两个山冲,距离驻地有八九里地了,才看到对面山坡上长着一片花栎树。他知道,花栎树林子下面必然有树蔸子,刨树蔸子一般没人干涉。没有也不要紧,偷偷地砍倒几棵树,用那特制的洋镐斧子砍成一截一截的,一担柴很快就搞定了。他沿着勉强可以看出的小路往山坡下走,穿过面前这条不宽的冲地就是栎树林子。他的眼睛开始在对面林子的四周搜索,要防止碰到护林的或者当地的村民。当地人特别恨他们这些民工,恨他们砍树搭棚子,砍树当柴烧,砍树做扁担,还把多好的杉木、柏树锯成一截一截的,捆在被子里带回家做木桶,恨他们把方圆十几里青幽幽的山都剃了光头。小贱货的眼睛寻找着从哪里进对面的林子,在哪里动手。他像一个偷渡客在寻找登陆的位置,又像一个小偷在寻找下手的对象。"呸!老子才不是小偷呢,水利是农业的命脉,老子是修命脉的,命脉就是命,这是营部领导讲的,没有命了,你们要这些树有屁用。"他一边想,一边下到了坡底。突然,他被什么东西绊了一下,差一点蹾倒了。他放下肩上的扁担,回头仔细一看,原来是地上露出一个砖角,这块砖一定很大,因为露出来的部分显示它很厚。这荒山脚下怎么会有砖呢?小贱货向周围细细地观察,他从杂树棵子枝条缝隙里,发现这里有不少残砖断瓦,还有半尺高的一段墙,一个半截埋进土里的石磙。原来是一个废弃的屋场,被荆棘掩埋的屋场,也可能原来是一座庙,小贱货在心里猜测。在断墙侧边十几米的地方是一小块很平的地,里面长着什么庄稼,绿油油的。小贱货拨开刺拉子,艰难地钻到地边上。哪里有什么庄稼,原来是一片半人高的土苋菜,土苋菜下面茎秆上的叶子已经脱落，上面的叶子还长得肥厚茂盛，好多已长出了穗子。小贱货精神大振，这土苋菜是可以吃的，他从小就吃过，跟田里种的苋菜味道差不多，就是有土腥气。他决定把它们搞回去，可没有镰刀咋办？总不能用洋镐吧！他后悔没带一把刀来，带一把柴刀也行啊！他想了想，开始用手撇（折断），一株一株的，从野苋菜中上部有叶子的地方撇，撇不断说明老了，就再往上撇。正撇得起劲，他突然"啊"的大叫一声，缩回手连连摆动。手被扎伤了，鲜血直流。原来土苋菜里面还长着许多刺苋菜，这刺苋菜的叶子与土苋菜差不多，但茎秆上却有许多刺，很大，很尖。"这咋办呢？"小贱货左手捂着刺伤的右手。他扫视了一下身边，从灌木丛里将一根枯死了但还站立着的木棍扭断，木棍有1米多长，比虎口的两指合拢细一点。他双手抡起木棍，朝土苋菜的腰部挥打过去，土苋菜断了，倒下了一片。他不停地挥打，从右向左挥动木棍，木棍像镰刀割麦子一样，锋利地腰斩土苋菜，很快放倒了一大片。他把夹杂着刺苋菜的土苋菜小心翼翼地装进竹筐，两只竹筐装得满满的，堆得高高的。他用竹筐上的绳子将土苋菜绑好，将洋镐挂在轻一些的这一头，挑在肩上试了试，"嗯，估计有七八十斤。"他自言自语。他不敢再贪多了，挑着这样的担子，在山间小路上翻山过沟是很不好走的。一担土苋菜加上刺苋菜，总算解决了缺菜的困难。大伙认为叫小贱货当炊事员还真是不错的选择。

7.催死员

进入冬季，连队在北干渠的工地转移到了沙河乡，每个排的劳动力都是成倍增加，不仅有男劳力，还有女青年。连部在附近村里联系了部分民房，安排各排民工入住，不够住的再搭工棚。小贱货所在排的房东，腾出了堂屋和一间卧室，卧室里安排了4个女的，其余16个男的全部安排在堂屋里。不管是堂屋里的男的，还是卧室里的女的，一律打地铺，也就是在地上铺上稻草，稻草上铺上自带的被子，两人合伙，一床做垫被，一床做盖被。堂屋里的男人8个脚朝大门睡一排，8个头朝大门睡一排。在房东院子里，搭了一个草棚子用于做饭。

炊事员还是小贱货。不过这次他一个人要做20个人的饭。以前做饭只需要1个多小时，他早上4点钟起床做饭都来得及。现在做每顿饭要两个半小时以上。那么大的一锅水在冬天太难烧开了，十几斤米下到开水锅里，又得费好大的劲儿才能烧成熟饭。早晨6点钟，天还是漆黑一团，大伙儿就要上工地，他必须在3点钟起床，否则就来不及。小贱货每天把闹钟放在自己枕头边，生怕睡过了时间。可是，怕什么就来什么。

深冬的一天早晨，裹着棉被睡得正香的小贱货被人踢醒了，"你看看已经几点钟了？"这是排长的声音。小贱货一骨碌爬了起来，抓起闹钟一看傻眼了，已经五点半了。"闹钟怎么没响呢？"小贱货高声叫道。"怎么没响？我听到闹钟响了，还以为你小子起来了呢！"有人接话。周边住的民工已经有嘈杂的声音了，那是人家已经准备上工地了，可是小贱货还没开始做饭。见好多人缩在被窝里没有动，排长大声地喊："都起来，都起来上工地了！""饭都没吃，上个球！"有人咕哝。排长对小贱货大声说："快点做饭，做好了送到工地上！"大伙儿伸着懒腰，磨磨唧唧开始起床，没精打采地去上工地。等到小贱货把饭送到工地已经9点多了。尽管他还用被子把饭桶和菜桶包好，但在这寒气逼人的早上，经过三四里路的晃荡，大伙儿吃到嘴里的饭菜还是冰凉冰凉。难免，小贱货又挨了大家一顿臭骂。

这件事过去了不到半个月，小贱货又做了一件让人啼笑皆非的事。这天，按照惯例，小贱货做好了早饭就大声地吆喝，喊大家起床。大家懒洋洋地打着哈欠，慢腾腾地爬起来，半睁半闭着眼睛漱口洗脸。大概是刺骨的凉水浇在脸上，刺激大脑迅速清醒过来，所以吃早饭时已经精神饱满了。吃过早饭,大伙儿挤在堂屋里,有人坐在地铺上,有人歪靠在地铺上,等待着排长发出"出发"的指令。排长将头伸出门外,看看外面黑洞洞的,天上连星星也没有,他心里想"要下雪了吧",又听听外面静悄悄的,隔壁没有上工的动静,他缩回头说:"小贱货,你是不是喊早了?"小贱货已经脱了衣服,钻进被窝了,他每天吃过早饭都要补睡一个多小时。听了排长的问话,小贱货回答:"不会的,我是老经验了。"的确,每天做好早饭就喊大家起床已经成为习惯,如果有早一点晚一点的话,也不过是三分钟五分钟而已。等了一会儿,排长又把头伸到门外,外面还是黑洞洞的,还是静悄悄的。排长转身走到小贱货枕头边,大声说:"你把钟给我。"小贱货已经快睡着了,他不情不愿地从枕头下摸出闹钟递给排长。排长将闹钟拿到马灯前,仔细看着钟面上的指针。突然,他大叫一声:"现在还不到三点半。"

这一声喊,屋子里像炸了锅,"小贱货,你捉弄老子们。""小贱货你前几天叫我们吃冷饭,大伙儿说你几句,你不服气,今天故意折磨我们。""小贱货,你不是炊事员,你是催死员,上次催我们命,这回又催我们死。"小贱货一下子掀开被子,夺过排长手中的钟,借着灯光一看呆住了,离三点半还差2分钟。他听了听闹钟,"嘀嗒、嘀嗒"有节奏地响着,他又看了看闹钟,红色的秒针一下一下有节奏地走着,他自言自语地说:"我是看了钟,3点钟起床开始做的饭呀!"屋子里闹哄哄的,"周扒皮,你个周扒皮!""半夜鸡叫,半夜鸡叫了。"有人问他:"你是听到闹铃响起床的吗?"他回答:"我每天到凌晨3点就会醒,夜里我醒了,看了钟就是3点。"排长问:"现在才3点多钟,你怎么解释?""我也不知道。"小贱货哭丧着脸。一直没有发言的"老四"忽然说:"你是不是看错钟了?把长针看成短针,把短针看成长针了?""对,对,对,你是不是把12点15分看成3点钟了?"有人马上接话。"我的生物钟也一直是很准的呀！"小贱货说话的声音明显低了下来。这时候，排长大声说："睡觉，都抓紧睡觉，6点钟准时上工地。"又对着小贱货补了一句："过一天找你算账！"

　　排长并没有找小贱货算账，但是，小贱货的爹老彭却被秋后算账了。在割资本主义尾巴的运动中，他被人举报"走资本主义道路，搞投机倒把"。为此，被揪到大队里参加"学习班"，在"学习班"里交代长期装病、强买强卖、短斤少两、欺行霸市、投机倒把等罪行，接受革命群众的批判。好在老彭是贫农，在"学习班"里又犯了两次头疼病，疼得肠子都要吐出来了，所以只经过20多天的学习、批判和劳动改造，便被放回家了。回到家的老彭越想越来气，一家饱了千家厌，这些人见不得别人吃了三两狗肉。眼见就进腊月了，这么好的挣钱机会，叫你搞不成了！老子把一个儿子成年累月地交出去服劳役，家里一年有多大损失，你们谁给我算过账？老子一年到头吃药要花钱，三娃子和两个姑娘读书要花钱，你们这是把人往绝路上逼呀！老二要是在家里帮忙，养一头老母猪，一年下两三窝猪娃，也是几百块，种好三分自留地的菜园子，一年也是几百块。想到这里，老彭立马托送菜的人带信，叫小贱货回家，"就说你爹要死！"小贱货通过多方面的信息，知道他爹进了"学习班"，受了气，要他回家的真相，就向排长请假，说爹病了，要回家看望。排长使用缓兵之计，今天说过几天，几天后又说再过几天。拖过了腊月十五，小贱货再也不跟他耗了，三十六计走为上计，卷起铺盖就溜了。

8.放牛郎

　　老彭不让儿子去出外工，生产队长没有强求，他对小贱货有了新的安排。队里放牛的贺老汉60多岁了，哮喘病越来越严重，已多次提出干不下去了。过了正月十五，队长让小贱货接手贺老汉当饲养员。

小贱货当然知道饲养员不过是官话,就像做饭的称作炊事员一样,他拒绝了放牛的安排。全大队6个生产队,还有周边大队,都是年纪大的人在放牛,哪有小伙子放牛的?这也太让人没面子了,太掉底子了。队长慢条斯理地问他,你能干什么?年纪轻轻的还去守稻场?守田?小贱货一下子噎住了,很快又别着脖子说:"我啥都可以干。"队长看着他笑了,小贱货红着脸也笑了。队长像拉家常一样对他讲放牛这份差事的好处:它不是重体力活吧,比你在工地挑石头、刨土轻松得多吧;农忙时节,大家都要起五更睡半夜,牛也是最忙的时候,要耕地、耙地,要耖田、赶磙,要拉车运麦子、运稻子,你放的牛就很少了,你看,别人是农忙,你是农闲吧;冬天,牛不需要赶上山去放,扔几捆稻草给它们就解决了,你看,冬天又是最轻松的吧!他看小贱货没有吭声,语气平和地说,谁说没有年轻人放牛?别的生产队里前些年就是年轻人在放牛。队长拍拍他的肩膀,"干两年,我会重新安排的。"小贱货还能说什么呢?

放牛的第一天,太阳还没出来,小贱货就守在牛圈门口,等到几头干活的牛被别人一一牵走后,他便按照贺老汉的指点,把剩下的牛赶上了公路,迎着灿烂的朝阳向山里进发。正如贺老汉说的,不到半个小时,邻近几个生产队的牛群都先后在公路上出现。小贱货精心制作了一条鞭子,比拇指略粗的黄荆条,用砂纸打磨得光滑圆润。拴在荆条棍上的鞭绳,是用唐麻先搓成3股细绳再编成的,有2米多长,精致柔软。几个生产队的牛群很快走到了一起,慢吞吞地,杂乱无章地迈着牛步。"叭叭叭"小贱货的新鞭子在空中甩得清脆响亮,与其说他是在驱赶牛群,倒不如说他是在压抑自己焦躁的心情。这牛群走得太慢了吧,我是五步当作三步行的人,今天逼得我三步当作五步走,真受不了。看看别的几个放牛的人,人家跟着牛步移动倒是心安理得,好像还很悠闲自在。"唉!"他叹了一声气,又甩响了一下鞭子。有几头牛蹿到路边,企图对地里的小麦偷嘴,被小贱货狠狠地抽了几鞭子,他可找到了出气的对象。

  终于上山了,不过5公里的路走了近3个小时。各个队里的牛群分开了,有的赶往南边山上,有的赶往北边的山上,有的在山坡上,有的在山坳里,反正哪里草多就把牛往哪里赶。但是,你不能把你的牛群赶到别人选中的草地上。小贱货在邻队一个老放牛员的指点下,把牛赶到东边稍远一些的一个山坡上。这里的山都很矮,好像一个连着一个的大坟丘。他爬上丘顶,坐在石头上,居高临下,俯视着下边的牛低头啃草。中午的太阳照在身上暖洋洋的,舒服得很,但他不放心,隔一会儿清点一下牛的头数。开始是担心有牛掉队没跟上来,又怕有牛混到别人牛群里去了,后来是怕耍自由主义的牛特立独行,脱离了看管。所以,他一会儿站起来,一会儿坐下去,一会儿跑到左边数,一会儿跑到右边数。他认不准自己队里的牛,只记住赶出来多少头牛,有几头黄牛,有几头水牛,有几头小牛。他觉得这些黄牛跟别队里的黄牛长得一样,这些水牛跟别队里的水牛也没有什么区别。初春的山坡上,向阳地方的草,青乎乎的已有一拃多高,山坳里背阴处则是"远看草色近却无"。牛在平缓的山坡上寻寻觅觅,走走啃啃,有的往上,有的往下,有的往左,有的往右。突然,他看见往下啃的牛有两头居然到了山脚下,他急忙往山下奔去,抢到牛前面拦住了。山脚下有一片绿油油的小麦,糟蹋了别人的小麦可就闯祸了。他觉得不能守在山上,应该守在山下,拿鞭子逼着它们往山上啃食。

  太阳偏西了,肚子咕咕叫起来了,他从身上挎着的小布袋里摸出了一个搪瓷缸,缸子里装着他妈用腌菜和猪油炒的油盐饭。他把小布袋捏了捏,发现忘记带筷子,眼睛转了转,伸手扭断了一根灌木枝条,又把它折成两段,把上面的树叶扯去,就做成了一双筷子。这双筷子一根长,一根短,长的有一尺多长,上边还有细密的树叶,短的有六七寸长，裂着扭开的枝皮，不过这并不影响它作为筷子的功能。饭是凉的，但也不影响他狼吞虎咽。约莫下午4点钟，小贱货看到对面山上的人在把牛往回赶。小贱货甩响鞭子，也开始把牛收拢，然后往山下的公路上赶。他跑前跑后数了几遍，又往后张望了几次，确信牛全在，便把它们赶上了回家的路。时间不长，几个生产队的牛群先后来到公路上，又逐步汇集起来。这支庞大的队伍霸占了全部公路，迎着西边温柔的阳光，慢慢地往回走。后面的汽车来了，大声地响着喇叭，牛群无动于衷，依旧慢吞吞地沿着它的路线行进。汽车头抵住了牛屁股，司机将头伸出驾驶室，对放牛的人喊"赶一下，赶一下"。放牛的拿鞭杆棍将牛往公路两侧打开，费了好大的劲，才在路中间开辟了一个巷道。汽车愤怒的从屁股后面喷出一股黑烟溜走了。小贱货一会儿跟在自己的牛群后面，阻拦着和驱赶着别家的牛钻进来，一会儿又急匆匆地冲到牛群前面，把混进别家牛群里的自家牛驱赶出来。他在牛群中间挤进挤出，前后奔忙，搞得满头大汗。一个叫老周的放牛大叔诧异地问他："你这是干什么？"小贱货说："牛跑进别的牛群中，我就不认识了，它们进了别的生产队牛圈了咋办？"周大叔哈哈大笑，说："不用担心的，牛都认识自己的家，不会进别人家的，再说我们在分路的时候，也会把不是自家的牛拦出去。"小贱货将信将疑。直到几个生产队的牛群逐步离开，他的牛并没有紧随其后，而是停住脚步张望着自己的同伴，小贱货才深信了周大叔的话。

　　放牛太孤单了，天天在山上一个人面对着一群牛，却没有一个人相伴。放牛太寂寞了，他只能对牛大声地喊叫，用力地呵斥。他常常无聊地靠在一棵小树上，监视着牛群，昏昏欲睡，却又不敢睡。他想起赶牛回家的路上，常常有同行背着一小捆柴，或者在牛背上搭着两小捆柴。小贱货来了精神，我也可以捡柴呀！放牛、捡柴一举两得，捡柴、消困相得益彰。可是他环顾四周，哪里有柴可捡？他又转悠了半架山，仅仅捡了三四根指头粗的细树枝，可能是谁赶牛后扔下的。这放牛的场地，几乎没有几棵像样的树，春夏之交的太阳晒得头皮生疼，想要找一棵树遮阴很难，这到伏天咋办？别人放牛是在哪里拣的柴呢？回家的路上，小贱货细细地观察了同行搭在牛背上的柴捆子，发现里面干的、湿的、青的、黄的、树枝、蒿子等全捆在一起，他心里有底了。

一大群牛走得实在太慢了，小贱货跟在牛的后面踱步，心急火燎，口干舌燥，他感觉自己被迎面的太阳快烤焦了。他分开牛群，趴到公路边稻田的水沟沿上，扅开水面上漂浮的小虫子，像他的牛一样，嘴巴凑近水，咕咚咕咚地喝起来，然后爬起来，用双手捧起水把脸和脖子痛痛快快地洗了一遍。他感觉凉爽多了，舒服多了。他选择了一个大牯牛，扯着它鼻子上套着的缰绳，把牛头拉低，踩着牛角爬上了牛背，像前面那个放牛老伯一样，横坐到牛背上。这头牯牛的背很宽，两只牛角像两个弯弯的大月亮，快要合拢成一个大圆月亮了。这头牯牛力气最大，用牛的社员都抢着用它，它在淤泥过膝的湖田里赶耖，拉得赶耖人都跟不上它的步伐。这头牯牛自由主义行为也很突出，稍不注意便离群了，要么跑到堰塘里戏水卧泥，要么跑到庄稼地里偷袭。它的行为影响力很大，常常引导它的同伴同它一样违规违纪。小贱货认为这头牛有领导的派头，也有领导的作风，在牛群里应该当头，他给它起了个名字叫"群主"，不，还是叫"群长"吧！他坐在"群长"的背上想，"要是有一支长笛就好了，迎着夕阳，坐在牛背上吹笛，那不是《牧童》那幅图的美丽画面吗？唉！有笛子我也不会吹呀！唉！会吹笛子我也不是牧童了，我是牛郎了。对，我是牛郎，可是牛郎有织女，我的织女在哪里呢？"

9.周大叔

　　过了一天，小贱货带了一把镰刀和两根麻绳，赶着牛群上了山。他把牛群安顿在一个青草茂盛的山坳里，下边还有一个不大的堰塘，周围没有农田，因此，他不用担心牛会脱离他的视线。他拿着镰刀在山上寻觅，一两个树蔸子上长出的几根枝条，被割断，一两丛被牛踩得东倒西歪的荆条被削下，堰塘边的几蓬蒿子也被他砍下。他把这些还是青枝绿叶的柴火摊在山坡上暴晒。他搜寻着镰刀下的猎物，眼睛还不时地扫视一下牛群，特别是那头他称之为"群长"的牯牛。他看到对面山脚下有人向他挥手，好像还在喊着什么。他向对面跑去。原来是周大叔在对他喊："我帮你看着牛呢！"意思是你放心地找柴火吧！小贱货感激地向周大叔招了招手。吃午饭的时候，他和周大叔坐到了一起。他带的还是腌菜炒饭，周大叔带的是一个蒸熟的大红薯。这一天，小贱货搞了两捆晒蔫了的青柴火，大概有四五十斤，放在"群长"宽大的背上驮着回来。吃晚饭的时候，小贱货的父亲在给自己斟酒时，还破天荒给小贱货斟了满满的一小杯酒。

　　从那天以后，小贱货经常与周大叔在一起放牛。周大叔有经验，总是能找到草多草好的地方。他俩轮换着照看双方的牛，轮换着去找柴火。更多的时候是他俩坐在一起，天南地北地聊着闲话，看样子周大叔也是个耐不住寂寞的人。周大叔喜欢谈牛经，讲认牛，关键是记住牛的特征，比如它的毛色、花纹、牛角形状、牛尾巴的长短粗细、牛耳朵和牛鼻子的样子，甚至你给它穿的牛鼻箭，拴的牛缰绳也是不一样的。他讲牛是极通人性的，你的声音、你扬鞭子的动作、你对它的态度，牛都是懂得的。他讲羊有领头羊，其实牛也有领头牛，领头牛怎么做，其他的牛就跟着它怎么做。小贱货想起了他的"群长"，"群长"是不是领头牛呢？周大叔讲牛的眼睛是放大镜，它把人看成是庞然大物，所以它怕人。它不像狗，狗眼睛是把人看小，所以狗不怕人。

他讲牛有两个胃，所以它能把吃进去没有嚼烂的东西再吐到嘴里，重新咀嚼一遍。他说提防牛丢失，最关键的是看好那些发情的牛，特别是黄牛中的尖子和水牛中的牯子，这些公牛会不要命地去追那些发情的磨牛（方言，指黄牛中的母牛）和沙子（方言，指水牛中的母牛），所以它会跑进别人家牛圈，又会被别人打走，像孤魂野鬼一样在外面游荡。这让小贱货想起了他们家母猪跑花时的焦躁和疯狂。周大叔看着小贱货晒得发红的脸，提醒他，"放牛郎带三件，蓑衣斗笠打牛鞭"，说放牛的人出门一整天，你在山上遇到下雨走暴，连躲雨的地方都没有，即使有躲雨的地方，你还要顾牛，也顾不上躲雨，会淋得像落汤鸡一样。说现在很少有蓑衣斗笠了，起码得带一把硬骨架的雨伞，戴顶草帽。他语重心长地说："夏天太阳多毒啊，不戴帽子，人容易中暑、上火、害眼、长火疱。"他还神秘兮兮地告诫小贱货，不要每天都搞柴火，三五天搞一回，每次也不要搞太多了，三四十斤就行了，不然队上的人会眼红，会说你没把牛放好，只是专门在砍柴。

小贱货则给周大叔讲他小时候怎样偷偷学游泳，怎样挨打和罚站。他更多的是讲修三线铁路，修水利出外工的事。他讲修铁路修渠道都是一样的，要么在山上挖槽子，要么在低凹处填土埂子。他讲在石头上打炮眼，掌炮钎的应该怎样转动炮钎，炮眼才会打得圆；抡大锤的怎样利用惯性，人才会轻松一些；讲怎样装炮，底药装多少，盖药装多少，导火索多长为宜。底药装得多，炸的范围大，震裂的多，飞石少；盖药多，炸碎的石头多，石头飞得远，他俨然一个爆破专家。他讲没有菜吃，怎样找房东说好话，骗房东菜园里的菜，怎样夜里翻山去拔别人的萝卜。他自然忘不了讲干腌菜包饺子如何美味。他讲晚上收工了，累得像狗一样喘粗气，还来回跑一二十里去团部看《龙江颂》的电影。他讲腊月间总盼望房东家杀年猪，能请他们喝一碗血晃汤（方言，指猪血汤），可房东总是等他们放假了才杀猪。他讲有一年腊月,另外一个营十几个出外工的人,结伴回家的时候,每个人带两条扁担坯子,你知道吗?一条扁担就是一棵树,还不止呢,做成一条扁担,可能要砍几棵树。他们被林业管理站的人拦住了,但他们早有准备,结果反把这两个林管站的人捆住,丢到树林子里,差一点冻死了。小贱货跟周大叔在一起放牛,感觉不再孤单,不再寂寞,学到了很多东西。周大叔真是一个古道热肠的好人。

农忙季节到了,人是割麦插秧两头忙,牛是拉车、脱粒、抢耕、抢种多头忙。正如队长说的,需要去放的牛很少了,只剩下老弱病残幼,数量不到牛群的三分之一。可是,小贱货的活儿并没有像队长说得轻松。天还没亮,小贱货就得给这些准备干活的牛,喂上一遍专人割回的青草,让它们吃饱了好上套干活。到傍晚,他放了一天牛回来,但不能回家,还要等待那些干活的牛前前后后回来,先后拉它们去堰塘里喝水,然后再给它们开小灶,喂一遍青草。干完这些,往往天都黑了,而他还是中午在野外吃了一点干粮,早已饿得前胸贴后背了。唉,慢慢熬吧,周大叔说年轻人的日子总有一天会熬出头的。

放的牛少了,小贱货有时候不再将牛赶到山里去放,那里太远了,在路上消耗的时间太长了,慢悠悠地跟在牛屁股后面走,让他感觉自己的脚步,已经跟年迈的老头儿一样蹒跚了。虽然他有时会坐在"群长"的背上,但他哪能心安悠闲地坐在上面?他在路上还要维持牛群的秩序,防止他的牛违规违纪。小贱货开辟了一个新基地,他把牛赶到小河西边与汉江东边之间的一片低洼荒滩上去放,那里有野燕麦、狗牙根,还有低矮的芦苇等,牛都喜欢吃。那里比进山的路程要少一半多,只是场子不大,不能容纳更多的牛。

冬天,天寒地冻,山上的草,滩上的草都枯萎了,被严霜褪尽了颜色,打趴在地,牛在寒风中也是瑟瑟发抖。所以,牛在冬天不再被赶出去牧放。小贱货将它们关在牛圈里,每天早上一次,晚上一次,打散一捆又一捆的稻草给它们喂上。其实，喂给它们的这些稻草最多吃了一半，其余的都被糟蹋了。小贱货认为一天喂一遍就可以了，队长却强调一天必须喂两遍，说不要怕稻草被糟蹋了，稻草多了牛圈里就暖和了。另外，稻草被牛踩在脚下，牛屎牛尿拉在上面，那是在造粪，造有机肥。整个冬天，小贱货一点也没有感觉到轻松，除了给牛喂稻草，晴天他得把牛赶到堰塘里去饮水，下雨下雪，别人可以不出工，躲在被窝里享受温暖，而他要冒着雨雪冰冻，挑几担水，烧几大锅，给牛喂热水。烧水的锅灶，在牛圈门前的露天场地上，锅里的水烧热了，他快冻成冰棍了。为预防寒风侵袭，他要把牛圈里裂了缝的墙用塑料布塞上，把裂了缝的门用塑料布包上。如果连续出几天太阳，温度上升了，队长会催促他把牛赶到河堤上去晒太阳，去溜达散步。寒冬腊月里，他的一头黄牛和一头水牛先后下崽，虽然队长还安排了一个老头帮忙，但他还是连续熬了几个夜，又连续一个多月给这两个母牛开小灶，煮熟黄豆，再铡碎稻草，拌了喂它们。还要时刻注重给小牛犊子保暖，观察它是否正常吃奶。难得的几天春节放假，与他也无缘了，他每天还得照顾这一大群老老少少的牛，要管它们的吃，管它们的喝，管它们防寒保暖。说什么冬天放牛清闲，队长纯属骗人，小贱货越想越来气。"有些人的话别太当真了"，周大叔的这句话真没说错。最最让他窝心的，是他有一件压在心底的秘密事难以实施。在修北干渠住沙河时，他们的房东女主人曾说过要给他介绍对象，好像是她娘家的远房亲戚。因为这件事八字没有一撇，所以他没有对任何人讲过，包括自己的父母，但他心里还惦记着。一年多过去了，他原想在春节期间去一趟沙河，向房东问一下情况，催促他们一下，可六七十里，一去一来得两天，这哪里有时间呢！再说，房东问起我这一年多在干什么，我怎么说？总不能说在放牛吧！想来想去，他打算开春后找队长，不再放牛了，干啥都行。

开春以后，小贱货并没有向队长提出辞职，因为父亲不同意。老彭认为放牛挺好的，活儿不重，又可以帮忙做家务，家里的烧柴问题也解决了。小贱货只得暗暗地生气，这个自私的父亲，就像北京火器营卖大烟的宋老三夫妇，不管不顾女儿大莲的婚事一样，一点儿也不关心自己的儿子。还好，正月十五前两天，队长允许由大贱货代替小贱货照顾了两天牛，小贱货去了一次沙河，而且在房东家见到了姑娘的母亲，也就是希望中的丈母娘。

小贱货日复一日地重复着放牛的生活，在与周大叔的聊天中，稀释着心中的郁闷，在夜晚的睡梦中，抚摸岁月的美好和酸涩。割麦子前，沙河的房东带着那个姑娘，说是来附近走亲戚，顺便到小贱货家里看了看，老彭夫妇热情地招待他们吃了一顿丰盛的午餐。姑娘什么话也没有说，只是看似无意地问了一句："怎么没看到你们家里的柴堆呀？"老彭知道山里人家家都有一个或两个大柴堆，像稻场里等待脱粒的高大麦垛子一样，一个柴堆可以供几年做饭用柴。他向她解释："我们河区里，尤其是我们街上人，家里都没有柴堆，我们烧柴少部分靠生产队，大部分靠买，所以我们的柴堆在这里，老彭指了指自己的口袋。"那一天，小贱货上山放牛去了，错过了与姑娘见面的机会。他听说姑娘长得水灵灵的，身材也好，他懊恼极了。

10. 他死了

进入秋天后，连续的阴雨使天气一天比一天凉爽。这一天是一个很平常的日子。队里不多的黄豆已经收割，中稻还没到收获的季节，所以没有一头干活的牛。早上，包括那两头已有半岁的小牛犊，一共22头牛，由小贱货赶着，慢慢向西边走去。连续下雨，进山的路泥泞不堪，太难走了。清晨，小贱货听了街头大喇叭发出的中央人民广播电台的天气预报，今天汉江中下游有大雨，局部地区有暴雨。人们常说:"县里预报胡说八道,地区预报参考参考,省里预报比较可靠,中央预报说到做到。"小贱货是相信中央预报的,别看现在是天高云淡,艳阳高照,汉江中下游不就是我们这里吗?夏季的天奶娃子的脸,可是说变就变的。他要把牛赶到西边的滩上去放,那大片滩田里割去豆子后遗留的青草,纵横交错田埂上的青草,还有那么多沟沟坎坎里的草,可以让他的牛饱餐一顿。

他赶着牛慢慢地翻过小河东岸的大堤,走上了坚固的木桥。看到小河里的水变成了浑黄色,水位明显升高了,"涨秋水了"小贱货在心里嘀咕。他指挥着"群长"走在牛群的前头,他在队伍后面压阵,他越来越觉得"群长"就是领头牛。翻过小河西岸的大堤,再向西南行进,一个多小时后,他和它们到达了目的地。让他没想到的是,这里不仅有粗壮的狗尾巴草,柔嫩的野苜蓿,匍匐在地的地翻根竟然有五六寸高,而且地里还有镰刀口下遗漏的三四寸高的黄豆秸,上面挂着一个两个小豆荚。无论是身体庞大的水牛,还是体形单薄的小黄牛,它们的舌头轻轻地一卷,那些近乎低垂到地上的小豆荚,就进入了口中。

地边上,有几棵长得歪歪斜斜的枫杨树,小贱货坐在一棵最大的有碗口粗的树下,一边监视着牛群,一边享受着树下的清凉。中午的时候,天上飘着一团团乌云,太阳在云里面钻进钻出,天气闷热。好多牛仰起脖子东张西望,有的则互相追逐。"都吃饱了!"小贱货心里说。牛吃饱了,可牛主人的肚子还饿着呢!因为昨天晚上没有剩饭,早上又吃的粥,所以小贱货没有带饭。不要紧,小贱货有办法解决。他在几块地的边角处,转了好几圈,拔了一根又一根拃把高,半拃高带有豆荚的黄豆秸,两手合攒着有一大把。他把它们堆在地上,从口袋里掏出火柴,将随手抓来的黄豆叶子点燃,再把黄豆秸枝枝杈杈架上去,黄豆秸含油脂,很快就燃起来了。还是周大叔提醒得好哇,带火柴确实有用。过了一会儿,哔哔剥剥的声音响起来。等到豆秸烧完了,小贱货从灰窝里刨出了一捧烧裂了的豆荚。他掰开豆荚,将豆粒一颗一颗地丢进嘴里,津津有味地吃着。真香啊!可惜少了点。

天上的乌云更多了,太阳在云缝里只挤出来一点白边,一丝风也没有。小贱货把牛往一片低洼处赶去,因连日下雨,那里已形成了几个不大的水坑。小贱货抢在牛的前边,在一个稍大点的水坑里洗手、洗脸,面前的水霎时变黑。他换了个位置,用双手并拢,一次又一次地捧起水,喝了个饱。牛群分散开,有的站在坑边,有的站在坑里,都伸出脖子咕咚咕咚地喝起来,很快,水坑里的水减少了一大截。"群长"站在水坑里,水仅仅淹没了它的小腿,它似乎犹豫了一下,便四脚朝天躺到水里翻滚起来。紧接着,大大小小的牛都在水坑里欢腾起来。小贱货看着这些在水里恣意戏耍的牛群,想起自己小时候不顾爹妈的打骂痴迷小河的往事。

远方隐隐地传来雷声,小贱货挥起鞭子大声吆喝着,把牛赶起来。他凭感觉,现在还不到下午3点,但他决定回家,他要赶在大雨到来之前把牛赶回去。路上没有别的牛群阻挡,小贱货不断地挥舞鞭子,驱赶它们加快速度,有一阵子"群长"竟然带着它们奔跑起来。牛群上了小河西岸的大堤,小贱货一下子惊住了,他在堤上看见小河里的水涨了好多,堤下回家的路已经有一段浸在水中了。他不再在空中甩打鞭子,而是直接将鞭子抽打到"群长"的身上,让它带领牛群加快步伐,他也将鞭子抽打落在后边的牛身上,包括那两头小牛,催促它们紧跟队伍。远远地,小贱货看见小河上的桥已经被淹没了,桥上的栏杆在河水的冲击下时隐时现。怎么办?怎么过河?怎么回家?一道闪电划过,紧接着雷声轰轰隆隆地滚过来。已经来不及多想了,小贱货决定带着牛群,从被淹的桥上蹚过去。

他脱掉衣服和塑料凉鞋,只穿着红色的裤衩,他把衣服和鞋子卷在一起，用麻绳紧紧地绑在""群长""的牛角根。他像一个指挥渡江的将军，挥舞着长鞭向前方进发。到达桥头的时候，河水已经淹到了小贱货的大腿，他再一次清点了一下队伍，22头牛一个不少。将军决定身先士卒，他把""群长""长长的缰绳，从它的脖子上一圈一圈地解下来，把缰绳在自己的左手腕上缠了两圈，他要牢牢地控制住"群长"，让"群长"必须带领着牛群从桥上蹚过。他知道牛是不怕水的，牛泅江，马泅海，驴子遇水拿刀来，只有驴子怕水，桥上这点水在这群队伍里就不是事。但他担心，这群牛如果掉在桥下的河流中，就会被激流冲得七零八落，冲到下游的汉江里就危险了。大雨哗啦啦地倾倒下来，小贱货把长长的缰绳折叠起来握在手中，手几乎接近了"群长"的鼻子，控制了牛鼻子就控制住了整头牛。他同"群长"并排蹚水上桥，可是在桥上没走几步，小贱货顿时感到不对头，水淹到了胸口，水的冲击力巨大，他的身体一下子漂浮起来。他丢掉了右手握住的鞭子，又不得不松开左手握着的缰绳，松开了控制牛鼻子的手，用力地划动着水。他感到缠在手腕上的缰绳阻碍了他的行动，他正要甩掉绳子，突然被一股巨大的力量带进了激流。是"群长"，是那头力大无比的大牯牛，带着它的主人奋力冲进了浊浪滚滚的河中。小贱货连呛了几口水，他没有慌乱，他想顺着水流划动双臂。可是他甩脱不掉左手腕上的缰绳，无法抵抗巨大的牛力和水力，更无法控制自己的身体，他被大牯牛拖拽着在漩涡里打转，在浊浪中翻卷，红色的裤衩在雷雨和波涛里时隐时现。

  小河东岸的大堤上早已聚满了看水的人，大家议论纷纷，说这水涨得太快了，是不是丹江大坝又开闸放水了？有消息灵通人士说，是特大暴雨，摧毁了河南驻马店两座大型水库，造成下游一片泽国，江河湖库全面暴涨。大贱货和三娃子中午12点便焦急地等候在桥头，他们知道小贱货把牛赶到西滩上去了，眼见着河水迅猛地涨起来，眼见着河水漫上了桥，眼见着整个桥被淹没，担心小贱货带着这群牛遇到危险。终于看到小贱货到了桥头，看到他穿着的红裤衩，他们拼命地大声喊叫："别管牛了，快游过来！"他们的喊声被淹没在雷雨和浪涛声中。眼见着弟弟，眼见着哥哥，被大牯牛带进了漩涡，大贱货和三娃子急了，要往水里跳，被"小队长"和他弟弟修娃死命地抱住了。这么大的水，这么急的浪，这么强的流速，跳下去不是白送死吗？看到红裤衩子在浪涛中翻上翻下，大贱货和三娃子声嘶力竭地哭喊起来。堤上的人一片惊呼！

在五六里外下游的安家湾子，小河拐弯的地方，大牯牛用缰绳拖着他的主人上了岸。人们追到这里，雨已经停了，天还没完全黑。人们看到一只牛角上还牢牢绑着小贱货的一件蓝白条纹汗衫，一条蓝色咔叽长裤和一双塑料凉鞋，另一只牛角上缠绕着两圈经它鼻孔延伸出来的牛缰绳，缰绳的末端还缠在小贱货的左手腕上。哭喊着的大贱货费了好大劲儿才解开了小贱货手腕上的缰绳。小贱货把缰绳缠在手上，还打了一个活结，本来这个活结在一般情况下用手轻轻一拉就开了，可是在汹涌的河水里，他根本没有办法去完成这个简单的动作，再说缰绳经过水的浸湿，紧紧粘连，活结也无法解开。大牯牛卧在堤坡上，任凭大贱货和三娃子弟兄俩使劲地抽打，它只默默地看着它一动也不动的主人。

11.花角尖

生产队的队长安排人放倒了队里的两棵椰树，安排两个木匠和两个帮手，干了整整一天，打造了一副棺材。队里及邻居四五个热心的妇女来帮忙料理丧事。小贱货的母亲哭了整整一夜，哭晕过去两次，被人掐人中缓了过来。老彭头上缠着折叠成拇指宽，蓝白相间的条纹手绢，低着头坐在墙角闷声抽烟，面前的烟头堆成了小丘。其实，很多时候他并没有抽，只是用手夹着，点燃的烟烧着了他的手，才惊觉扔掉。

第三天一大早，队长安排的8个青壮年劳动力抬着棺材出了门。墓地由队长指定在稻场东边棉花地的东南角，是一个尖尖的三角形地块，大家称为"花角尖"，那里是个坟场子。天阴沉沉的像要塌下来。三娃在棺材的前面丢着黄色的纸钱，大贱货和两个妹妹，还有十几个亲戚默默地跟在棺材后面，他们都戴着黑袖箍。跟在后面的还有放牛的周大叔、修娃的一家和小贱货两个关系好的同学。到达墓地的时候，墓坑已经被6个壮汉子挖好了，挖坑的和抬棺的一起，用粗绳子和木杠子把棺材吊到坑底，放平后抽出绳子。填土开始了，花角尖成了小贱货永久的归宿，大贱货兄妹及几个亲戚高声哭起来。这时候，在稻场里干活的，在四周农田里干活的男男女女，呼啦啦一下子全跑过来了，把墓地围了一层又一层，他们有的帮忙填土，有的劝着大贱货兄妹，有的悄悄地抹着眼泪，更多的是低着头默默无语。

在邻居的帮助下，下葬的当天中午，用两层蒸笼格子的米粉蒸肉等酒菜，酬谢了抬棺的、挖坑和填土培坟的一众下力气的人，大贱货弟兄俩跪着给他们一一敬酒。晚餐是酬谢参加送葬的亲戚朋友、帮忙的人和队里的干部。堂屋里摆了两桌，坐着亲朋及帮忙的人，后面院子里摆了一桌，是招待队里的干部。队里的干部有队长、副队长、贫农组长、民兵排长、会计、出纳、妇女队长、记工员共8个人，本来是刚好一桌，可年轻的女出纳没有来，妇女队长因为姓周，与大贱货母亲是本家，挤坐在亲戚桌上不过来，这一桌就只有6个人。大贱货的母亲眼睛一点也看不见了，她歪靠在里间房屋里的床上，没有哭，肩膀时不时地抽动一下。大贱货的两个小妹妹缩在床上的一角，一动不动。老彭头上缠着手绢，趿着鞋子给大家敬酒，说着感谢的话。队长让大贱货把老彭扶进里屋去了。

堂屋里的两桌很快结束了，大贱货把他们送到了门外。院子里的一桌人说着话，边喝酒边抽烟。看看天快黑了，大贱货把吊在堂屋里的电灯泡拉到院子里挂着。队里的干部都忙了两三天,小贱货入土为安了,他们也安心了。队里的牛全回来了,有的是自己跑回来的,有的是派人找回来的,大大小小22头一个不少,他们也放心了。一桌人热烈地谈论着这场水来得如何如何急,怎样怎样快;谈论看到小贱货在水里挣扎,心里如何如何着急,怎样怎样无奈;谈论看到小贱货遇难,心里如何如何难受,怎样怎样惋惜;谈论安排小贱货的后事,如何如何筹划,怎样怎样落实。队长叹了一口气说:"唉,怪就怪小贱货怎么能把牛缰绳挽在手上呢?"会计接着队长的话说:"如果不是缰绳绊着,凭他的水性,从河里游上来一点问题都没有。"大家边喝酒边附和,争相谈着怎样去选树,怎样从别的生产小队里请来一个木匠,如何选坟地,如何把身强力壮的劳动力调剂过来,等等。大贱货嘴里僵硬地重复着"谢谢,谢谢"。手里不停地给他们斟酒,三娃不停地给他们递烟。里屋里传出老彭低沉的叹息声和大贱货母亲"嘤嘤嘤"的哭泣声。队长对桌子边的大贱货说:"考虑到你们家目前遇到的困难,我决定给你们家里补助100个工分。"他转过头,对桌子上的人说:"大家同意吗?""同意,同意!"队干部一致表态。有人提议划拳,让大贱货和三娃早点去休息。顷刻之间,酒桌上热闹起来:"哥俩好哇!""四喜四喜!""六六顺啦"……立刻盖住了里屋的叹息声和啜泣声。

(五)
三个先生

1.先生的身世

镇上有两家医疗单位,一家是区卫生院,后来叫公社卫生院,另外一家是镇诊所。卫生院是以西医为主,20世纪60年代以前,医生护士来自当地懂西医的医生、县里培训的医护人员、省和地区卫校分配来的毕业生等。镇诊所以中医为主,是由镇上过去的十几家医馆和药铺,经过社会主义工商业改造成立的,医务人员自然来自原来的医馆和药铺。镇诊所七八个看病的医生中,最有名气的有3位,这3人分别是洪大先生,孙二先生和申三先生。

洪大先生自幼身体羸弱多病,是在药罐子里泡大的,一直到20多岁,身体才好起来。多年来,一边吃药养病,一边在伯父的医馆里看医书背药方,久病成良医,而立之年的洪大先生开始设诊所行医。家里还开了药铺,两个堂弟相帮着,生意也是蒸蒸日上。

孙二先生的爷爷就是郎中,主要是熬膏药、做膏药、卖膏药,以治疗痈疽瘰毒见长。孙二先生的父亲子承父业,并发扬光大,设了医馆。父亲和爷爷两人坐馆行医。孙二先生的哥哥孙老大成人后也随父从医,到1949年解放的时候,孙家医馆成为全镇规模最大的医馆。自然,孙家买房子置地在同行中也是最多的。孙二先生从小在家里接触药材,学习医书,耳闻目睹爷爷和父亲看病抓药,言传身教加父兄的严格调教和指导,他在家里当了8年的学徒,父亲才让他正式出道为医。

申家在过去是开药铺的,申老大专门负责收药材、晒药材、加工药材和炮制药材,申老二跟着父亲在柜台上按方抓药、卖药。申老三,也就是后来的申三先生16岁那年考取了省城的中医学堂。申家的药铺开了几十年,三大间的门面,一长溜的柜台,整面墙的药柜,足够气派。几百种中药材从上到下,从左到右,分门别类地分装在整齐排列的小抽屉中,清楚明了,易取易放。柜台前七八个人,接方的、抓药的、碾药的、包药的,忙而不乱,繁而有序,生意红红火火。可是,天有不测风云,就在老三从中医学堂毕业,回家准备大展宏图的时候,一场火灾毁了整个药铺和家，父母的精神受到严重打击，两年内先后去世。弟兄三个将祖上的十几亩土地卖了做本钱，在背街小巷租了一间小小的门面，开了一个小小的诊室，既施诊又卖药，企图东山再起。过了两年，新中国成立了，在土地改革中，洪大先生被划为中农，孙二先生本来要被划为地主的，后来确定为工商业者，相当于资本家，申三先生被划为贫农。

2.洪大先生

洪大先生最擅长的是治肺部疾病，特别是哮喘和咳嗽，很多老病号经他治疗都有了显著疗效。这可能与他小时候长时间患肺病及其治疗经验有关。洪大先生认为人的五脏皆可引起咳嗽，但所有的咳嗽都要经过肺，所以可以由肺寻找病根，从肺上询诊查因。肺司呼吸，肺通百脉，肺呼出浊气，吸进清气，再将富含清气的血液通过血脉输送到全身。就是这简单的一"呼"一"吸"，可以使肺气向上宣发和向下肃降，所以肺在治理调节呼吸系统、全身之气，津液代谢及血液运行等方面具有非常重要的功能。洪大先生认为不仅咳嗽哮喘与肺有关，还有很多病都与肺有关，他诊断很多疾病，都会与肺联系起来。看病的时候，洪大先生在"问"字上最下功夫，问咳嗽有痰还是无痰，清痰还是稠痰，白痰还是黄痰。问咳嗽时疼痛否，是喉部疼还是胸部痛，是胁部疼还是背部疼。在有意无意的询问中，便基本完成了望、闻和切脉的诊断程序。实际上，病人的病态就挂在脸上，是白，是红，是灰，是青，一目了然。病人的病情就在他的说话中，在他的呼吸中，在他的咳嗽和哮喘中，酸、腐、腥、臭的气味一闻便知。再让病人张开口，看看舌苔。通过这一番操作，洪大先生对咳嗽是外感还是内伤，是风寒还是风热，是痰湿还是阴亏等，就有了明确诊断。每种病的药方都是祖宗拟定好的，常用的药方就那么几种，无非就是几味药或者药的剂量的加加减减而已。就这样，洪大先生治好了一个又一个的咳嗽病人，哮喘病人，包括老慢支、百日咳、肺痈、肺痨的病人。当然，这里所说的治好，既包括治愈的，也包括病情得到缓解或者得到控制的。他还从治肺病入手，治好了患其他疾病的患者。

有一位小学老师称自己经常胸闷，有时候背还隐隐作痛，有出虚汗的现象。洪大先生经过诊断，认为是心脏出了问题。在问诊中，病人说他在别的先生那里看过，也说是心脏问题，可是吃了好几服药，时好时坏，并没有很好的疗效。洪大先生稍作沉吟，便给他开了药方。这位老师到药房抓药时，遇到药剂师朋友，药剂师看了看处方，对这个病人说："你肺上有问题了？"病人说："没有哇。刚才医生还说我是心脏问题。""那怎么是治肺病的方子呢？"药剂师说。老师一想："是不是搞错了？"他急忙去找洪大先生。洪大先生语气肯定地说："没有错，你就按这个方子抓3服药吃吃看。"老师只得依方抓药。第四天，这个老师去找洪大先生看病，说自己吃了3服药，好像胸闷减轻了一些。洪大先生摸了摸脉，看了看舌头，问了问情况，提笔又开了方子，就是在三天前的方子上减了一味药，另外加了三味药，嘱咐病人这次抓7服药带回家吃。七天后，老师高兴地来到洪大先生的诊室，说自己胸不闷了，背不疼了，汗也流得少些了。他疑惑地问："您也说我是心脏病，为啥用治肺病的药呢？"洪大先生说："你这心脏问题是由肺上的问题引发的，心主血脉，肺主胸气，气血气血，气助血运行，肺气运行不畅，心脏上的症状就出来了，治好了肺上的毛病，心脏上的病就好了。"老师似懂非懂地点点头。洪大先生还通过治疗肺气之病，治好了许多脾呀、胃呀、肝呀、肾呀等方面的疾病。

洪大先生治病还有一门轻易不用的技术。那一年的正月初三，北风呼号，雪花纷飞，冲淡了过年时全镇热闹的气氛。洪大先生正在红通通的火盆前边烤火边看书，大门被轻轻地敲响了。家里人开了门，随着寒风一块刮进来的是北街卖豆芽的赵老汉。他向洪大先生拱拱手说声"拜年"，就急忙说家里来了一个客人，突然发病，气都上不来了，请先生出诊，救他一命。洪大先生披上大氅，戴上棉帽子，抓起药箱就跟着赵老汉急忙向北走去。两家相距不远，约莫十几分钟就到了。病人是个40多岁的妇女，坐在靠墙的一张木椅上，嘴大张着，肩膀一耸一耸急促地喘气，喉咙里发出丝丝的鸣叫声，厚厚的棉衣掩盖不住她不停起伏的肚子，脸已憋得发紫。一个年老的妇女正不安地用手掌不停地拍打她的后背。洪大先生没有说话，迅速从药箱里拿出一个小铁盒，从中取出两根银针。他让病人低下头，露出整个脖子，左手食指在后颈与背部交界的中间按住，右手在左手食指两侧快速地各扎一针。接着，他让病人略微抬头，又取出一根银针，在前颈与锁骨相交的低凹处迅疾地扎了下去。这一针扎在喉咙处，让赵老汉一家看得胆战心惊。洪大先生观察了一下病人，将病人后颈上的银针分别上下提插了几下。过了一会儿，也就两三分钟吧，病人喉咙里发出了一声明显的咕噜声，接着是一口白色的稠痰从嘴里冲了出来，病人像历经千辛万苦，终于翻越了高山一样，长长地出了一口气。随着呼吸逐渐平稳，病人脸上的青紫色慢慢消退。洪大先生取下病人身上的银针，开始摸脉，询问病情。病人是赵老汉的外甥女，早上顶着风雪来拜年，一进门就大口喘气，喊胸闷，出不上来气，不大一会儿就见她脸憋得通红，话也说不出来了。赵老汉急了，才匆匆忙忙地去请医生。洪大先生问她，是不是以前就有哮喘的毛病？她说从小就有哮喘病，但长大以后好多了，每年冬春都会发几次，从来没有像今天这样一下子就出不过来气了。洪大先生说："你迎着寒风，吸进大量冷空气，引发了急性哮喘，而且还有寒痰堵塞了气管，这种情况是非常危险的。"病人说："我没有咳嗽怎么会有黏痰呢？"洪大先生说："有声无痰叫咳，有痰无声叫嗽，又有咳声又有痰才叫咳嗽，你这严重哮喘已无法咳，只有嗽了，如果能咳，情况可能还没有这么危急。"洪大先生开了药方递给病人，说："先吃这3服药驱寒化痰，你这病得好好治，你的肺功能已严重受损了。"告诫她在冬春季节要特别注意保暖，千万不要吸进寒凉空气。

　　洪大先生银针治病小有名气，但他很少用。他说针灸疗法只能救急，作为治病的辅助手段，治病主要还是要靠服药。有人认为洪大先生看病太谨慎，他开的药方中，药的剂量都比较轻，所以吃他开的药，病好得比较慢。洪大先生对此却有自己的看法，他说不是什么病都能药到病除的，药物对人体的作用是有一个过程的，哪怕是普通的风寒咳嗽，吃了药没有三五天也不会好，更不用说有些病就是慢性病，比如哮喘病，要根治是很难的，有些人得了慢性病可能要一辈子吃药，而且只能控制病情，减轻病人的一些痛苦。诊所迎面的墙上，挂满了老百姓赠送的诸如"华佗再世""妙手回春""医者仁心""医德高尚"之类的锦旗，其中有一半是洪大先生挣来的。后来，洪大先生当上了诊所的副所长。

3.孙二先生

　　孙二先生治病却能做到药到病除，或者手到病除。冬天的一个晚上，东街的一个中年男子急匆匆地跑到孙二先生家，急切地告诉先生，说自己两岁的儿子已经高烧一天一夜，当天吃了两遍药，一点效果没有，现在烧得眼睛直往上翻，请求孙二先生出诊。两家相距不到一里路，孙二先生挎上药箱，紧跟着中年男子匆忙的步子，很快来到他家。孩子睡在床上，盖着厚厚的被子，孩子的妈妈坐在旁边无助地抹眼泪。孙二先生见状，上前一把将被子掀掉，说："发高烧还捂这么严。"他借着灯光，看到孩子烧得满脸通红，胸部急促起伏，听到孩子喉咙里发出一声一声的吭吭声，眉头皱了皱。他伸手在孩子额头上、肚子上和脚上分别摸了摸，又捏着孩子的两腮，孩子张开了口，他低头看了看舌苔，眉头又皱了几下。他命令孩子的父亲赶快去打一桶新井水来，又叫孩子的母亲快将孩子的衣服全脱了。男子家门前不远处有一口深水井，他很快提了一大桶井水进来，满脸狐疑地看着孙二先生。孙二先生看了一眼正在冒着热气的井水，双手抓着孩子的腋下，一下子将光溜溜的孩子放进了水桶里。孩子"哇"的一声哭叫起来，孩子的爹妈"啊"的一声惊叫起来，下意识地想要阻拦，又见孙二先生不慌不忙地把孩子从水中提出来，迅速地用毛巾擦干他身上的水，将孩子放到床上。孙二先生打开药箱，取出一小包药粉用温水化开，灌进了孩子的口中。他让孩子的母亲给孩子喂温开水，不停地喂。孩子喝了一杯，抿住嘴不愿意喝了，并使劲地摆头。孙二先生让孩子母亲给水中加一点糖再喂，一连喂了3大杯。孙二先生在孩子身边已经观察了一个多小时。这时候，孩子尿了一大泡尿，头上渗出了细密的汗珠。孙二先生又伸手摸了摸孩子的肚子，对孩子的父母说了一声"放心，没事了"，才离开。

　　孙二先生将高烧的孩子丢在井水里降温的事，一下子在全镇传开了，后来越传越玄乎，说孙二先生将一个发高烧的婴儿，丢在井水桶里泡了半个小时，提出来病就好了。

　　孙二先生给人看病并非都是开方抓药。他给腰腿疼、肩臂疼、关节疼等外科病人用他熬制的膏药贴敷治疗，这都是传统做法，可他经常给本该吃药治病的也贴膏药，用现在的话说，就是用贴膏药的方法治疗内科疾病，显得的确与众不同。他给患痄腮的儿童贴膏药，贴在患儿的两腮上，三天便可以消肿止痛，比吃药疗效快。他给头痛的人在太阳穴上贴膏药，给喉咙痛的人在颌下贴膏药，给咳嗽的人在背部贴膏药，他甚至给拉肚子的人在肚脐上贴膏药。在诊所里，很多病人不愿意熬中药喝，主动找孙二先生提出贴膏药的要求。不过孙二先生不一定会满足他们的要求，他有自己的主见。

炎夏的一天，一个母亲带着自己10岁的儿子来找孙二先生看病。孩子拉肚子七八天了，吃了好几服药不见好转。孙二先生看到孩子瘦骨嶙峋、眼窝深陷、脸色灰青、无精打采地靠在母亲身上。孙二先生一边摸脉，一边问他一天拉几次，每次拉多少，拉的都是什么，等等。孩子有气无力地回答："一天拉无数次，往往裤子刚系上就又要拉，但拉又拉不出来，拉出来也只一点点。"孙二先生问："是不是拉些泡沫，像鱼冻子一样的东西？"孩子忙点头："是的，是的。"孙二先生又问："冻子是白的还是红的？"孩子回答："好像又有白的，又有红的。"孩子的母亲插嘴说："是不是给他贴点膏药，让他止住屙？吃了那么多的药不见效，再屙孩子就不行了。"她说话已经有了哭腔。孙二先生冷笑了一声，嘴里吐出了3个字"还止屙？"他在面前的柜子里找出一个小瓶子，拧开瓶盖，从中倒出一点液体在瓶盖中，递给孩子，叫他喝下去。孩子迟疑了一下，便一口喝了下去。约莫过了5分钟，孩子的肚子咕噜咕噜叫起来，他说"肚子疼，我要拉"，说着就捂着肚子急急忙忙地往外跑，他的母亲跟着他到了外面。约莫半个小时，母子两个回来了。看到孩子一脸轻松的样子，孙二先生问："拉出来了？"孩子使劲点点头。又问："拉得多吗？"回答："好多好多！"又问："拉了些什么？"孩子低声回答："先拉出来的也是冻子，后面拉的有干的有稀的。"这时候，孙二先生笑着问："不坠胀了吧？"孩子又使劲点点头。孩子的母亲问："您给孩子喝的是什么药？他怎么才能止住屙呢？"孙二先生说："这是蓖麻籽油，你儿子得的不是一般的拉肚子的病，得的是痢疾，他不是要止屙，而是要泻，今天可能还要拉一次，拉通畅了，明天就会好起来。"孙二先生没有给孩子贴膏药，而是开了3服药的方子，叫孩子的母亲按方抓药，说这是补药，补气补血的药，你儿子的身体太虚了。还特别嘱咐:"给孩子做点好吃的,多给他补一补。"孙二先生独特的治病方法和药到病除的疗效,让他的诊室里整天挤满了患者。

4.申三先生

申三先生是省城医学堂毕业的,是诊所里唯一一个老科班出身的医生。他理论功底深厚,对《黄帝内经》《伤寒杂病论》《太平惠民和剂局方》《本草纲目》等颇有研究,对阴阳学说、五行学说在人体上的作用,在医药上的应用理解颇深。他对中药寒、热、温、凉的药性,各种药物是归心经、肝经,还是肺经、脾经、肾经都了然于心。对药物"十八反""十九畏"的歌诀倒背如流。对许多重要方剂的方歌,如解表散热的,理气化痰的,补气补血的,回阳救逆的等,不仅会背,而且在方子的药物增减,剂量的大小应用上都有准确的把握。在与同行一起,对重要病案进行讨论时,他常常发表高见,把阴阳失衡的病因病机,把木水金火土五行相对应的肝肾肺心脾五脏,是相生还是相克,分析得头头是道。申三先生在县里举办的中医知识竞赛中,在中医理论的考试中,多次名列前茅。申三先生在全镇被公认为中医理论的权威。

当然,他在实践上也是颇有建树的。他最擅长的是治疗妇女不孕不育症。他认为妇女不孕不育,必由妇科疾病引起,妇科疾病则以月经不调为主,根据症状,其原因不是气虚,就是血虚,甚至是气血双虚,或者是脾肾虚弱,冲脉不固。不解决这些问题,不治好这些病,治疗不孕不育就无从谈起。就这样,他使婚后两年不孕,五年不孕,八年不孕的妇女喜得龙凤,一时间,慕名而来的求医者让他应接不暇。申三先生还能治疗疑难杂症,胆子大,敢用药。

有一个不到半岁的婴儿,因急性肺炎在公社卫生院住院一周,最后还是没能救过来。家里人含泪把他抱回家，放在草席上。奶奶看见婴儿穿的棉袄里面是一件鲜红的内衣，强忍悲痛，说这孩子到世上来哄了我们一趟，不能让他穿着这件衣服来世再哄别人了。"红"与"哄"是谐音，所以他脱下了孩子的棉袄，解开孩子的内衣准备脱下时，惊奇地发现孩子的心脏还在微弱地跳动。孩子的父母急急忙忙把孩子抱到卫生院，可卫生院的医生坚决不收，说没有办法治。无奈之下，他们找到申三先生。申三先生看了看孩子，摇了摇头。孩子的父母急了，说："你行行好，死马当活马医吧。"申三先生说："我可以救活你们的孩子，但他以后可能是一个哑巴。孩子的父母说哑巴就哑巴，总比没有了强。"申三先生取出了一点点药末，用水化开后给婴儿灌了下去。他说："这是麝香，能开窍通闭，但药的副作用很大，风险也很大，物极必反，否极泰来，希望能有好的效果，但是，出了问题你们别后悔。"结果，婴儿被救了过来，而且很幸运，孩子并没有成为哑巴。

5.先生被批

20世纪60年代的中后期，"文化大革命"的浪潮席卷了小镇的每一个角落。镇诊所里最先受到冲击的是洪大先生和孙二先生。洪大先生是副所长，因而他是"走资本主义道路的当权派"。孙二先生是地主资本家，因而他是"牛鬼蛇神"。他们两人都被戴上纸糊的高帽子游街，都多次在镇人民广场上被批斗。洪大先生的罪状。第一，资产阶级思想严重，自私自利，时刻关注的是自己的名声，对病人用药保守，造成三天能治好的病，他用五天来治，五天能治好的病，他用八天、十天来治，对贫下中农没有无产阶级感情，给贫下中农增加了身体上、精神上和经济上的负担。第二，对党对毛主席不忠，不是为人民服务，而为投机倒把份子大开方便之门。有人控诉他：镇上一个叫周金火的小伙子在山里砍柴，捡了一只被猎人枪弹射杀的豹子。诊所里的医生都想把那只豹骨买到所里，那可以治疗好多患风湿，患骨病的患者。可是，作为分管业务的副所长竟然麻木不仁，不采纳群众的正确意见，借口上级没有批准经费，没有钱，结果一整副豹子骨被外地人买走了，据说那个人是个投机倒把分子。第三，封建主义思想严重，旧思想、旧文化、旧风俗、旧习惯的四旧，在他身上根深蒂固。所里群众提出在诊所里增加西医治疗，作为所里分管技术的负责人，竟然以保持传统医学，发扬中医特色为借口，对购进西医设备和购进西药阳奉阴违，不认真安排落实。上级给我们分配来一个学西医的卫校毕业生，他不发挥别人的西医专长，反而拿了一摞过时的中医书叫别人好好学习，企图把年轻一代变成封建主义的卫道士。

孙二先生主要有两大罪状：第一、欺骗党欺骗人民，利用邪门歪术蒙骗贫下中农，拉拢贫下中农。第二，隐瞒祖传秘方，妄图封建复辟，自己再来开药铺当老板。孙二先生的罪状不多，却引起了全镇造反派的极大兴趣，他们逼他坦白交代用了哪些邪门歪术，逼他交出祖传秘方。他们给他架飞机，让他跪下给人民群众请罪。他们用皮鞭抽，拳打脚踢，逼他交出秘方，交出秘药。几拨"造反派"分别抄了他的家，没有找到秘方秘药，却把他家里的所有医书，全部焚烧了。孙二先生有记录重要医案的习惯，并对医案进行分析研究，这些积累了十几年的资料，被"造反派"查抄出来，成了他企图反攻倒算搞复辟的变天账，对他的批斗进一步升级。

时隔不久，申三先生也被揪出来了。他作为全镇医疗卫生系统的"反动学术权威"，也被戴上了高帽子游街示众。"造反派"批斗他常常以专家权威自居，夸夸其谈，不学无术，自视清高，看不起贫下中农出身的医生，说别人看病要么是经验主义，要么是本本主义。申三先生最大的罪行，是利用看病破坏贫下中农的家庭。有人揭发：有一对年轻的贫下中农夫妻，婚后两三年了，没有孩子，女的找申三先生治疗，治了两年多也没怀上。这个女的在家受公婆和丈夫的压力太大，就急得多次追问申三先生是怎么回事？说药罐子都煨破了几个，怎么没有效果呢？申三先生严肃地告诉她"是你丈夫有问题，没有生育能力"，结果，搞得人家两口子离婚了。随着对申三先生批斗的深入，又挖出了新罪行：申三先生的父亲在新中国成立前夕，看到形势不妙，放火烧了自家的药铺，逃脱了被划为地主的惩罚，因此，申三先生是一个漏网地主。

6.峰回路转

　　洪大先生和申三先生在接受群众性的批斗后，两人先后被押送到公社学习班学习和批判，后来又分别安排到公社畜牧场和社办林场进行劳动改造。洪大先生在畜牧场养猪养羊的同时，还发挥"专长"，当了几年兽医。申三先生在林场植树造林的同时，也发挥了"专长"，给树木治虫治病。直到1972年，洪大先生和申三先生才被"解放"，回到镇诊所给人看病。但是，申三先生是漏网地主，还必须接受群众的管制。

　　孙二先生在公社学习班关了半年，又在县里坐了两年牢，放出来时挂着双拐，他的双腿受到了严重的摧残。1970年，他们全家被下放到本镇一个偏僻的山村。因两个女儿和一个儿子作为知识青年，已在前几年先后到农村接受贫下中农再教育去了，说是全家下放，实际只有他和老婆两人到了山村。两人活了半辈子，从没干过农活，孙二先生腿还有伤残，所以刚开始的一年多，挣的工分少，分配的粮食少，过着饥一顿饱一顿的日子。孙二先生利用空闲在山上采集中草药，治疗自己的伤腿，也给邻近的村民治病，很快村里人对他敬重有加。后来，生产大队的干部偷偷地安排他给队里的赤脚医生当助手，他的工分提高了，村里群众也偷偷地不时接济他，家里的生活问题才得到解决。

1979年，国家拨乱反正，三个先生都得到平反，"文革"中加在他们头上的那些罪名和不实之词全被推翻。洪大先生恢复了工作职务，申三先生漏网地主的帽子被彻底取消。孙二先生被落实政策，回到诊所，恢复了工作。三个先生又相聚在一起工作了。

洪大先生对"文革"中批判他不重视西医的事，在心中一直有个阴影。虽然年老了，却努力学习西医，要用西医西药给人治病。他从自身开始，从自己的家庭成员开始，试着用西医用西药治病。他的孙女得了肺结核，他没有发挥自己的中医专长，而是用链霉素、青霉素给孙女注射针剂，连续几个月治下来，孙女的肺病治好了，却变成了哑巴。这件事让年迈的洪大先生悔恨不已，遗憾终生，到死也没有原谅自己。

后　记

　　我是一个林业工作者，从事林业工作35年。如果说在林业的规划设计、项目的施工、林业技术的推广应用以及林业行政管理方面还比较熟悉的话，那么对于文学创作，就是一个门外汉了。尽管以前经常写调查报告、领导讲话稿，在报刊也发表人物通讯、新闻消息之类的文章，但大多属于公文类的写作。系统地写出十几万字带有文学性质的一本书，我还是第一次。尽管它很浅、很薄、很粗糙，也算是圆了我少年时代想当作家的梦。

　　我是一个自卑心很重，谨小慎微的人。做很多事瞻前顾后，生怕触及了什么不该触及的东西，这也顾忌，那也顾忌。所以，一生中有许多想做的事没有做成。年逾古稀，在小小的手机屏幕上敲完《心中的丰乐河》，除了家乡情结作为不竭的动力之外，是亲人、朋友、同学，特别是家乡人的支持和帮助，给我增添了勇往直前的力量和义无反顾的信心。

　　遇见王运贵，我俩一见如故。这位钟祥市委宣传部前部长不仅对本书书稿给予充分肯定和鼓励，还直接指出了文章的不妥之处，多次通过微信给予指导。他欣然为本书作序，让一位熟悉丰乐河，懂得丰乐河，热爱丰乐河，土生土长的丰乐河人，热情洋溢地给写丰乐河的书作序，其意义非同寻常。

王德高，这位小时候的街邻玩伴，小学和初中时的同学，虽时隔50多年才见面，却没有一点退休前是新疆塔城军分区司令员的威风。提起家乡的事，说起家乡的人，我俩心有灵犀，一点就通。他说话的语气，咯咯的笑声，还是少年时的风格，还是丰乐河的味道。他为本书提供了好多精彩的故事，充实了好多意义非凡的内容。比如第一辆汽车进丰乐、大楸树、借东西、砍甘蔗、唱大戏、葬王岗，等等，他在我的创作思路上给予了许多有益的启迪和启发。

何遇时，这位在1977年恢复高考期间，帮助我这个虾米跳出龙门的良师益友，对本书给予关切、鼓励的同时，对书中有关20世纪20年代丰乐河惨遭土匪洗劫的内容给予补充，还以他高中数学教师的细腻和严谨，指出文稿中的错别字。

丰乐小学原校长安尊敏及他的几个微信好友对书稿原名《闲话丰乐河》提出很好的修改建议；丰乐小学教务主任张帮友提出有关丰乐河名字的美好传说；侄儿罗建敏建议增加"糙娃肉"的内容；关注我微信公众号的老乡"韩爸爸健身"（不知道真名）指出我将"三匠街和彭龙街"后来的更名搞混淆了，使我避免了重大失误。书中牛家馆子和马家馆子的后人牛钰铭（丰乐镇人，曾任新疆哈密某部队后勤仓库政委）、刘新华（原名马华，襄阳市原中级人民法院民事庭庭长）对书中的有关内容给予了积极的回应和肯定。我还欣喜地得知牛钰铭5岁那年，就是元宵节"悬台故事"花车顶上的表演者之一，另一个表演者是东街的娃娃何运时。

还有在襄阳市工作的众多钟祥老乡，如夏正金（钟祥胡集人），张世忠（丰乐青丰村人），何华时（丰乐丰山人）、冯伟臣（钟祥长寿镇青山人）、李伟（丰乐李河村人）、寇海洲（丰乐潞市人）、李咏（丰乐李河村人）等，都对本书的撰写给予了积极的支持和很好的建议。

　　湖北林校的同学，湖北省林业厅涂定卓（洪湖人）处长，对本书部分结构和内容的取舍以及出版事宜等，都给出了有益的建议。

　　借此文，向上述良师益友、老乡、同学以及关心关注《心中的丰乐河》的所有人表示衷心感谢！

　　我还要特别感谢我的女儿罗青清，是她积极支持我写家乡，写回忆录。是她为书稿进行电脑编辑，更是她坚决地提出要找正规的出版社出版，并为此不懈地奔波。

>　　人事有代谢，往来成古今。
>　　遥思故乡味，眷恋小镇春。
>　　悠悠岁月逝，冉冉旭日新。
>　　魂牵童梦远，根留老街深。
>　　滔滔浪推浪，欣欣万象真。
>　　历史记忆续，文化传承勤。

罗平